季愚文库

朱威烈著作集 I
人类早期文明的"木乃伊"
——古埃及文化求实

朱威烈等 著

商务印书馆

2019年·北京

朱威烈

1941年生，浙江嘉善人，上海外国语大学教授、博士生导师。现任中阿改革发展研究中心专家委员会主任，《阿拉伯世界研究》主编，教育部社会科学委员会综合研究学部委员。主要从事阿拉伯语言文化、中东问题的教学与研究，承担并完成多项省部级重大项目研究。曾获上海市优秀教育工作者（1987）、上海市劳模（1997）等荣誉，享受国务院政府特殊津贴（1991）。1994年起任约旦皇家伊斯兰思想研究院通讯院士，2002年起任埃及开罗阿拉伯语科学院通讯院士。2005年获埃及高教部表彰奖，2006年获埃及文化部、文化最高理事会表彰奖，2008年获阿拉伯海湾国家驻华大使委员会颁发的"海合会奖"。2010年获中国翻译家协会颁发的"资深翻译家"荣誉，2014年获沙特阿卜杜拉国王世界翻译奖。著有《国际文化战略研究》《人类早期文明的"木乃伊"——古埃及文化求实》等，译有《初恋岁月》《回来吧，我的心》《中东艺术史》等。

总　序

　　七十年在历史长河中只是短暂一瞬，但这却是上外学人扎根中国大地、凝心聚力、不断续写新时代中国外语教育新篇章的七十年。七秩沧桑，砥砺文脉，书香翰墨，时代风华。为庆祝上外七十华诞，上外携手商务印书馆合力打造"季愚文库"，讲述上外故事，守望上外文脉。"季愚文库"系统整理上外老一辈学人的优秀学术成果，系统回顾上外历史文脉，有力传承上外文化经典，科学引领上外未来发展，必将成为上外的宝贵财富，也将是上外的"最好纪念"。

　　孔子曰："居之无倦，行之以忠。"人民教育家王季愚先生于1964年出任上海外国语学院院长，以坚定的共产主义信仰和对人民教育事业的忠诚之心，以坚苦卓绝、攻坚克难的精神和毅力，为新中国外语教育事业做出了卓越贡献。她在《外国语》杂志1981年第5期上发表的《回顾与展望》一文被称为新时期外语教育的"出师表"，对上外未来发展仍具指导意义。王季愚先生一生勤勤恳恳，廉洁奉公，为人民服务，她的高尚情操始终指引着上外人不断思索："我们从哪里来？我们在哪里？我们向哪里去？我们应该做什么？"

　　七十载筚路蓝缕，矢志创新。上外创建于1949年12月，是中华人民共和国成立后由国家创办的第一所高等外语学府，是教育部直属并与上海市共建、进入国家"211工程"和"双一流"建设的全国重点大学。从建校初期单一语种的华东人民革命大学附设上海俄文学校,到 20 世纪 50 年代中期迅速发展为多语种的上海外国语学院;从外语单科性的上海外国语学院,到改革开放后率先建设以外国语言文学学科引领,文、教、经、管、法等学科协调发展的多科性上海外国语大学;从建设"高水平国际化多科性外国语大学",到建设"国别区域全球知识领域特色鲜明的世界一流外国语大学",上外的每一次转型都体现着上外人自我革新、勇于探索的孜孜追求。

"立时代之潮头,通古今之变化,发思想之先声。"习近平总书记在哲学社会科学工作座谈会上强调,要着力构建中国特色哲学社会科学,在指导思想、学科体系、话语体系等方面充分体现中国特色、中国风格、中国气派。在中国立场、中国智慧、中国价值的理念、主张、方案为人类文明不断做出更大贡献的新时代,外语院校应"何去何从"?秉承上外"格高志远、学贯中外"的红色基因,今日上外对此做出了有力回答,诚如校党委书记姜锋同志所言:"要有一种能用明天的答案来回应今天问题的前瞻、勇气、担当和本能。"因此,上外确立了"国别区域全球知识领域特色鲜明的世界一流外国语大学"的办学愿景,致力于培养"会语言、通国家、精领域"的"多语种+"国际化卓越人才,这与王季愚先生"外语院校应建设成多语种、多学科、多专业的大学"的高瞻远瞩可谓一脉相承。

历沧桑七十载,期继往而开来。"季愚文库"是对上外学人的肯定,更是上外文脉在外语界、学术界、文化界的全新名片,为上外的学术道统建设、"双一流"建设提供了全新思路,也为上外统一思想、凝心聚力注入了强大动力。上外人将继续跟随先师前辈,不忘初心,砥砺前行,助力中国学术出版的集群化、品牌化和现代化,为构建有中国特色、中国风格、中国气派的哲学社会科学体系贡献更大的智慧与力量!

上海外国语大学
2019 年 10 月

编辑说明

1. 本文库所收著作和译作横跨七十载,其语言习惯有较明显的时代印痕,且著译者自有其文字风格,故不按现行用法、写法及表现手法改动原文。文库所收译作涉及的外文文献底本亦多有散佚,据译作初版本着力修订。

2. 原书专名(人名、地名、术语等)及译名与今不统一者,亦不作改动;若同一专名在同书、同文内译法不一,则加以统一。如确系笔误、排印舛误、外文拼写错误等,则予径改。

3. 数字、标点符号的用法,在不损害原义的情况下,从现行规范校订。

4. 原书因年代久远而字迹模糊或残缺者,据所缺字数以"□"表示。

目　录

前　言　/ 1
初版前言　/ 4

第一章　古埃及文字　/ 8
　　第一节　古埃及文字的起源及其特点　/ 8
　　第二节　古埃及文字的释读　/ 19
　　第三节　古埃及文字的结构　/ 29
　　第四节　古埃及文字形体的演变　/ 34
　　第五节　书吏和书写工具　/ 41

第二章　古埃及文学　/ 49
　　第一节　传记　/ 52
　　第二节　神话和寓言　/ 60
　　第三节　教谕文学　/ 68
　　第四节　赞颂诗和情诗　/ 78
　　第五节　散文故事　/ 90

第三章　古埃及宗教　/ 98
　　第一节　古埃及宗教的起源和发展　/ 100
　　第二节　古埃及人的宗教思想　/ 111

第三节　古埃及的主要神祇和宗教中心　/ 121

第四节　神庙和宗教活动　/ 132

第五节　古埃及人的来世说　/ 139

第六节　阿赫那顿的宗教改革　/ 149

第四章　古埃及建筑　/ 154

第一节　早期建筑艺术　/ 161

第二节　金字塔和王陵建筑艺术　/ 164

第三节　庙宇建筑艺术　/ 176

第四节　城市建筑艺术　/ 188

第五节　其他建筑　/ 193

第五章　古埃及艺术　/ 196

第一节　古埃及艺术的基本法则　/ 200

第二节　绘画　/ 210

第三节　浮雕　/ 223

第四节　雕塑　/ 240

第六章　古埃及科技　/ 262

第一节　医学　/ 265

第二节　天文、历法与计时　/ 276

第三节　数学　/ 286

第四节　度量衡　/ 294

第五节　农田水利　/ 298

第六节　工艺技术和其他　/ 306

前　言

再版《人类早期文明的"木乃伊"——古埃及文化求实》，是我晚年的一个夙愿。这是因为它反映了我的一段经历。

我于1984年上外阿语专业独立建系时走上行政负责岗位，跟上国内高校已经开展的学位建设步伐，是我不容回避的重要职责之一。是年，东北师大林志纯教授南下上海调研，为他倡建的世界古典文明研究所招收硕博士研究生物色人才，我曾有幸出面接待这位闻名史学界的大学者。林老学识渊博又虚怀若谷，令我十分敬佩。在全国阿语学科尚未形成学位教育的那时，我当即推荐了郭黎、徐凡席两位青年教师投到林老门下，赴东北师大攻读埃及学、赫梯学硕士学位。翌年，我已评为副教授，按与林老的约定，可按同等学力报考博士学位，遂赴长春应考。记得到校的那天晚上东北师大停电，笔试马列主义考卷是在两支蜡烛光下完成的。林老和朱鹮老师都很热情，给我详细介绍了世界古典文明研究所的建设情况，林老还请我到他家便餐，见到了师母陈老师。短短几天，林老、朱鹮老师和东北师大给我留下了终生难忘的印象：扎实的学术功底，一丝不苟、锲而不舍的治学精神，朴实谦和的大家风范。我因报考的是埃及学，回沪后即复印了艾伦·加德纳的《埃及语语法》，开始背记。不多时收到录取通知和博士学生证后，遂向胡孟浩院长汇报并申请赴东北师大上半年课。

不料胡院长坚决不同意，说"你走了，阿语系怎么办？"，"我们自己要报阿语硕士点，你得负责主持"。我那时入党刚转正，权衡公私重轻，自然只得放下读博之想。

我虽不是林老的"入室弟子"，但经历了报名考试录取，心里总觉得应是林老的"记名弟子"之一。与林老有限的几次接触，其实对我的影响极为深刻。我1985年申报国家教委重大课题"中东文化研究"，就想对前阿拉伯伊斯兰文明时期做些探索。这本《人类早期文明的"木乃伊"——古埃及文化求实》便是主要的子课题。选择埃及学而不是亚述学、赫梯学等中东其他古代文明，原因在于我在埃及进修期间就深切地感受到，埃及虽是伊斯兰世界大国、伊斯兰学术研究中心，但她始终很强调自己的文化身份包括阿拉伯伊斯兰文明和古埃及文明两大部分。事实上，古埃及文物数量超过世界文物的四分之一，并对后世的人类社会文明文化许多门类有影响。我组织当时还在林老门下在读的几位学生，于1988年5月完成出版这本著作，既出于我个人的学术兴趣和愿望，也是想配合林老领衔的世界古代文明研究，做个汇报。

本书列入了周谷城、田汝康两位教授主持的"世界文化丛书"项目，交浙江人民出版社1988年12月出版，1994年9月第二次印刷，1989年台湾地区淑馨出版社来联系版权后于1991年9月出版。因写作时间较早，书中的一些词语、译名和时间分期带有当年的时代特点。本次出版保留了这一部分内容的原貌。

我虽读博不成，但与林老仍有音信往来。1987年他推荐东北师大专攻象形文字的贾治平来读我首次招收的硕士，贾治平1990年毕业后赴美国纽约大学读博，林老曾多次来信来电询问联系落实情况。1991年初，林老寄赠我一册他的新著《孔子的政治学——〈论语〉》，内附一函，我至今都还保留着：

威烈同志：

手书（及杂志和贺年片）均到。见示在美同志情况甚谢。贾（治平）亦时有信，他选修不少埃及学课程。在美尚有武汉大学和北大东语系各一人，分别学埃及学（考古）和亚述学。

最近已在办出国手续和集训者有金寿福（在西安）和学赫梯学者二名（三人均将赴德）。

年前拱玉书、才晓颖曾回来，又匆匆赴德法。他们都在写论文。

寄上《孔子的政治学——〈论语〉》，请指正。

(19)90年曾到乌鲁木齐和重庆，各有会议（丝绸之路的国际会议和古代世界史会议）。

90年代能干什么？回来将赴京，与部分同志谈及。

曾提出出版中文本《古典研究杂志》，稿难集，以希腊、拉丁文用原文，一拖再拖，可见人的条件不比钱的条件容易解决也。

祝新春安好、快乐！

志纯 (19)91.1.5

短短一信，充满对学生们的关爱，对古典文明研究的前瞻性思考。林老真无愧是为人师表的典范，众人敬仰的学界楷模！

谨以本书的再版充作我怀念林老的一炷心香。

朱威烈

初版前言

　　研究世界古典文明，无论是以四大文明古国发端，还是划分为几大文明地区阐述，古埃及文化总是一枝独秀，不能不提及的。

　　古埃及文化产生和发展的空间，指的是尼罗河第一瀑布至三角洲；时间一般来说，上限为公元前5000年的塔萨文化，下限到公元641年阿拉伯人征服埃及。然而，应该指出，埃及学科之所以能够建立、不断取得进展，乃是凭借了古代埃及在各个兴盛时期留下的建筑、典籍和历代旅行家的记载；大量的文物、文献构成了埃及学坚实的基础，同时也框定了专家们实际探讨古埃及文化的时间范围，是公元前4245年埃及南、北王国的首次联合，到公元前332年马其顿国王亚历山大占领埃及，托勒密王朝覆灭，亦即通常所说的历时三千多年的法老文明。

　　本书论述的，主要包括前王朝时期（公元前4245～前2700年）、古王国时期（公元前2700～前2290年）、中王国时期（公元前2065～前1787年）和新王国时期（公元前1585～前1090年），也涉及第一中间期（公元前2290～前2065年）、第二中间期（公元前1787～前1585年），以及新王国以后到亚历山大入侵（公元前1090～前332年）这些历史阶段。

　　古埃及文化，特别是历史和艺术，一直受到我国学术界的重视，在各种版本的世界通史、古代史的教材中，几乎都辟有专章叙述古埃及的历史;对金字塔、狮身人面像等闻名遐迩的古埃及艺术珍品,更有不少译著、文章频频予以介绍。然而,正式开展埃及学的研究,在我国还只是近几年的事。

埃及学作为一门学科,是由法国学者商博良(J. F. Champollion, 1790~1832)破译拉希德石碑铭文,解开了古埃及象形文字之谜才逐步建立起来的。因为,只有理解了文字,才是掌握了开启古埃及文化宝库的钥匙,从此排除了各种揣测和臆想,能够对琳琅满目的古埃及文物做出言之有据的判断,对丰富多彩的古埃及社会做出令人信服的分析。我国从20世纪50年代起,就开始组织力量,翻译出版了像《古代埃及与古代两河流域》《埃及古代故事》等颇有价值的资料;北京大学曾邀请埃及开罗大学著名教授A.费克里来华讲学,科学出版社出版了他的讲稿《埃及古代史(从远古到公元前332年)》。以后,开展了批判"封、资、修""名、洋、古",古埃及文化受到冷落,也是毋庸赘言的了。进入80年代后,我国的文化教育、科研事业迎来了一个复兴时期,编写或翻译的有关古埃及文化书籍更见深度,如《世界上古史纲》《古代埃及艺术》《近东与中东的文明》《古代西亚埃及美术》《中东艺术史·古代》等,只是主要领域依然是历史和艺术。必须提及的是,周谷城、吴于廑、林志纯三位教授多年来一直大声疾呼,要求着手培养人才,建立起我国的埃及学、亚述学、赫梯学、希腊罗马古典文明的研究队伍。对此,国家教委非常重视,在东北师范大学设立了世界古典文明的研究机构。林志纯教授招收了埃及学的硕士生、博士生,并聘请联邦德国专家R.汉尼希博士来华任教。这是我国埃及学进入国际学术界的第一步。1985年9月,在联邦德国慕尼黑召开的国际埃及学学会上,我国加入了该学会,成为世界第38个会员国。今年10月,国际埃及学学会将在埃及开罗举行第5届会议,我国内蒙古民族师范学院刘文鹏教授将前往与会,可以说,我国的埃及学研究方兴未艾。

由于国内对古代埃及历史的介绍,已有不少精辟的论述,如《世界上古史纲》依据了尽可能新的考古资料,对古埃及历史做了剀切详明的阐述;联合国教科文组织编写的《非洲通史》第2卷《非洲古代文明》,更是一本专论古埃及历史的巨制,因此,我们就不想对古埃及诸王朝做条分缕析。在考虑选择本书的篇章内容时,我们都不约而同地首先想到了埃及学的基础——象形文字。那一个个的图画符号,反映了古埃及人那时的自然、社会生活形态和思维方式,构成了古埃及人最基本的特色,是他们的言语媒介,也是引导人们对古埃及文化的了解,从凭空想当然步入科学道路的关键。接下来,我们谈到了文学。文学是语言的高级形式,比较集中和典型地反映了古埃及的社会。那些传记、神话、寓言、教谕文、赞颂诗、情诗和散文作品,是世界文学宝库中的瑰宝,弥足珍贵,虽然现在还没有力量正式出版一本从纸草文献直接翻译过来的古埃及文选,但我们的叙述,相信已能将古埃及文学的基本轮廓勾勒清楚。我们一直认为,探索古埃及文化的奥秘,有两个要素是必须把握的,一是埃及地处尼罗河流域的地理条件。埃及人称自己的国家为"太阳的国度",除北部沿海一带属地中海气候外,广大内陆地区均为干燥的热带沙漠气候。炎热干燥的气候,使文物易于保存,广阔无垠的星空,使埃及人产生无穷的遐想。地理环境对古埃及人的思想、社会乃至科学技术的发展,都有突出的影响。一是古埃及人的宗教信仰和神学。他们的生死观、宇宙观,真可谓别具一格,在遗留至今的文献、建筑、艺术作品中,都有充分的体现。古埃及的宗教,是古埃及人的"集体观念",即当时社会成员共同的信仰和感觉的总和,在古埃及文化的构筑过程中,具有主导作用。我们尽力全面细致地阐述古埃及宗教的起源和发展,古埃及人的宗教思想,当时主要的神祇、宗教中心、神庙、宗教活动,直至阿赫那顿的宗教改革,中心还是研讨古埃及人——他们的思想和行为准则,由此再去观察他们的创作,理解和分析占据古埃及社会文化主要脉络的时间与空间的突出组合:建筑、雕塑、绘画等各艺术门类,可以对古埃及文化的特点有个较清晰的印象,也容易探明古埃及文化形成的规律。至于古埃及的科学技术,那实际上是古埃及人文化复合的成就,一向鲜为人道,专辟一章加以论述,相信是有必要的。

在安排本书各章时,汉尼希博士与大家一起进行了讨论,提供了不少参考书目。从第一章到第六章,执笔撰写初稿的人员,依次为令狐若明、贾治平、金寿福、沈辰、郭黎、许永健,全书由我总其成。从编写到交稿,历时近两年,殊感不易。本书列为国家教委批准的"七五"重点科研项目"中东文化丛书"之一,今虽成书,但毕竟限于功力和水平,与国外大量的埃及学研究专著相比,只能说是初窥门径,深度、广度均还有不少不如人意处,我是深感惶愧的。对于本书中的不足、谫陋之处,尚请专家、同好赐正。

朱威烈
1988年5月18日

第一章 古埃及文字

埃及是一个历史久远的文明国家。古埃及的文字与埃及文化紧密相连,可以说,没有文字就没有埃及的灿烂文化。

古埃及文字的发展,已有几千年的历史。在漫长的历史时期里,古埃及的文字经历了复杂的演变过程,在形体和结构上都发生了变化。由于历史的原因,古埃及文字在公元4世纪前后被淘汰,逐渐成为一种无人知晓的死文字。各国学者曾对古埃及文字进行长期反复的研究,直到1822年法国年轻学者商博良成功地释读了古埃及象形文字,才找到一把打开古埃及文字秘密的钥匙。从此,雕刻在石碑、神庙和陵墓墙壁上,书写在数以万计纸草纸上的古埃及文献才被正确地释读,为人们研究古埃及社会进程及文化提供了极其珍贵的第一手资料。

第一节 古埃及文字的起源及其特点

古埃及文字的起源

关于文字的起源,世界各国曾经有各种不同的传说。远古时代,人们把文字的创造与神联系在一起,中国古代有"仓颉造字"之说,把仓颉描绘成有四只眼睛的生而能书的"圣人"。古巴比伦人则说,他们的文字出自一个名叫纳布的巴比伦文字神之手。古代印度人把他们使用的文字叫作"梵天大帝的文字"。在古埃及,传说文字是一位名叫图特的神创造的,图特的形象为朱鹭鸟头,人身,左手拿着书板,右手持笔书写(图1)。图特有时也呈狒狒模样。作为文字之神,图特在埃及许多地方受到崇拜,崇拜中心则是上埃及的赫尔摩波利斯。在神话传说里,图特又是掌管知识与魔法之神。他在尼罗河畔用奇形怪状的图画记录神祇的启示,并教导埃及人如何写字、计算和制定历法。古埃及人认为这就是文字的开始。这一传说可能与古埃及人看到岸边泥土上留下的鸟爪痕迹有关。古埃及人相信,图特创造的文字用图画表示神的启示,是神的文

图1 文字之神图特

字,只有神庙的祭司才能理解和有权使用。祭司们对这种文字的意义讳莫如深,故意把它们的含义弄得十分晦涩,以致大部分埃及人看不懂这些符号。对祭司来说,这种图画文字还具有一种神奇的魔力,有时他们故意把表示危险动物的形符画得残缺不全,如去掉蛇尾,不画出某些动物的头。形符具有魔力的概念,在人们心中根深蒂固。例如,把一个人的名字从一切雕刻或书写中仔细凿去或擦去,那就是有意加害于他了。古埃及人认为,名字是一个人的组成部分,甚至是人的本身,毁掉了某人的名字,人也就毁灭了。

传说和神话当然不可信。实际上,在文字产生以前,人们常以实物记事,采用结绳、契刻等方法。我国《周易》中曾有"上古结绳而治"的记

载。所谓契刻,是指遇到事情需要帮助记忆或传递消息时,在木棍、木片或陶器上刻下缺口或某种记号,作为凭借。这是世界上许多民族都采用过的。古埃及也有类似的情况,考古学家在上埃及的阿拜多斯发掘出了刻有各种不同符号的陶器。刻符虽然简单,但其所在部位、形状和大小,都很有规律。这些陶器,为公元前4000年左右的文物。上面的符号,显然不是随意刻画的,含有一定的意义。可以设想,古埃及人在发明文字以前,便采用这种简单的记事方法,作为表达意思、交流思想的一种手段。

结绳、契刻都是利用实物帮助记事,但实物不可能发展为文字。文字的前身是图画,这是举世公认的事实。用图画形象表达和记录某些事情,作为辅助性的交流手段,比起实物记事是一大进步。埃及最早的象形文字就是从图形演变来的。

关于古埃及文字产生的最早年代和地点,一般认为是在埃及前王朝末期下埃及的三角洲地带。其根据,是埃及前王朝时期,北方比南方先进。然而,历史学家对于这一时期北方情况却不甚了了,特别是关于三角洲的情况。他们只是说:"三角洲一带气候潮湿,多沼泽,难于保存古代遗物和文献资料,即使当时有一些遗物的话,现在也会被深深地埋在田地底下了。"[1]可是,近年来埃及考古学家在埃及前王朝初期的阿姆拉遗址上发现了埃及最古文字的物证。阿姆拉位于上埃及,阿姆拉文化在埃及考古学上又称为奈卡代[2]文化Ⅰ期,根据放射性碳年代测定,大约是公元前3800年[3]。奈卡代文化Ⅰ期的居民,务农为主,辅以渔业,定居在尼罗河

---

[1] A.费克里:《埃及古代史》,高望之等译,北京:科学出版社1956年版,第6页。
[2] 奈卡代(Naqada)又译"涅伽达"。
[3] 联合国教科文组织编写《非洲通史》国际科学委员会:《非洲通史》第1卷,中国对外翻译出版公司译,北京:中国对外翻译出版公司1984年版,第532页。

第一章　古埃及文字

两岸附近的沙漠边缘。阿姆拉人特有的武器是一种截头圆锥体棒槌，多用坚硬石头制成。这类武器在阿姆拉后期已完全消失，而属于这一时期的象形文字的一个符号，却流传了下来。①

这一考古材料说明，埃及最早的象形文字是在奈卡代文化 I 期时期产生的。约公元前 3500～前 3100 年，是埃及文明奈卡代文化 II 期，以下埃及法尤姆附近的加尔采为其典型遗址。当地居民在尼罗河泛滥平原的河谷地带居住和从事生产。加尔采人使用一种典型武器，呈梨形。这种梨形棒后成为前王朝初期的王室武器，像阿姆拉棒槌一样作为象形文字的一个符号保留了下来。②

古埃及象形文字中，还有一些符号最早起源于上埃及。1895 年，英国著名考古学家皮特里教授在奈卡代 1610 号墓中发现一黑顶陶片浮雕，上有一红冠图案。这一图案即象形文字中表示红冠（　）一词的前身。③另有一陶器罐标，也出土于奈卡代，编号为 1546，属奈卡代文化 I 期末期。罐标绘有一间圆顶房子，屋顶坐落在两侧伸出的墙上，屋顶上栖有一只鸟。罐标上的建筑物和鸟画得十分粗略，但在后来的象形文字符号里均作为表意符号或限定符号保留下来，即"荷拉斯"（　）④和下埃及的建筑物（　）⑤。这两个符号都像红冠符号一样，最初出现在上埃及，后为下埃及采用。

1982 年，美国西弗吉尼亚大学的阿奈特，根据公元前 4000～前 3000

---

① 艾伦·加德纳（Alan Gardiner）：《埃及语语法》（*Egyptian Grammar*），伦敦：格里菲斯研究所 1957 年版，第 510 页，表格 1。
② 同上书，第 510 页，表格 3。
③ 同上书，第 504 页，表格 3。
④ 同上书，第 467 页，表格 5。荷拉斯，即 Horus 译名之一。
⑤ 同上书，第 495 页，表格 20。

年埃及前王朝遗址的材料,进一步提出古埃及文字起源于上埃及尼罗河谷地区之说。① 阿奈特在他所著《埃及象形文字的前王朝起源》一书中指出,前王朝晚期(约公元前3500～前3100)11处的遗址都集中在上埃及。从前王朝居址和墓葬出土的遗物中,以彩绘陶器最多。不同样式的陶器多绘有图画、几何图形或刻画符号。阿奈特认为古埃及文字的发轫,正是这种陶器上的符号。

塔萨出土的一破损陶片,年代约为公元前4000年,上面绘有3个图画符号。左上方的符号像一片树叶,和后来象形文字中表示"树"的限定符号相似。陶片下方的图像是表示从器皿中倾出的液体,类似象形文字中的表意符号"酹",与表示"呕""血"的限定符号也相似。象形文字中表示由河渠划分的一些地段,表示古埃及的"州""地区""土地"等的表意符号或限定符号,在前王朝时期陶器符号中也有反映。这些事实说明,古埃及文字中的许多符号,都能在前王朝时期的陶器符号中找到它们的源起。总起来说,前王朝出土的陶器符号多为图画形状,也有为数不多的刻画符号。这些符号虽然是草就的,但长期使用,有些逐渐向图画方向发展,是后来的象形文字的雏形。

埃及有史以来第一件真正可以称为象形文字的文物,是在上埃及的希拉贡波利斯出土的那尔迈调色板(图2),年代约为公元前3100年。这块调色板的正面,绘有头带白冠的那尔迈王,他一手持权标,一手抓住被打败的敌人酋长的头发。右上方有一头鹰站在带人头的一束(六茎)纸草上。那尔迈身后是"执履"的官吏,下端绘有被打败的企图逃跑的敌人。那尔迈的名字是鱼形(读作"ner")和凿子(读作"mr")的结合,放在正上方两个牛头人面像之间的长方形框里(汉译为"王宫门面",上写王名,下为

---

① 李学勤:《中国和古埃及文字的起源——比较文明一例》,《文史知识》1984年第5期。

第一章 古埃及文字

图 2 那尔迈调色板（正面）

王宫或王陵，即马斯塔巴的门）。其他人的名字或头衔，放在他们头的上方，用小的象形符号书写。被那尔迈抓住的敌酋，名叫 Washi，用鱼（读作"wr"）和水池（读作"š"）两个表音符号组成。带有人头的一束纸草是一组表意象形文字，代表纸草的土地，亦即尼罗河三角洲；附在土地上的人头代表三角洲的居民，六茎纸草意为众多的俘虏。鹰是那尔迈王的象征（即荷拉斯鹰神)。整个画面表明那尔迈王征服了三角洲,使那里的居民成为俘虏。[①] 那尔迈调色板正面所示的象形文字,既有表意符号,又有表音符号,从而证明了埃及象形文字体系在公元前3100年左右业已成形。埃及是第一个使用象形文字的非洲国家。

古埃及文字是埃及文明发展的产物。根据历史资料,公元前4000年左右,尼罗河流域出现了许多以村落或城市集合起来的地域行政组织——州。埃及的地形有利于州的形成,特别是南部河谷地带上下宽狭不一,构成了一片片大小盆地。这样的地理单元,具有发展农业的潜力。前王朝时期古埃及的州,沿尼罗河流域的长度,在15～20英里左右,其宽度依尼罗河谷地的宽窄而定,狭处地跨两岸,宽处则仅踞一岸,以河中为界。[②] 这些州都由原来的部落或部落联盟转化而来,各州有自己的都城、军队和保护神(由原来的部落神转化而来)。这样,各州都有相应的政权,有充分的人力来承担为本州的生存所必不可少的集体工程,例如兴修堤坝、防护村庄等。管理国家行政机构和组织生产劳动的需要,促进了文字的迅速发展。

古埃及文字的特点

世界上的文字可以分为表意文字和表音文字两大类。古埃及最早的象形文字属于表意文字。表意文字的特点是文字和语音不直接发生联系,它采用几种不同的符号,有表示整个词意义的符号,表示音素或音节的符号,也有表示意义范畴限定(或指示)的符号等。因此,同一文字符号可以代表两种不同语言里的同一个概念,而读音可能完全不同。例如,古埃及象形文字和方块汉字最初都用◉来表示"太阳",然而读音根本不同。

[①] 艾伦·加德纳:《埃及语语法》,第7页。
[②] A. 摩赖:《尼罗河与埃及之文明》,刘麟生译,上海:商务印书馆1947年版,第25页。

正因为表意文字具有与语音不发生直接关系的特点，所以有可能为不同的民族所用。

古埃及文字可以分为没有标音成分的象形、表意的表意符号和有标音成分的表音符号。但即使是表音符号，本身原来也是一个象形的表音符号，而非纯粹的音符。例如 ▱⚬ 意为"白天""日光"。这个词中的音符分别是 ▱、⚬ 和 ⚡，意符是 ☉。辨别字义主要根据意符。这个词中的音符是从意符演变来的，▱ 本意是表示"房屋"，⚬ 表示"嘴"，⚡ 表示"鹌鹑"，意符 ☉ 表示"太阳"。整个词的意思根据意符判断，与太阳有关。所以，埃及象形文字尽管大都兼有表意、表音作用，但属表意文字体系，与纯标音的拼音文字不同。

古埃及文字与西亚文字的关系

任何没有文字的民族，在创造本民族的文字时，必然会受文化较高的周围民族的影响。埃及位于非洲东北部，经西奈半岛与西亚相接。公元前 4000 年，西亚文明已发展到较高水平，它对埃及文化的影响是无可置疑的。考古学家在埃及发掘到两河流域的圆柱形印章和许多其他文物，均属前王朝后期。这说明，当时埃及与西亚已有交往。有一种说法，认为到前王朝后期埃及才有文字，而在西亚文字早已问世，埃及的文字是从两河流域借来经过某种改造后才形成的。但研究一下埃及的象形文字，却看不出这种借用的迹象。不管在西亚还是在埃及，文字都是从图画符号发展来的。西亚方面很快把这种图画变成楔形笔划，逐渐形成后来的楔形文字。埃及则不一样，她最初由图画符号演变而成的象形文字体系，足足使用了 3000 多年，直至这种文字泯灭始终未变。现有的埃及象形文字的全部符号，绝大多数取自尼罗河流域土生土长的动植物。这证明古埃及文字乃源于非洲。具有西亚风格的象形符号在古埃及文字中虽然也有，但数量不多。

从语言学角度看，古埃及语言与西亚语言存在亲属关系。古埃及语属西亚、北非的闪含语系，经学者们研究，数以千计的象形文字中至少有300个左右闪米特语和100个左右含米特语词汇。① 在结构上，埃及语与闪米特语有许多相似之处。一个重要的共性是词根都由辅音结合组成，通常是3个辅音，这至少在理论上是不变的。语法的词形变化和细微的意义变异，主要是由变换中间的元音来表达，而省略元音则是闪含语系的显著特征。重要的意义上的区别用重叠来表示，有全部重叠或部分重叠。例如śn 表示"兄弟"，śn śn 则表示"兄弟关系"。在个别特殊情况下，用前缀的辅音延伸词义，倒如 'n ḫ "活着"，加因果前缀ś，成ś'n ḫ，意思是"使活着"。

古埃及文字的历史功绩

古埃及文字作为一种有效的工具，记载和保存了大量的古埃及文化遗产，促进了埃及社会的发展，而且对世界文化的发展，具有重大的影响。20世纪初，历史学家在古代努比亚地区库什王国首都麦罗埃遗址发现刻有类似埃及象形文字符号的铭文石碑。麦罗埃始建于公元前6世纪，公元350年为阿克苏姆王国所灭。1909～1914年，英国的一些考古学家先后对该遗址进行发掘。1909年，英国学者格里菲斯对麦罗埃出土的碑文进行了卓有成效地音译。近年来对麦罗埃碑文进行研究的结果表明，麦罗埃文字与埃及古文字有直接关系。古埃及的世俗体文字大约在第二十五王朝（约公元前730～前715年）传入麦罗埃。麦罗埃象形文字虽借自

---

① T. G. H. 詹姆斯（T. G. H. James），《古代埃及介绍》（*An Introduction to Ancient Egypt*），伦敦：大英博物馆1979年版，第81页。

埃及，但意思不同，它的读写顺序也与埃及文相反。这可能是有意要同埃及文相区别。这些象形文字中夹杂着一种经常缩写的草书。看来，这些草书符号一部分是源于当时埃及人在公文和私函中使用的世俗体文字。麦罗埃文字使用 23 个符号，代表辅音、若干元音和音节，字与字之间通常用斜"冒号"隔开(图 3)。这些方面，则与埃及象形文字体系完全不同。近年来，电子计算技术已能够把音译出来的碑文连同对它们的详细分析系统地记录下来。但就整体而言，麦罗埃文字至今尚不能翻译过来，对已发现的 800 多个铭文，仍然不能做出解释。但麦罗埃文字是受埃及古文字的影响而创造出来的，这一点则是确定无疑的。

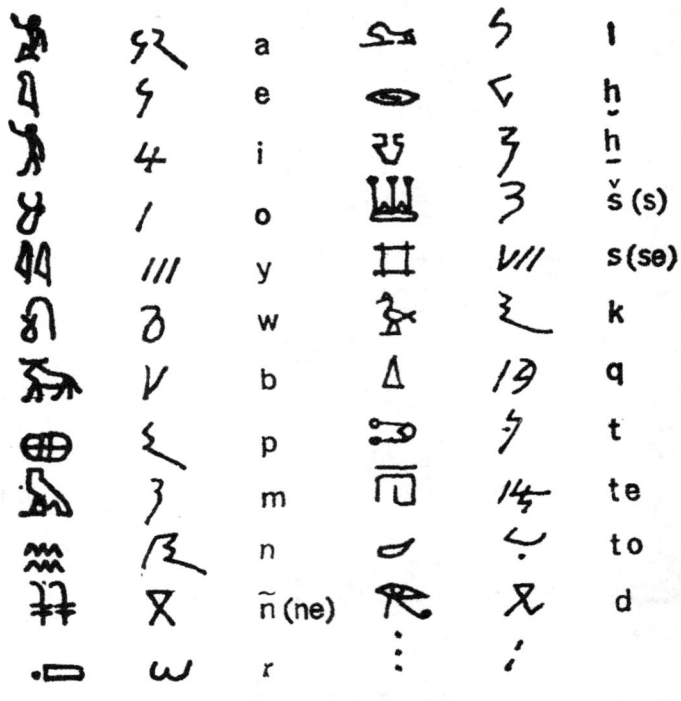

图 3　麦罗埃文字的象形体和草书体

地中海沿岸以经商为生的腓尼基人，为发展海外贸易和航海事业，迫切需要一套简便易懂的文字体系，作为记录和交往的工具。他们世居西亚、北非和地中海诸文明交汇处，很早就接触到埃及的象形文字、巴比伦的楔形文字和克里特岛的线形文字。这为他们创造自己的文字提供了借鉴和经验。

公元前18世纪末～前17世纪初，腓尼基出现了两套拼音字母系统：南部城市比布洛斯使用22个线形符号字母，没有元音；北部城市乌加里特使用29个楔形符号字母，也没有元音。公元前13世纪左右，乌加里特字母系统被比布洛斯字母系统取代，腓尼基境内就只通用22个字母符号组成的比布洛斯文字系统，这就是我们通常所说的腓尼基字母。

1905年，皮特里教授在西奈半岛发现了包括26个字母的闪米特语铭文，年代属公元前15世纪。1916年，艾伦·加德纳成功地释读了上述铭文，发现这是在西奈劳动生息的迦南人根据埃及象形文字创造的。这些符号和埃及象形文字相似，也可以横写、竖写，从左到右或从右到左书写。西奈字母可能很早就传入了腓尼基，因为定形的腓尼基字母属公元前13世纪。学术界一般认为，腓尼基字母是在充分利用埃及象形文字要素的基础上，经过西奈字母的中间环节而创造出来的拼音字母体系。腓尼基人创造的字母系统，是人类真正字母文字的开端，它为世界文字的拼音化开辟了道路。约公元前1000年初，腓尼基字母传至希腊，由希腊人加入元音字母，使之趋于完善。希腊字母后来又孳生出斯拉夫字母和拉丁字母。

腓尼基第1个字母 ꓘ 来自西奈字母 𐤀（牛），闪米特语读作"aleph"；第2个字母 𐤁 来自西奈字母 𐤁（房屋），闪米特语读作"beth"。所以，希腊第1个字母读作"alpha"，第2个字母读作"beta"。公牛"阿庇斯"是古埃及人崇拜的圣兽。大概根据这一原因，腓尼基人才将象征牛头、公牛的字母作为他们的第 1 个字母。后来，拉丁人进行了一次革新，将 ∀ 竖立起来，写作 A。从此，它就成了几乎所有字母的第一个字母。正像 A 最初代表一头牛，B 代表一座房子的符号一样，可能其他每一个字母原先也都是某一图画或符号，而且大都起源于古埃及的象形文字符号。在以后的发展过程中，这些图画或符号作为一个音使用，并可以和其他许多音结合起来，构成无数的词，拼音文字就这样从象形文字中脱胎而出。腓尼基字母是现代欧洲各种拼音文字的根源，由此上溯，埃及象形文字则是形成腓尼基拼音文字一个不可缺少的前提。可以肯定，在人类最早字母文字的形成过程中，埃及象形文字起了开辟道路的作用，对世界文化的发展有着不可磨灭的历史功绩。

第二节　古埃及文字的释读

传说和最初的解释

　　古埃及文字自公元前 4000 年问世后，发展很快，至公元前 3000 年即形成象形文字体系，一直延续到基督教时代。从公元 3 世纪起，古埃及象形文字逐渐被流行的科普特文字所代替。公元 4 世纪，基督教盛行于埃及，埃及古老的宗教被取缔，神庙遭封闭，而最后一批运用象形文字的祭司也终于绝迹。公元 7 世纪，埃及为阿拉伯人征服，统治者为整顿阿拉伯帝国境内文字混杂的局面，曾下令所有的公文一律使用阿拉伯文，取缔了埃及境内其他文字，连科普特文字也遭厄运，古埃及文字遂从社会交往中消失，成为历史陈迹。

　　从公元 4 世纪象形文字的失传，到 19 世纪初商博良成功译读拉希德（一译罗塞达）石碑之前，整整 15 个世纪，无人能解释这种文字的含义。

早在希腊、罗马人统治埃及的时代，埃及的铭刻就闻名欧洲。罗马的皇帝们从埃及运回许多方尖碑，置放在京城广场作为点缀。古罗马人十分欣赏这些用走兽、禽鸟、人和各种物品形状等美丽的象形符号写成的铭文。他们仔细审视那些奇妙的符号，试图猜出其中的意思，可是没有人获得成功。神秘的埃及引起了人们的好奇心。古代的历史学家们为探寻埃及遗迹，曾亲自访问这个国家，采撷史料，编撰埃及史书。

希腊历史学家希罗多德在公元前5世纪时周游了埃及全境。他把自己的见闻写成了一部著作，名叫《历史》。其中第2卷对埃及的历史与文化，做了充分的概述。公元前1世纪西西里的狄奥多洛斯访问埃及，他在撰述其巨著《通史》时，对古代埃及文化做了很高的评价。这两位历史学家在各自著作中除对埃及历史事件做简要叙述外，还涉及了古埃及文字。他们称象形文字为神圣雕刻文字，认为埃及有两种文字，一为神圣文字，只有祭司知之；一为通俗文字，为日常应用之文字。在还没有人能读懂古埃及文字时，希腊、罗马历史学家的著作便是欧洲人了解古埃及历史的唯一源泉。不过，希罗多德等人的著作对埃及历史、文化的记述有许多不翔不实之处。他们到达埃及之时，古埃及文明已濒于没落，况且这些历史学家都不懂古埃及文字，他们的材料属间接所得，显然并不完全和精确。

公元1世纪罗马史家普卢塔克撰写的《关于伊西丝和俄赛利斯》一书，是古代最早的关于埃及宗教的论著。普卢塔克学识渊博，书中注意引证3000年前埃及的象形文字。遗憾的是，普卢塔克被象形文字的神秘性所迷惑，竟然把象形文字与毕达哥拉斯学派的箴言相提并论。公元2世纪，侨居埃及的克雷蒙主教曾声言埃及象形文字含有音符。公元4世纪，有一位生活在埃及的希腊学者赫拉波罗开始研究古埃及文字。他出版了一部《象形文字》的著作，收入了近200个象形文字，这部书现仅存希腊文译稿。但是，赫拉波罗研究象形文字的方法是错误的，他断言每个象形符号就是一个词。他对象形文字发表了许多荒谬的见解,把象形文字符号同怪诞的寓言混为一谈。例如把"鹅"解释为"儿孙",因为这种家禽非常喜欢后代;把"野兔"解释为"开",理由是兔的眼睛总睁开着。这种讹误,曾对后来的释读者产生过影响。赫拉波罗之后的1000多年内,再没有人认真研究过埃及的古文字。16世纪初,他的著作在意大利威尼斯翻印出版。

文艺复兴时代,欧洲的人文主义者利用希腊、罗马古典文化的世俗性反对封建神学,他们开始考察古代希腊、罗马文化,并注意探索对古典文明的发展产生过强烈影响的古埃及文化。许多欧洲学者和旅行家纷纷前往埃及,收集文物和各种铭文。17世纪中叶,天主教会企图在信仰基督教的埃及居民中巩固自己的势力,因此对埃及特别重视。当时,罗马大学教授、天主教神父阿塔纳西乌斯·基歇尔着手研究科普特文,并试图解释象形文字。他收集了许多有关科普特语的资料,于1636年出版《科普特语或埃及语的先驱》一书。这是一系列研究科普特语著作的开始。基歇尔不认识象形文字,可能是受先前赫拉波罗的影响,也没有任何根据地断言每个象形符号代表一个词或一个完整的意思。他按照自己的臆想,居然"翻译"了四厚本象形文字。这些"译作",自然没有任何科学价值。古罗马人曾从埃及运回许多上面刻有象形文字的方尖碑。有的象形符号写在一种椭圆形框里(框里刻的是埃及国王或王后的名字,即所谓的"王名环")。基歇尔却认定那是宗教和哲学的格言。例如,他曾把埃及国王阿普里斯的王名读作"为了通过神圣仪式和Genii(守护神)的链子,以获得神俄赛利斯的恩惠,以求取尼罗河的赐予"。不过基歇尔在科普特语研究方面还是有贡献的。他认为,科普特文字表面虽为字母,而内容实为埃及古文。科普特语是一种特殊的宗教语言,埃及的基督教神父就用它来做祈祷。

在基歇尔之后的170多年中，欧洲的学者们继续对象形文字进行研究。有的认为，象形文字只是在某种难解的宗教仪式上使用的神秘符号，根本不是文字；也有人硬说埃及象形文字是从中国传到埃及的；还有人持相反见解，认为是中国人从埃及人那里借用了文字符号。到了18世纪末期，欧洲部分观察敏锐的学者坚决摒弃这类思考方式。法国学者德涅吉指出，某些象形文字具有限定词的作用。斯堪的纳维亚的学者G.蔡伽认为，置于椭圆形框中的象形符号实为埃及国王的名字。这些看法后来被证明是正确的。由于当时缺乏科学的研究方法，学者们虽然苦思冥想，但释读象形文字的工作并无多大进展。

拉希德石碑的发现

埃及象形文字的释读成功，与拿破仑1798年远征埃及有关。1798年7月拿破仑率领法国军队南下，把埃及作为打击英国的战略目标。拿破仑十分重视埃及的古迹。在远征埃及时，他带去了由175名学者组成的庞大的科学艺术团，学者们负有收集和研究埃及古迹的重任。

1799年8月，法国军队在尼罗河口最西端的拉希德城附近修筑防御工事。工程兵军官布查德指挥一群士兵挖掘战壕时，偶然发现了一块满是文字的石碑。当时，法国士兵们对这类埃及古物已司空见惯，因此并不十分重视这块石碑。布查德把石碑抹净后，才看清石碑上刻有三种不同的文字：上半部是古埃及象形文字，中间是当时学者们还弄不明白的一种完全陌生的文字（古埃及后期的一种草书字体，即所谓"世俗体文字"），最下面的一部分是希腊文。布查德断定这块石碑很重要，就扛了回去。这块石碑被运到开罗，供拿破仑在那里创立的埃及研究院的学者们进行研究，拓片并被送回法国。这些拓片都收集在一部洋洋大观的4开张《埃及地方志》里，于1809年起开始出版。《埃及地方志》是法国随军学者们的共同研究成果，它包括24卷文字和12卷画册，卷帙浩繁，内容丰富。这部巨著的出版，轰动了学术界，而且在欧洲引起了对古代埃及文化研究的浓厚兴趣。

这块石碑以发现它的地点命名，称为"拉希德石碑"。该石碑系黑色玄武岩制成，长约 115 厘米，宽约 73 厘米，厚约 28 厘米。碑文顶端和底部均有部分残缺。学者们对石碑上的三种文字做了比较研究。他们首先读懂了用希腊文写的铭文，弄清了碑文的内容。那是公元前 196 年埃及祭司为年轻的托勒密五世刻写的颂词公告。公元前 203 年，托勒密五世即位。他曾对埃及祭司广施恩典，包括修葺神庙，赠予谷物，允许神庙减轻赋税等特权。出于对国王的感恩，公元前 196 年，埃及祭司在孟菲斯集会，决定在各地神庙竖立托勒密五世雕像以志纪念，并把国王出生和即位的日子定为节日。

拉希德石碑铭文本身并无多大历史意义。铭文的最后一段话说，祭司们想将此消息晓谕天下，决定把他们的决议原文用埃及文和希腊文雕刻出来。由此可见，拉希德石碑是一种官方布告，它用三种文字写成，目的是让各族人都能看懂。

碑文证实了这样一种猜测：用希腊文和埃及文写的内容应该是完全相同的。如是这样，凭借欧洲学者们掌握的希腊文知识，进行准确的翻译，便有可能探明埃及象形文字和当时无人能识的世俗体铭文。

拉希德石碑的释读——从德萨西到扬

1801 年，法国被英国土耳其联盟打败，根据协议，法国应无条件交出在埃及发掘到的一切文物。法国人千方百计地想保留拉希德石碑，但未能如愿。1802 年，石碑终于被英国人运往伦敦，陈列在大英博物馆里，直至今日。石碑的题签上写着："不列颠军队征服的战利品"。然而，认真钻研并最后成功地破译拉希德石碑的，却还是法国学者。

1802 年，法国的东方学家德萨西得到了一份拉希德石碑的抄本，首次进行了认真研究。德萨西反复琢磨抄本中的世俗体铭刻，因其与阿拉伯文字相似，便断定其中有字母。他发现托勒密这个王名屡次出现，字体书写系从右至左。由于未能取得新的进展，德萨西就将抄本送给了在巴黎的瑞典外交官阿克布拉德。

阿克布拉德对东方学有浓厚的兴趣。他的研究方法是从专有名词入手。拉希德石碑上希腊文部分包括几个人们熟悉的专有名词：托勒密、伯林尼斯和亚历山大等。他努力在埃及世俗体文字中寻找这些专有名词，看出这些名字是用特定字母形式拼写的。在对希腊文和世俗体文进行比较后，阿克布拉德找出了全部见诸希腊文部分的专有名词，并初步确定了可能是16个世俗体文字符号的读音。之后，他又开始研究不表示专有名词的世俗体文字的符号。在选出的一组世俗体文字符号里，他按照自己认为与这些符号相符合的音，逐个拼读，结果发现它们的发音与他所熟悉的某个科普特语词的音完全相同。阿克布拉德还在用世俗体写的铭名中找出了几个词，如"神庙""希腊人"等，从而推想古埃及语和科普特语有亲属关系。

阿克布拉德认为，世俗体文字的体系并不特别难懂，它在外表上与各种纯字母文字体系十分相似。他发现，有几个词的词尾有一个世俗体文字的符号。这个符号像y，在科普特文字里也有类似的一个符号y，这个符号读作"f"。当这个符号出现在词尾时，就表示人称代词"他"和物主代词"他的"。1802年，阿克布拉德发表《给德萨西先生的信》，公布了这一研究成果，为20年后商博良最后打开象形文字之谜提供了一把重要的钥匙。然而，阿克布拉德未能继续沿着这一科学道路前进，他误以为世俗体文字是一种纯字母文字，这种偏见使他的研究工作无法取得新的进展。但是，应该承认，阿克布拉德是在钻研世俗体文字方面第一位有成效的学者。

继阿克布拉德之后,在释读古埃及文字方面,英国科学家、光和波动论的创造者托马斯·扬取得了可喜的成绩。扬是一位兴趣广泛的学者。1814年,他得到了一份拉希德石碑的抄本,便全力以赴地进行研究。扬断定,石碑上众多的世俗体文字不可能都是字母文字,世俗体文字和象形文字书写系统存在内在联系。扬注意到希腊文铭刻部分有许多字反复出现,就以此为基础,将碑文的三种文字划分成组,反复对照研究。最后,他掌握了86个世俗体文字词汇,其中多数是正确的。1816年扬识别出了用象形文和僧侣文写成的一大段宗教铭文(属于"亡灵书"),他断定,图画形式和草书符号是同等的。扬纠正了阿克布拉德的错误,明确指出世俗体文字和象形文字中都有大量的表音成分,并进一步证实了先前学者的看法,即写在椭圆形框里的象形符号代表国王或王后的名字。此外,扬还认出了象形文字中的字母符号f和t,以及后来文献中表示女性名字的限定符号。他结合纸草文献的多样性进行综合分析,确信不同的字可能具有相同的发音,亦即同音字的原则。一般说来,扬注明的世俗体文字的读音和引证科普特语的对等词,都是错误的,但对埃及古文字的释读,到了他手里毕竟前进了一大步。

商博良的成就与埃及学的诞生

最后成功地释读象形文字的荣誉,归于法国学者让·弗朗索瓦·商博良。商博良1790年12月23日生于法国洛特省的菲热克,从小受兄长、古代史教授雅克·约瑟夫·商博良的影响,对埃及怀有浓厚兴趣。9岁起学习古希腊文和拉丁文。1802年,他年仅12岁就掌握了希伯来文和阿拉伯文。他听说还没有人能读懂埃及象形文字时,便立下宏愿:"总有一天我要弄清楚它。"他开始钻研古代语言和古代史,为解开埃及象形文字之谜做准备。商博良把希望寄托在科普特语言上,试图从这里打开一个突破口。在学习科普特语时,他使用了基歇尔先前编写的科普特语法书。16 岁时，商博良进入格勒诺布尔大学。他勤奋好学，成绩优秀，1808年刚满 18 岁，就被任命为这所大学的历史学教授。22 岁时，获语言学博士学位。1808～1809 年，商博良着手研究拉希德石碑。他首先试图从铭文的象形文字部分找出托勒密的名字。早在 1814～1818 年，扬就已证实，拉希德石碑上的象形文字铭文中，有些符号刻在椭圆形框里，并多次出现，实际是国王的象形文字名字。商博良对照希腊文，在象形文字部分毫不费力地找出了托勒密的名字：

他把框内的 7 个象形符号变换成 7 个罗马字母：

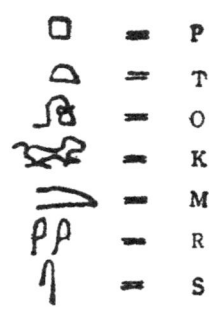

```
□   = P
△   = T
    = O
    = K
    = M
    = R
    = S
```

他把得到的 7 个罗马字母同托勒密的希腊语拼音 Ptolemaios（Πτολεμαιος）对比，发现少了一个字母 e 和第 2 个 o。这一点并没有使商博良感到困惑，因为他知道，像阿拉伯语和希伯来语这类语言，元音常脱漏不写。他相信，在埃及象形文字中也有同样不写元音的现象。

商博良进一步把世俗体铭文与象形文字铭文做比较，发现世俗体文字符号和象形文字的笔画之间有某些相似之处。他设想这两种文字存在亲属关系。

1813年，商博良发现，每当世俗体文字中出现符号y时，在象形文字中就出现了小蛇一样的符号。他设想，这两个符号之间有内在联系，于是便推论，如果将y读做"f"，那么，小蛇符号的音也就是"f"。他断定，象形文字里的符号有标音的作用。

1815年，英国考古学家班克斯勘探埃及费来神庙，发现一块方尖碑碑基，上面刻有希腊文铭文，其中有埃及女王克利奥巴特拉的名字，在附近还有一块倒塌的方尖碑。碑和碑基于1819年运到英国。1821年希腊文和象形文两种铭文均被拓印出来。不过，在1822年之前，商博良还没有机会看到这些拓本。

1821年，商博良继续对比世俗体文字符号和象形文字笔画。他把相似的符号全部分门别类，编成对照表，标明哪个世俗体文字符号相当于哪个象形文字符号。当年夏天，他出版了一本介绍祭司体文字的小册子，毫不困难地把他所知道的一组世俗体文字变换为祭司体文，然后又变换成象形文字。通过多年研究，他确信埃及文字的三种形式不过是相互修饰而已。

1822年，商博良根据拉希德石碑希腊文铭刻里的托勒密一词，找出相当于"托勒密"这个词的世俗体文字符号，然后又从自己编的对照表里找出相当于这些世俗体文字符号的象形文字符号，按顺序抄下来，再与石碑上的象形文字做部分对照，得到了完全相同的象形文字符号。商博良从他熟悉的世俗体文"卡萨蒂纸草"上，发现了女王克利奥巴特拉的名字，根据对照表他把女王的名字变换成象形文字符号，只是暂时还无法验证是否译得正确。同年，他得到了1815年班克斯在费来神庙发现的那块方尖碑的碑文拓本。他发现，拓本上椭圆形框里刻写的克利奥巴特拉名字的象形文字符号，同他从对照表里得到的符号一模一样，顺序也相同。他把托勒密和克利奥巴特拉的名字进行对比，又找到了几个新的字母。他顺着这条线索,继续研究专有名词。几个月后,他又成功地释读了亚历山大、伯林尼斯、提比略、多密善和图拉真等王名,他掌握的象形文字符号增加到 111 个。

至此,商博良认为,希腊、罗马时代的王名问题已经解决,那么,法老时代王名环内的符号是否同样有表音的成分呢?时隔不久,即 1822 年 9 月,商博良从一位建筑师那里获得两张埃及神庙浅浮雕的拓本,终于解开了他的疑团。商博良拥有了足够的证据,证明象形文字是可以读懂的。他非常细心地翻阅大批古埃及文献并检查自己的每一个结论是否正确,不放过任何一个细微之处。商博良认为,古埃及象形文字,既非纯字母文字,又非纯表意文字。先前的学者,虽苦心钻研终不能豁然贯通,乃在于他们断言埃及文字或全为表意,或全为表音所致。

1822 年 9 月 29 日,商博良在巴黎科学院会议上宣读了著名的《就象形文字拼音问题给 M. 达西尔先生的信》,就释读埃及象形文字的情况做了报告。欧洲许多国家的学者出席了这次会议,这一天是公认的新兴学科——埃及学的诞生之日。商博良从 18 岁起,为释读古埃及文字呕心沥血,奋斗了 20 余年,在众多学者一个个受阻退下阵来之后,唯有他知难而上,锲而不舍,终于获得成功。商博良曾说:"生活的真谛在于热情。"他的一生正是这句话的写照。

商博良于 1828~1829 年之间,曾亲自前往埃及调查,凡有石刻之处,皆尽力摹拓,又悉心绘制建筑图形。回国后,法兰西大学特设埃及考古学讲座,聘任他为教授。长期辛苦工作,使他的健康受到损害。他于 1832 年 3 月 4 日逝世,年仅 41 岁。商博良生前著有《古埃及象形文字概要》(1824 年),遗作有《埃及文法》《象形文字辞典》和《埃及与努比亚遗物》等,为后继者研究古代埃及语言文字提供了严格的科学方法和宝贵的资料。

继商博良之后,法国学者德鲁热、沙巴、马斯伯乐,德国学者 R. 列普修斯、布鲁格施、A. 埃曼和塞提，英国的艾伦·加德纳等人对埃及学都先后做出过重大贡献。

埃及学自1822年创建以来，经过几代学者的不懈努力，已有很大的发展。由于古埃及文字释读成功，大批埃及典籍的内容被揭示出来，有王室敕令、政府公文、战报、宗教和医学文献，还有教谕诗、史诗、散文和故事等。大批学者长年潜心研究这些极其珍贵的资料，不断地开拓和深化埃及学的研究领域，丰富了人们对伟大的埃及文明的认识。

第三节　古埃及文字的结构

自从商博良成功地释读象形文字以后，人们不仅对古埃及文字的产生和发展有了比较清楚的认识，而且对它的结构也有了正确的了解。公元前3000年左右形成体系的象形文字，是一种发展比较完备的文字。从整体看，埃及象形文字由表意符号、表音符号和限定符号三部分构成。

表意符号

表意符号用图形表示词语的意义，特点是图形和词义有密切的关系。"表意符号"这一术语来自希腊文的"形式"和"文字"。古埃及文字产生之初，凡任何一种能画得出来的实物都用该物的图形作为记录符号，一个图形符号就代表一个词。例如，表示水就画3条波形线≋，画一个五角星★表示"星"的概念。这一造字原则在整个法老时代一直沿用下来。从事书写工作的书吏根据需要随时可以大量创造新的符号，用来表示象形文字最初形成时尚未出现的生物或物品。例如，马拉战车是在第二中间期（约公元前1786～前1567年）喜克索人传入埃及的。在此以前，象形文字里没有这个词。自这种新式军械传入埃及后，象形文字符号中出现了"战车"这一新的表意符号。象形文字虽然直接用图形表示词语意义，但它毕竟不同于绘画,它具有约定俗成的符号性质。例如,狮子和牛都是四足动物,"狮"字写作狮的整体侧视图,"牛"字也作整体侧视图,但"牛"用作表示祭献时的固定套语时,却只表现为牛的头部（ ）。

象形文字也能表示具体的动作。例如"吃"字,就画一个人把手放在嘴里;表示"藏",则画一个人蹲在一堵墙的后面。不过表示"藏"的动作,要比"吃"的图形复杂一些,它是由墙和蹲着的人两个图形符号合成的。这些都是具体的象形符号,以形表意,具有意义自明的特点。

随着社会生产的发展和生活的需要,人们的语言越来越丰富,为了表达复杂的事物和抽象的概念,单个图形有时就无法胜任。古埃及人采用象征的办法,来解决这类困难。所谓象征表达方法,是说所画的东西不应从表面去理解,而应体会它引申的含义。例如, 不但表示"太阳"的概念,而且进一步引申为"白天""日光"等意。"吃"的动作符号,也表示"想""饥饿""说话""热爱"等概念。对于一些难以用具体图形表达的抽象概念,则采用引申和会意相结合的办法。例如,要表达"正义"这个抽象概念,就画一根鸵鸟的羽毛,因为鸵鸟所有的羽毛几乎都一样长。又如"年"的概念,是通过画一棵棕榈树来表达的,因为古埃及人习惯每年都要砍下生长在树干下部的叶子。表示比较抽象的概念时,有时要把两个以上的实物图形符号结合起来表示。例如,把表示"月亮"和表示"星星"的两个象形符号合在一起,就表示"月份"。记录抽象名词和其他比较抽象的概念,也可以采用具体的图形符号。例如,"老年"一词,便画成一个弯腰曲背拄着拐杖的人。表示"死亡",则画一个人头部淌血,向前倾倒的姿势。

从上述词例可以看出,表意符号的完善有一个从表形到表意的发展过程,表形符号所表达的词义是一目了然的,而表意符号则应体会它的引申含义。这样,有时确实会给读者造成困难,不知道应当怎样识别。为了解决这一难题,书吏的习惯做法是在专指某事物本身的词形符号下面,加上一条垂直线。例如，表示"太阳"的符号下面加一垂直线后，就不可以表示它的引申含义（"日子""日光"等概念）；表示"头"的符号下面加了垂直线，就没有"第一"的意思。

除了用具体图形表示抽象意义的符号外，在象形文字的表意符号中，也有极少数的符号，本身就代表抽象概念。这些符号不是实际图画的简化形式，而是古埃及人在长期实践中约定俗成的抽象记号。例如×这个符号，表示"打破""分开"等意，为古埃及人所通用。这样的符号，后多用作表示抽象意义范畴的限定符号。

综上所述，表意符号基本上是由表示实物的图形构成，极少数则是纯抽象的符号。表意符号所表达词语的意义，有的直接根据图形就可以确定，即采用以形表意的方法；有的则用象征、引申的间接方法表达。但总的说来，词语的意义是用图形表示的，所有的表意符号，都不表示词语的发音。

表音符号

为了把词语的发音表示出来，古埃及人又发明了表音符号。"表音符号"这个术语来自希腊文的"音"和"文字"。书吏从表意符号中抽出图形符号来做音符。表音符号虽然原来是表意的，但已有第二用途，取得了音值。例如，猫头鹰的图形用作音符时，读"m"音，已失掉"猫头鹰"的含义。表示门闩的图形符号，代表"s"音，而另一个表示小山坡的符号，则用来表示"k"音。有些表意符号用作音符时，逐渐有了音节的意义。例如，表示灌溉的图形符号，用来代表 mer 这个音节；图形符号"座位"表示音节 set。久而久之，这些原为表意的图形符号变成了类似字母的符号，其中不少图形已失去原有的图像含意，变成了纯粹的发音符号。

与其他的语言一样，古埃及语的词汇发音也由元音和辅音的音素组成。音符有一部分表示简单的音节（1 个辅音加 1 个元音）；另一部分表示复杂的音节(2个辅音或2个辅音加上几个元音)。不过,它也有特殊之处,那就是元音的性质并不标明。例如◇(嘴)原是表意符号,用作表音符号时,根据它在句子中的组成形式及上下文关系,可以和不同的元音结合,实际上可代表 re、er、ra 或埃及语中其他可能有的元音与 r 的任何组合。这样的易变性会使人感到辅音是主要的。这一切都跟埃及语的特殊音节结构有关。如前所述,埃及语近似闪米特语,每个音节原来都由辅音与元音结合而成。但是,元音在词形发生变化和派生新词的情况下,会出现变换,也可以完全脱落。由于我们不了解早期埃及语的实际发音,唯一严格的科学方法是只把辅音写出。这样,对埃及文字的元音就很难探明究竟了。只有从古埃及文字形体演变的最后阶段——科普特文字里,学者们才对元音略知一二。

在阅读埃及象形文字的过程中,我们常常会遇到"转写"这一术语。"转写"是表示将象形文字变成近似拉丁化的字母符号,然后根据需要译成现代语言。根据埃及语不显示元音的特点,用拉丁化的符号抄写埃及象形文字时,就只能写下辅音。因此,我们提到埃及象形文字的表音符号时,常说它们是辅音符号。而实际上,在拼读过程中是有元音的,并为了便于发音,经常在辅音之间加上一个近似英语"e"的短元音。例如象形文字 rn(名字)、dd(说),在拼读时加上元音"e",分别读作"ren"和"djed",但书写时,仍不把元音符号标出。

表音符号是从部分表意符号演变来的,最初比较复杂,同一表音符号,往往用许多不同图形表示。随着图形符号的简化,到公元前 600 年左右,表音符号已趋规范化,形成 24 个单辅音、大批双辅音和三辅音符号。在全部辅音符号中,以 24 个单辅音符号最为常用。古埃及文字发展到这个阶段,书吏已掌握了一种有效的工具,能利用表音符号把埃及语中复杂的词的语音表达出来。表音符号既可以表示任何具体的事物,又可以表示复杂的抽象概念。实际上，埃及象形文字的单辅音符号是字母的萌芽。

限定符号

辅音符号无法表示元音，同音词会使读者难以确定词义，为了避免这种混乱的情况，埃及的书吏巧妙地把表音原则与表意原则结合起来，发明了限定符号（或称指示符号），即在表音符号之外加上一个新的纯属表意的图形符号，置于词尾，以表明这个词是属于哪个事物范畴的。限定符号本身不发音，只起引导读者把握文字正确含义的作用。例如，在象形文字中，"犁杖"和"朱鹮"这两个词的音符完全相同，都由两个辅音组成，读音为"hb"。区别词义的方法是：在 hb 后分别加上表示"犁杖"和"朱鹮"的限定符号。

下图是一些常用的限定符号：

哭	男人、儿子	牛、公牛	啤酒罐、醉	蜜蜂、蜜
雏鸟	欢乐	扬帆上行	女人、寡妇	山地、沙漠

限定符号与表音符号结合起来，可以创造出许多音同义不同的词汇，同时也省略了一些不必要的符号。在象形文字中，一般的词都有限定符号，有的还不止一个限定符号。某些最普通的词，如"共同""一起""说话"，才只有表音符号，而无限定符号。

把表意符号、表音符号和限定符号适当地组合起来，便可构成完整的句子。

限定符号还有另一个重要作用，即可以把书写的象形文字中的每个词划分得清清楚楚。古埃及文字的缀词法并没有严格的规则可循，每个词的写法可以在特定的场合加以改变。一个完整句的词与词之间不留空隙，也无标点符号，但限定符号位于词尾，只要掌握这个规则，就能够把句中的各词分开。

总之，古埃及文字的结构，以最早的象形文字为例，是由表意符号、表音符号和限定符号三部分组成的。表意符号是用图形表示该物体本身的含义和引申意义；表音符号是借用表意符号表示单个词的发音，已失去图形原有的含义，只起表音作用；限定符号置于词尾，表示一个词的所属范畴。这三种符号按照一定的语法规则组合起来，使象形文字成为"音、形、义"俱全的文字体系。

第四节　古埃及文字形体的演变

文字的发展总是由繁到简，由难到易，简化是任何一种文字系统发展的趋势，这是为了适应书写和实际交往的需要。古埃及文字的演变过程也如此。在长达数千年的过程中，因追求书写方便或书写工具的改变，文字形体发生了一定的变化，这种演变大体可分为四个阶段。

象形文字

我们所知道的最早构成体系的古埃及文字材料，是象形文字，这种文字体系产生于公元前 3000 年。迄今所知最晚的象形文字铭文，在阿斯旺附近的费来岛发现，称为费来铭文，属罗马皇帝狄奥多西一世统治时代（公元 377～395 年）。在漫长的岁月中，尽管古埃及文字体系出现了简化的祭司体和世俗体文字,但象形文字这一古老的书写形式从未被废弃。象形文字"hieroglyph"的名称由希腊语"神圣"(hieros)和"雕刻"(glyphe)组成,故含有"神圣铭文"的意思。象形文字之所以如此命名,是因为希腊人第一次看到这种古埃及文字时,它几乎仅见于神庙和公共纪念碑的墙壁上,而且只为少数埃及人所通晓,这些人多是神庙祭司。古埃及人自己称这种文字为"神的文字",这位神即前面提到的图特神。

最初,象形文字用于一切方面,诸如宗教、商业、官方文件等。它刻在神庙墙壁上,描在棺椁上,雕在石碑上,或写在纸草纸和木头等材料上。刻在浮雕上的象形文字,比较罕见。神庙、陵墓以及一切重视装饰外表的地方,象形文字常常刻得很精致,并加上美丽的色彩,偶尔还用黄金镂刻的动物形象点缀,更显示出神秘的宗教色彩。而写在纸草纸上的象形文字就不那么逼真,一般只勾轮廓,还常加以简化。祭司和书吏常用芦苇杆制成的笔在纸草纸上书写象形文字。为加快书写速度,他们的笔头往往是圆的,因为不需要像用凿刀刻写的象形文字那样要有一定的角度。随着时间的推移,象形文字越来越限于纪念碑,偶尔也写在陶片或纸草纸上,一直使用到基督教时代。象形文字在整个古埃及时代使用的范围极广,不仅包括尼罗河下游地区,而且也延及古代努比亚的大部分地区、西部绿洲、西奈半岛以及古代近东地区。

象形文字的书写形式有以下几个特点:

图画性强。象形文字的各种符号本身就是一幅幅形象生动的图画,书写犹如绘画,特别讲究美观。符号之间不留空白,排列匀称,整齐,不中断。每组符号整齐地写在无边的长方形框内,好似艺术品。

行文的程式并不统一。象形文字书写方向比较自由,可以从上向下,也可以从左到右,或从右往左,或从中间向左右两个方向分写。在许多呈椭圆形的碑文上,常常将象形铭文从顶端中间起笔,向左右分写,最后在底部合拢,构成一整幅优美的图画。一般说来,表示人、动物的图画符号都面朝着文字的起点,阅读时也循此方向。

象形文字有固定的缩写词组,通常用于纪念碑铭文、格式短语、国王和官员的头衔等。

少数象形符号有简写和繁写的形式。有的可能是由于书写上的原因,个别音符脱漏不标,但并不改变发音;有的却加上了多余的表音符号,但也改变原来的发音。

象形文字中有些词属于拼合文字,如某些含有运动概念的动词,表意符号与一个音符相结合,即组成一个新词。

象形文字音符位置会有变化。这是因为书写象形文字总是力求美观、匀称,但读时仍应保持原来的发音顺序。

含有敬意的词语位置也会有变换。在书写"国王""神"等词语时,有一种明显的倾向,即把这类词写在与它们组成短语的词之前,但也保持原有的发音顺序。

祭司体文字

象形文字形体复杂,难以快速书写,一般人也不易掌握。为实用和方便起见,书吏又将象形文字的符号外形加以简化,创造了祭司体文字。"祭司体"(hieratic)一词,由希腊语"祭司的"(hieratikos)一词演变而来。希腊、罗马统治埃及时期,这种文字几乎为当时的埃及祭司们专门用来书写宗教文书,故被称为"神秘文字"。其实,早期祭司体文字并不用于书写宗教文献,而是用来书写世俗事务。

最早的祭司体见于第五王朝(公元前2498~前2345年)晚期阿布西尔的一份纸草文献,这种文字一直使用到新王国末期。

祭司体文字这个名称,最初是指象形文字较早的草书,它代替了原来图形逼真的符号,只简略地画出外形,与原来的形式已大不相同。祭司体文字的出现,与古代埃及社会政治、经济的发展有密切关系。埃及的国家机构日趋完善,需要书写的公文繁多,势必要求加快书写速度。原有的象形文字符号笔画复杂,书写费事。书吏们在匆忙书写时,对图画形式的符号进行简化。这种简化符号只与象形文字约略相似,经长期使用,成了象形文字的草体形式。

古王国时代,祭司体文字和象形文字区别不大,到中王国的第十二王朝(公元前1991～前1786年),祭司体文字几乎失去了图画性质,与象形文字的形式相比,相去甚远。新王国的第十八王朝(公元前1570～前1320年),祭司体文字形成了独特的风格,一般比较规范的字体用于抄写文学作品,更草的字体用于抄写商业文书,是真正的应用草体,但宗教文书除外。正规的象形文字仍继续用于刻写石碑铭文。到第二十一王朝(约公元前1085～前945年),祭司体文字才开始用来在纸草纸上书写宗教文献,石碑上也出现了祭司体文字。这种情况,在第二十二王朝(约公元前945～前730年)利比亚人统治时期,非常普遍。希腊、罗马统治时期,祭司们则专用这种文字在纸草纸上抄写宗教文献,难怪希腊人称它为"祭司体文字"。

与象形文字比较,祭司体文字有以下几个明显的特点:

祭司体文字的书写方向是从右向左,而不如象形文字那样灵活自由。在较早时期(第十一王朝以前),祭司体文字原文通常竖直写在一个无形的框里,如同象形铭文那样。文字符号之所以如此排列,是为了使两个或更多的符号在竖直方向上排成一行,从右向左拼读。到第十二王朝时,书吏们开始按水平方向抄写祭司体原文,这对以后更潦草的书写字体产生了一定影响。

祭司体文字有连写形式,两个或更多的符号连在一起,用一笔写成。

而象形文字符号是从不连写的。

祭司体文字又很难读，因为一个祭司体文字符号有多种差别不大的异体。这就容易与象形文字的某些符号相混淆，为便于区别，就得在祭司体文字符号上加上区别符号，作为不同的标记。

在古埃及人的生活中，日常的公文、信件、账目、图书目录、商业文书、文学和宗教文献等都用祭司体文字书写。所以祭司体文字比之象形文字，更具实用意义。但作为正式的官方文件和铭刻，仍用象形文字书写。从公元前700年起，在日常生活中，祭司体文字逐渐被一种更草的字体——世俗体文字所取代，祭司体文字则专门用于书写宗教文献。最晚的祭司体文字使用到公元1世纪末或2世纪初。

世俗体文字

世俗体文字是祭司体文字的草写形式。世俗体（demotic）这个术语来源于希腊语"平民""民间"（dēmōtikos）一词，此词最早也译为"本土文字"，因希腊语中也写作"enkhorios"，意为"土著"。

最早的世俗体文字出现在公元前700年左右，是从新王国后期书写商业文书的祭司体草体文字演变来的。起初，世俗体文字常为司法人员和政府官员用来书写契约、法律和行政公文，被视为一种标准的草写形式。世俗体文字在托勒密王朝时期（公元前332～前30年），已成为一种十分重要的书写字体。著名的拉希德石碑的三种文字形式，就是以世俗体文字、象形文字的正文和希腊文的译文组成的。当时，王宫和基督教会经常用世俗体文字在石碑上刻写公告，放在公共场所，告谕百姓。世俗体文字的字体比较简单，所以很快进入了平民的日常生活。在整个托勒密王朝和其后的罗马统治时代，世俗体文字主要用于商业和日常生活的书写记录，后来，宗教文献和文学作品也用它来书写，偶然石碑上也刻有这种文字。世俗体文字一直保留使用到公元4世纪。像祭司体文字一样，世俗体文字一般用墨水写在纸草纸或其他平软的材料上，刻在石头或木头上的较少。与祭司体文字对比，世俗体文字的连写形式更简单，已不具有图画特点，它的书写方向保留了祭司体文字的传统，固定从右往左。

古埃及文字从象形文字演变为世俗体文字，字形已相当简化，成为类似字母的符号，而且表音作用的符号逐渐占优势。古埃及文字发展变化的原因，在于书写速度的加快和工具、材料的改变。另外，书写方向的变化对字体的演变，也有一定的影响。象形文字书写方向比较自由，而祭司体文字和世俗体文字行文则固定从右向左，行款比以前整齐，符号的连写形式也精简了一些字形结构。但是，象形文字演变为祭司体文字，又发展成世俗体文字的整个过程，并不是说，一种新字体出现时，原有的字体就废除不用，而是有一段并存时间，由于新字体逐渐代替旧字体，旧字体则限于一定的使用范围。希腊、罗马统治埃及时期，象形文字、祭司体文字和世俗体文字同时使用，各有分工。日常生活的事务性文字记录采用世俗体，抄写公文和宗教文献用祭司体，石碑铭刻则保留用象形文字。

科普特文字

公元前 332 年，亚历山大征服埃及，此后，希腊文被确定为官方文字。统治埃及的希腊人和有教养的埃及人讲希腊语，埃及土著居民则讲其祖先传下的语言。因受希腊语的影响，古老的埃及语言形式发生变化，演变成科普特语；讲这种语言的埃及人叫科普特人，他们常被称为"法老的子孙"。

公元 3 世纪，埃及居民在希腊和罗马的统治下改信基督教，埃及的书写文字又发生变化，许多公文都用科普特文字书写。所谓"科普特"（Copt），最早源于希腊文 Aigyptos，意思是"埃及人"。这个希腊词去掉词头词尾，就只剩下词干 Gypt，到现代语言里演变成 Copt。这词的科普特语含义是"埃及人的语言"。

公元641年，阿拉伯人征服埃及，科普特语逐渐被阿拉伯语取代，只有少数信仰基督教的埃及人继续使用科普特文字。公元16世纪，阿拉伯语已十分流行，但是科普特语仍被保留，作为基督教教堂里的宗教用语。17世纪以后，除基督教徒和一些老年人外，已没有人会讲这种语言了。

科普特文字采用希腊字母，包括24个希腊字母和7个作为补充字母的世俗体文字，一般称作新埃及语，为民间通用的语言文字。下面是一张科普特语字母、名称和发音表：

符号	名称	发音	符号	名称	发音
Ⲁ ⲁ	alpha	a	Ⲣ ⲣ	ro	r
Ⲃ ⲃ	vita	v	Ⲥ ⲥ	sima	s
Ⲅ ⲅ	gamma	g	Ⲧ ⲧ	tau	t
Ⲇ ⲇ	delta	d	Ⲩ ⲩ	ypsilon	you
Ⲉ ⲉ	epsilon	é	Ⲫ ⲫ	phi	ph
Ⲋ ⲋ	zita	z	Ⲭ ⲭ	chi	chχ
Ⲏ ⲏ	ita	i è	Ⲯ ⲯ	psi	ps
Ⲑ ⲑ	thita	th	Ⲱ ⲱ	oméga	ô
Ⲓ ⲓ	iota	i	Ϣ ϣ	schai	sch
Ⲕ ⲕ	kappa	k	Ϥ ϥ	fai	f
Ⲗ ⲗ	laoula	l	Ϧ ϧ	khai	khċ
Ⲙ ⲙ	mi	m	Ϩ ϩ	hori	h.
Ⲛ ⲛ	ni	n	Ϫ ϫ	djendja	dj
Ⲝ ⲝ	xi	x	Ϭ ϭ	tschima	sch
Ⲟ ⲟ	omicron	o	Ϯ ϯ	ti	ti
Ⲡ ⲡ	pi	p			

科普特文字在语言学上的重要性，是它有了元音，是古埃及文字在发展过程中唯一写出元音字母的文字。科普特文字的词汇与以前各个阶段很不相同，特别是包括了许多希腊外来语，在语法上出现了前所未有的小品词，字母顺序基本按照希腊字母排列。

科普特方言是有区别的，现今仍残存着五种科普特方言，它们是：

1. 阿赫米克语，是上埃及的古埃及方言，但很早就让位于萨迪克语。
2. 法尤姆方言，使用于法尤姆绿洲周围地区。
3. 下阿赫米克语，可能使用于阿斯尤特地区。
4. 布哈利克语，是原来起源于三角洲西部的方言，公元 11 世纪时因主教移居开罗，成为全埃及的文学语言。
5. 萨迪克语，是底比斯的方言，后来整个上埃及都用它来写文学作品。

科普特语是古埃及文字发展到最后一个阶段的文字，它深受希腊文、圣经文学的影响。今天，科普特文字虽只用于埃及基督教的祈祷和传播，但仍是古埃及文字宝贵的遗产之一。

第五节　书吏和书写工具

书吏的作用及其社会地位

古埃及文字的结构和形体十分复杂，由各种图形组成的常用符号就有 700 个，其中有的起表意作用，有的起表音作用，有的两种作用兼而有之，形形色色，构成了一种错综复杂的文字体系。因此，要学会这门文字困难不少，而想精通它，则非经过长期严格的训练不可。在这种情况下，写字就成为一门艰难的专业。古埃及知书识字的人很少是不足为奇的。普通埃及农民一生都在自己那块小小的土地上耕作，播种谷物，照料牲畜,很少有学习识字的机会。只有富贵人家的子弟才有条件接受长期的学校教育,学习阅读和写字,以便日后充任国家高级官吏和神庙祭司。在古埃及,少数具有写字能力的人被称为"书吏"。最早的书吏形象见于那尔迈调色板的反面。前王朝和古王国时代都有盘腿而坐的书吏雕像保存下来。书吏是古埃及社会里长期形成的一个专门为统治阶级服务的知识阶层。

历史学家们在研究古代埃及官吏职称表和立法、行政文献时发现,历代的法老政权都是由众多官吏组成的庞大的官僚机构。国王之下的最高官职是宰相。作为国王的代理人,宰相握有行政、司法和宗教大权,常被比作图特神,即"太阳神拉的心脏和舌头"。宰相统辖的中央和地方各级官员,往往都是书吏出身,他们对国家政权机器的正常运转,具有重要的作用。

古埃及最大的行政部门是财政部门。早在第一、第二王朝时期,国家每两年就派人清查全国的土地、人口、牲畜和其他财产,以确定租税的数额。清查是国家的头等大事。这在第五王朝编成的埃及最早的官方文献巴勒莫石碑上有记载。清查时必须做记录,田地须丈量,人口要普查,每个人和他的牲畜、财产得列出清单,这一系列经济活动的组织和管理,都离不开书吏。第三王朝(约公元前2686～前2613年)时,随着埃及中央集权的君主政体的出现,法老政权就更需要书吏协助制定中央和地方州政府、祭司的等级制度和他们各自承担的宗教义务,以及王室和祭司对可耕地、畜群、矿产、粮食、公共工程、法庭和税收等的管理制度。书吏记载各朝历史,传达国王的命令,抄写政府公文和神庙的宗教文献等,他们的重要性,可谓须臾不可缺。

关于书吏的最早记载见于第五、第六王朝时写成的《金字塔铭文》,在金字塔内的墙壁上发现。那是专为已故国王祝福的祈祷文,其中也提到了名目繁多的书吏。他们根据职务,具体可分为公文书吏、书信书吏、军队书吏、国王书吏(首席军事长官、御医)和"圣书"书吏等。

　　古代埃及文献的官职表清楚地表明,在武士和祭司之外没有一个单独的书吏等级,书吏显然不属于统治阶级的最上层,但他们的工作与王公、贵族和高级祭司都有密切的联系,他们有权有势,享有很高的社会地位,生活要比平民安逸舒适得多。"他们不用负担一切义务,不用服任何劳役,不拿锄头和十字镐,不用挑担和摇桨";"要知道,书吏的职位是最好的职位"①。他们能凭自己的等级取得丰厚的报酬,他们被授予土地,配给食物,从神庙的正规收入中得到收益,还可获得王室的奖赏。

　　在古埃及,书吏们垄断了几乎所有的专业活动,并且常以埃及最优越的职业者自居。新王国时代高级军官本身就是书吏,如第十八王朝的阿门荷太普原是军队的一名书吏,因才华出众,得到国王的赏识,擢升很快,先后担任王宫侍卫队长、国家税收官、边境防卫长官,又负责经营王后和公主的庞大产业,最后出任国王的事务总监,位同宰相。国王对他十分宠信,破格准许他在卡纳克神庙为自己竖立雕像,在底比斯的王室庙宇附近,自建一座大享殿。由此可见,书吏在古代埃及社会中,地位确实显赫。

书吏学校

　　书吏是由专门的学校培养的。在古王国时就有了私人教授的学生。一份"韦斯特卡纸草",记载了一位老魔术师做出奇迹的故事,反映了古王国的一些历史事实。胡夫国王派王子去请学识渊博的老魔术师杰迪,杰迪说:"为我准备一只船吧,这样我就可以把我手下的年轻人和我的图

---

① G. 波塞纳(G. Posener):《埃及文明词典》(*Dictionary of Egyptian Civilization*),纽约:都铎出版公司 1959 年版,第 255 页。

书带走。"①这位名叫杰迪的魔术师,可能就是一位办私人学堂的老先生。一般认为,中王国时已有书吏学校,专门训练王室和贵族子弟。书吏学校大都设在神庙里,王宫里也有。书吏学校高于一般学校,里面还设有特殊的高等学府,称为"生活之家",从生活之家"毕业"的年轻书吏,通常在国家机构供职,胜任工作得到上司赏识便可青云直上,充任高级官吏。

学生5岁左右入学,学习期限为12年。学生住校,但无伙食供应,由家人每天送饭。学生开始上课时,主要学习阅读,熟练地书写各种形式的文字,然后学会撰写各式公文、信函、申请书、法庭记录等,逐渐养成正确选词和运用比喻的能力。此外,学生还要学习天文、几何、算术、历史等课程。书吏学校教育的主要目的是训练培养地方和政府机关的职员、有足够基础知识的神庙祭司,以及艺术家和翻译人员(翻译人员必须学习外语)。为此,书吏学校纪律极严,用鞭挞的手段来维持秩序。一篇教谕文的作者说:"每天都要用功读书,这样你将会熟练掌握文字。不要懒惰度日,不然你就要受到鞭打。要知道,男孩子的耳朵是长在背上的。"②学校制定了许多清规戒律,不许学生上酒馆,不能追女人,只能勤奋用功学习,以期将来出人头地。

学会阅读各种手稿,需花很多时间。学生们每天从早到晚埋头苦读,力求掌握各种困难复杂的文字。他们用特别的习字本每天抄写3页左右埃及象形文字的700多个常用符号、草楷的祭司体和更简化的世俗体文字符号,这对初入学的儿童来说,是很不容易的。学习各体文字手稿,不

---

① M. 利西泰姆(Miriam Lichtheim):《古埃及文学》(*Ancient Egyptian Literature*)第1卷,伯克利:加利福尼亚大学出版社1973年版,第218页。
② B. 沃特森(Barbara Watterson):《埃及象形文字入门》(*Introducing Egyptian Hieroglyphs*),爱丁堡:苏格兰学术出版社1981年版,第41页。

但要会念,而且要写得熟练、美观。不少学生因为达不到教师的高标准而受到严厉惩罚。在抄写铭文时,教师要求学生掌握漂亮的标准书法,要根据不同的内容,用不同的形体符号来书写,例如,用世俗体写事务文件,用特别清晰的近于象形文字的祭司体抄写宗教文件等。学生们一般用芦苇笔蘸墨水在纸草纸上书写,但初学写字时,小学生不可以在纸草纸上书写,他们主要在陶片或石片上练习写字,写完后随手扔掉,待他们掌握书写技巧后才发给纸草纸,不过,发给他们的纸草纸不是新的,而是已用过的,让他们在空隙处写上新内容。这种做法保存了大量的资料,为近现代埃及学家的研究工作提供了方便。例如,著名的《塞努海的故事》,就是去埃及游历的学者偶然从古董商那里买到的一卷纸草书上发现的,现保存在莫斯科国立普希金艺术博物馆。

在书吏学校里,供学生练习抄写的是各种各样的教谕。大臣、祭司和官吏们都想让自己的子弟将来接班时具有代表他们人生观的传统思想,各种教谕正符合他们的这种意图。许多教谕文都是颂扬书吏快乐生活的,把书吏生活说得比其他任何职业都美好。中王国时期,在埃及文学作品中极负盛名的《杜阿乌夫之子阿赫托依给其子珀辟的教训》[①],是书吏学校学生必须阅读、抄写、背诵的一篇范文。这篇教谕文竭力赞扬书吏职业优越,把雕刻匠、铜匠、石匠、农民、织工等的艰苦劳动跟书吏的境况做比较,以嘲笑的口吻说道:"我没有看见雕刻匠或者首饰匠当过使节,可是我却看见过在炉灶旁边干活的铜匠,他的手指像鳄鱼皮,他身上的气味比鱼子还要臭";"石匠在各种坚硬的石头上干活。工作完了的时候,他垂下双手,累得精疲力尽。他就这样一直坐到黄昏,他的膝头和背脊都弯曲着";

---

① 米·马吉耶:《古代埃及孩子的一天》,钱君森译,北京:中国少年儿童出版社1957年版,第129~131页。

"农民穿的衣裳一年到头不更换……他累得很……可是他驯服得跟一个在狮子面前的人一样。他经常害病……";"织工在家里干活……他的腿贴在肚子上①。他气也透不过来。要是他在一天内没有能织出足够的布匹,他就要像沼泽中的荷花那样伸不开身子"。② 文中把书吏的职业说成是唯一的没有负重和劳苦的行业:"你瞧,除了书吏以外,没有一种职业是不受首长管辖的,因为书吏自己就是首长";"要是谁读书识字,人家就会跟他说:'你很有出息!'对于我给你说的那些行业,人家就不会这样说了……人家不会跟书吏说:'替这个人去干活!'"

新王国时有一部作品,在学校用的教谕文中占有特殊地位,它用美妙的词句颂扬书吏:"即使他们去世,他们的名字仍将长存……书吏们的名字,因他们编制的书册,始终显眼醒目……人们对他们的记忆一直延续到永恒。做个好书吏吧,一心一意好好努力,使你的名字也得到永存。比墓铭更有用的东西莫过于书籍。"③

尽管读书识字并不容易,但作为书吏,毕竟在职位、权力和财产等方面都有上升希望。因此,埃及的官员、贵族子弟并不把书吏学校视作知识的钥匙,而是把它当作获取社会高位的垫脚石。从理论上说,书吏职业不是专为贵族子弟设立的,一个出身低微的孩子,只要家庭能供得起他上学,他又肯下苦功钻研,是可以成为书吏的。但是实际上,在书吏学校读书的差不多都是富贵人家的子弟,穷人子弟根本进不了校门。书吏学校隶属于神庙和国家机关,跟神庙的关系特别密切,因为在埃及,文字完全操纵在祭司手里。他们故意给文字罩上一层神秘的宗教色彩。祭司们教

---

① 指蜷着腿坐。
② 这是说生在沼泽中的荷花,缺乏水分,生长受到阻碍;一个人受到束缚,就像这种荷花。
③ B.沃特森:《埃及象形文字入门》,第42页。

导学生说，文字是智慧之神图特的赐物。祭司写字之前，都要举行祭奠，故弄玄虚地做一番祈祷。一般书吏学校都设有祭坛，上面供有图特神雕像，那是书吏的保护神。学生上课前经过祭坛，须向图特神顶礼膜拜，念一段希望学习进步的祷文，祈求图特的保佑。神庙学校培养出来的大批书吏，到国家各级行政机构供职，所以神庙也是地地道道的选拔官吏的场所。神庙的兴盛与消亡，直接影响着文字的发展。公元4世纪，罗马统治者下令封闭费来岛的埃及神庙，最后一批懂得象形文字的埃及祭司去世后，象形文字也就寿终正寝了。

书写材料和工具

书吏的书写材料有木头、石头、皮革、陶片、麻布和纸草纸等。其中纸草纸最为主要，使用得最广泛。纸草是一种水生植物，主要产地是下埃及的沼泽。古埃及人用这种植物制成纸卷，作为书写材料。考古学家在位于萨卡拉的第一王朝大臣哈马卡的马斯塔巴墓中发现了最早的无字纸草卷。最早写有文字的纸草书卷在阿布西尔发现，是第五王朝晚期一份记载神庙财产的账簿，用祭司体文字写成，出土时已破损不全。

在古埃及的书写材料中，纸草纸最为实用。它逐步取代了石头、木头和陶片等材料。书吏抄写较长的文章，常把单张的纸草纸粘贴起来，写好后把它卷成筒状。纸草纸又是一种十分贵重的书写材料，书吏们总是尽量设法充分加以利用，正反面都写字。除官方文件外，一般的账单、事务性文件、信札都可以用过后再用。书吏把写过字的纸张粘贴剪割，重新制成纸卷，在空白处写上新内容。

纸草纸并不结实，时间长了会受潮，也易燃。据估计，登记一座埃及小寺庙的财产目录，每月就需要10米纸草纸。托勒密王朝时，地方公证人员每天要用6～13个纸卷，即长25～27米的纸草纸。王宫、所有的大庄园、神庙都有登记簿、财产目录和图书馆。这表明，当时至少用过几十万米的纸草纸,但是至今发现的仅几百米。①

书吏的书写用具是写字板、水碗和笔筒。这三种用具通过细绳串连在一起,每个书吏都随身携带,背在肩上。写字板是书吏的重要标记,用木头或雪花石制成,呈长方形。一般的木制写字板,长20～43厘米,宽5～8厘米,厚1.5厘米。写字板的一端中部有椭圆形凹槽,分别盛放红、黑两种墨,有的写字板上多几个凹槽。红墨是赭石制成的,黑墨则用炭或烟渣做原料。这两种颜料均用稀薄的阿拉伯树胶调制,干后即成墨,嵌入写字板的凹槽中。水碗盛放稀薄的树胶液,写字时用以调墨。书吏使用的笔,最初用灯心草的茎制成,他们将这种植物的茎截至长约15～25厘米,用牙将纤维咬开,使之呈刷子状。书写时先用水碗中的胶液稀释笔端,然后蘸墨书写,不用时将笔插入笔筒。新王国以后,这种笔直接插放在写字板中间的长凹槽里,加上一个滑动的笔盖,就可不再另置笔筒。公元前3世纪,书吏们仿效希腊人制笔的方法,将芦苇管的一端削成一小斜面,顶端呈尖状。

古埃及书吏不常用砚台。他们的砚台用石料制成,一般是长方形或椭圆形,用于研磨红黑两种墨,一般的手稿,起行用红墨书写,接着就用黑墨写正文。第一章的开头,有时甚至故事中新章节的开头,以及最后几行即表明文章的结尾或抄写者名字的部分,都用红笔书写。这样,虽然古埃及人书写时字与字之间不留空隙,也不用标点符号,但提供了一个基本的区别文章首尾、段落的标记。红墨还用于写事务性文件的日期,画点分割诗集中的诗句。

古埃及大量的文献、史料,内容丰富的文学作品,正是由于书吏和他们的文房四宝——纸、笔、墨、砚,才得以流传至今。

---

① 联合国教科文组织编写《非洲通史》国际科学委员会:《非洲通史》第2卷,中国对外翻译出版公司译,第121页。

第二章　古埃及文学

滚滚尼罗河,肥沃黑土地①。
尼罗河灌溉黑土地,黑土地养育埃及人。
黑土地是母亲,尼罗河是乳汁。
在母亲的怀抱里,婴儿吮吸着甘美的乳汁。
他们成长,逐渐变得聪明、富有智慧。
于是,他们开始唱歌,
歌颂黑土地,赞美尼罗河。

文学艺术的产生总是早于文字的发明创造。在没有文字或仅有简单文字的时代,文学往往以口头形式表达,并且与其他艺术,如音乐、舞蹈或绘画等形式结合在一起。

埃及从王朝时代开始出现文字。文字起初的使用限于书写人名、地名,标明财产的名称及其主人等,以后,范围不断扩大,如在墓壁上勒刻祭祀单、祈祷短文,或记载死者姓名、职位以及家庭成员情况的简短自传。

---

① 古埃及人称他们的国土为"黑土地",象形文字读作"Km. t"。

祈祷文与自传是两种最早用文字记载的文学形式。祈祷文反映人们对永恒世界的崇拜，主要是祈求神接纳死者，列举死者在世的功绩，并请求供奉等。这种文体比较刻板，后成为一种固定格式，不能随意改动。自传比较自由，随着叙事成分的增加，终于发展为真正的记事文学。古埃及人笃信灵魂不死、生命轮回之说，自传只记载他们的优点和功绩，避而不谈他们的缺点和过失，以求顺利通过永恒世界的门槛。因此，自传不可能真实地反映死者在世的所作所为。

"神话是远古时代人民，对其所接触的自然现象、社会现象，幻想出来的具有艺术意味的解释和描述的集体口头创作。"[1]

古埃及的神话在石碑、纸草纸和墓壁上都有详细的记载，在绘画与雕刻艺术中也有反映。神话与宗教是不可分的。神话中有无数奇迹，又有大量的无稽之谈。

古埃及的寓言主要保留在纸草纸与陶片上，或用文字记载，或通过绘画表现。寓言大都以讲动物故事的形式来阐明某种哲理，达到教育或讽刺的目的。

古王国时期，产生了一种教谕文学。那时的思想家认为，是太阳神安排宇宙秩序，并统治整个宇宙。国王则受神的委托，保持社会的正常秩序。这些思想家创造了许多箴言与教条，来规范人们的道德行为。

第五王朝末出现了"金字塔铭文"，它是为死去的国王复活、升天而作。金字塔铭文的主要组成部分是神学理论、神化引喻和复杂的宗教仪式等。在金字塔里为国王举行葬礼时，金字塔铭文由祭司诵读，这些经文铭刻在金字塔里的墓室壁上。

在第一中间期，中央集权制遭到破坏，强大的地方贵族都要为自己树

---

[1] 游国恩等：《中国文学史》第1册，北京：人民文学出版社1983年版，第19页。

碑立传,"石棺铭文"遂应运而生。非王族显贵在他们的石棺上镌刻咒语,以求死者免受阴间苦难。他们还仿效国王,渴望升天,加入神的行列。石棺铭文大致承袭了金字塔铭文的内容,不同之处在于它反映的是非王族显贵的思想。

中王国时期涌现出大量的文学作品,形式多样,其中不乏杰作。这一时期是古埃及文学的古典时代。

国家的重新统一,唤起了人们的爱国主义精神。国家的富强与宗教的复兴,为圣歌与赞美诗的繁荣创造了条件。智者、贤哲已认识到人生的复杂性,对当时的"乐观主义"产生了怀疑。他们以告诫或预言的形式揭露社会的阴暗面,似乎想寻求摆脱罪恶的途径,但结果仍陷入传统的幻想,认为"坚强有为的国王乃是社会和谐的保障"[1]。

中王国的文学光彩夺目。《雄辩的农夫》讲究修辞,运用明喻、暗喻都很成功。《遇难的水手》和《塞努海的故事》构思精巧,情节离奇,引人入胜。特别是《塞努海的故事》被誉为中王国文学"王冠上的明珠"。

从新王国的王族铭文可以看出,军事是这个时期的头等大事。拉美西斯二世的《卡叠什战场铭文》,实际上是一篇长叙事诗,也有人视之为古埃及的第一首史诗。这时还由于阿玛尔纳时期阿赫那顿的宗教改革,出现了"超然存在"和"宇宙神教"等思想。同时期的圣歌,反映了对"超神"即"众神之神"的崇拜。

"亡灵书"是新王国的祭祀文学,系从金字塔铭文和石棺铭文发展而来。亡灵书书写在纸草纸上,因此使用范围比金字塔铭文和石棺铭文广泛。稍有钱财的人就买得起亡灵书,把它作为陪葬物埋进坟墓。亡灵书的中心思想是使死者复活,并平安地过渡到下一个世界。

---

[1] M.利西泰姆:《古埃及文学》第1卷,第10页。

新王国时期出现的情诗，内容比较独特，也富有情趣。这些情诗充斥大量文字游戏、比喻和冷僻字眼。情人间以兄妹相称。但是，要借此对当时的婚姻状况和恋爱方式作研究，资料还嫌贫乏。

至于仿效古典时代语言的作品，那只是文学上的"复古主义"，反映了对旧日王国繁荣的怀念。如本特里士石碑，本是波斯人或托勒密统治时期的作品，却讹称是奉拉美西斯二世的旨令而作。

古埃及的"世俗文学"，不同于我们现在所理解的世俗文学。"世俗"一词出自希罗多德的《历史》卷2，第36段。"世俗体"文字首先用于公元前7世纪中期的赛斯王朝，是那时期的专用文字。"世俗文学"即是用这种文字写成的文学作品。

亚历山大大帝征服埃及后，在希腊文化的影响下，埃及出现了科普特文学。但是，它不属本书论述的范围。

第一节　传记

王公贵族的传记多数镌刻在花岗石、石灰石和绿松石上，埋入坟墓或竖于地面，以求永世流传。但是，也有刻在墓壁或书写在纸草纸上的传记。

古王国的自传，首推《乌尼自传》和《哈尔胡夫自传》。乌尼（Weni）是第六王朝国王泰提的一位大臣。他的自传记述了他如何为国王竭尽全力地效劳，终于博得国王欢心，享有许多特权。国王为表彰他的功绩，亲自带领船工们从图赖给他运来石棺。当后宫秘密告发王后时，国王委派他独自处理这一案件，因为只有他受到信任。后来国王向亚洲人宣战，召集了上、下埃及的军队，由他率领作战。他班师回朝时，自传里有这样一段凯旋曲：

这支部队安全归来,

它夺取了沙漠人的土地。

这支部队安全归来,

它把沙漠人的国家夷为平地。

这支部队安全归来,

它拔除了沙漠人的堡垒。

这支部队安全归来,

它砍掉了沙漠人的无花果树与葡萄树。

这支部队安全归来,

它放火烧掉了所有的建筑物。

这支部队安全归来,

它消灭了成千上万个沙漠人。

这支部队安全归来,

它带回无数俘虏。[1]

这首凯旋曲的原文,第一句隔行重复,其他各句字数与语法结构整齐,适于合唱。

哈尔胡夫生世比乌尼晚,是国王麦尔尼尔一世和佩比二世的宠臣。他四次率军远征努比亚。有关这几次远征的记载,是研究古埃及与努比亚关系的重要资料。

哈尔胡夫在自传里自夸有济世救人的美德:

我赐面包给饥者,

---

[1] M. 利西泰姆:《古埃及文学》第 1 卷,第 20 页。

赠衣服给赤身露体者。
我把失船遇难者救上陆地。①

他这样做目的何在？下一段中有说明：

生活在世上的人们，
你们路经这个坟墓时，
不管是南来还是北往，
你们将会说：
"献给这个坟墓的主人，
一千个面包和一千瓶酒。"

通过在世时的施舍换取死后的供奉，这就是哈尔胡夫的真意。自传还记载了他征服努比亚地区，用驴子驮回大量的香料、乌木、油、豹皮、象牙和飞梭等贵重物品。一些努比亚的地方官向他奉献牛、羊等牲畜，并亲自护送他出境。

自传的后面还附有少年国王佩比二世给哈尔胡夫的信，信中赞扬哈尔胡夫的功绩，后半部分生动地表达了少年国王想看到哈尔胡夫从努比亚带回的侏儒舞伎的迫切心情。

在第一中间期，中央集权统治被推翻，地方势力割据称雄。但是，它们的统治并不稳固，彼此之间经常争斗，特别是以赫拉克来俄波利斯与底比斯为首的两大势力的争霸，引起连绵不断的战争，使一些较小的地方势力不知所从，社会动荡，灾难不断。尽管如此，一些地方统治者在自传里，

---

① M. 利西泰姆：《古埃及文学》第1卷，第24页。

却还常常自诩他们如同国王一般治理着"国家",像国王一样富裕。但是在另外一些人的自传里,却充满了对社会的诅咒之词。

第十一王朝全国重新统一,出现了比较安定的局面,国王和官吏开始兴建富丽堂皇的宫殿、陵墓和神庙。国力强盛后,埃及又侵略努比亚和西亚一些国家。

喜兹斯多利斯一世在自传里讲到,他计划完成一项伟大的工程,为太阳神建一座神庙和神龛,建筑物上镌刻他的名字,使他的美名流传万世。

喜兹斯多利斯三世以努比亚战争闻名。他征服了第一瀑布到第二瀑布之间的地区,并且筑起坚固的军事基地。他在自传里说:

> 我把疆界推至我的祖先没有踏上的土地,
> 我实现了祖先留给我的遗言。
> 我是一位言必行、行必果的国王,
> 我心中的计划一定要用我的双手来实现。
> 我是一位速战速决的征服者,
> 我心中的计划从未破灭。①

英坦夫(Intef)的自传里有一段优美的诗,原文用词注意对比,句法结构也很完整。

> 我对愤怒者能保持缄默,
> 对无知者富有耐心,

---

① 詹森(J. Janssen):"The Stela (Khartoum Museum No. 3) from Vronarti",《近东研究杂志》(*Journal of Near Eastern Studies*)第12期,1953年,第52页。

> 这样可以避免争端。
> 我遇事不草率匆忙,
> 我料事如神。
> 如遇争吵,
> 我懂得不恶语伤人。
> 我友好对待求助者
> 倾听他们的申诉。
> 我节制,善良,和蔼,
> 能用宽慰的言词令哭泣者平静,
> 对穷人我慷慨解囊,
> 对陛下我直言劝谏。
> 我能明辨阿谀之言。
> 我慷慨而且热情,
> 拥有食物却不吝啬。
> 我是穷人的朋友,
> 我乐于助人。①

英坦夫简直是一位完人,是埃及人心目中的"理想的人"。他思想进步,学问精深。自传中说:

> 我有学问,
> 能教人有用的知识。
> 在宫中我直言进谏,

---

① M.利西泰姆:《古埃及文学》第1卷,第121~122页。

对各事都言之有理。
我倾听真理，
心中反复斟酌。①

《阿赫莫斯自传》主要反映他的戎马生涯。阿赫莫斯从一个战船上的士兵一直晋升到将军，后来担任家乡尼赫卜（今卡卜）的州长。他曾参加过北方驱逐喜克索人的战争，一直打到巴勒斯坦的沙鲁亨。他还跟随国王阿门荷太普一世和图特摩斯一世赴努比亚作战，后来随图特摩斯一世征伐叙利亚，抵达幼发拉底河。阿赫莫斯一生南征北战，为新王国的建立立下汗马功劳，因此多次受到国王的赏赐，获得大量的土地与战俘。他死后，财产由他的后代继承。

阿赫莫斯之孙帕赫利的自传，风格与其祖自传的风格截然不同，因为阿赫莫斯是武将，而帕赫利系王子太傅，是凭借他的文笔、言论和品德博得国王宠信的。他在自传里说：

我受到心的指引，
走上国王赞赏的人所走的路。
我的芦杆笔使我名声卓著，
还给我以议事权利；
它决定了我的前程，
（使）我（超过了）贵族。
……
我品德完美使我地位升高，

---

① M. 利西泰姆：《古埃及文学》第 1 卷，第 122 页。

我因无可指摘而被征辟。
……
我一贯诚实,
从不对人说谎。①

他的自传还反映了他受等级制度的影响,歧视劳动人民的思想。如:

我讲话不用下层的词语,
我不与卑贱者交谈。②

阿门荷太普二世以骁勇善战著称。他在自传中宣称,他在战场上所向无敌。埃及原没有马,马是喜克索人从亚洲带入的。阿门荷太普二世有特殊的驭马本领。传记中说:"他还年轻的时候就喜欢马,见到马就感到兴奋。他勇敢地驯马,熟悉它们的习惯……他驯的马无比矫健。他一提马缰,它们就不困乏,驰骋如飞,滴汗不落。"③

第十九王朝的国王西提一世准备开采东部沙漠地区的黄金与石料,在那里修建神庙,挖井筑路,他说:"缺水之路令人痛苦!旅人何以解除口干舌燥之苦?家乡遥远,沙漠辽阔,又何以止渴?哀哉,荒野中的饥渴者。我将为他们造计划,为他们提供生存的保障,以求得他们将来对我的祝福。后人将赞扬我的伟大,因为我确实同情旅人,为他们提供过便利。"④

新王国王室的传记大都记述他们建筑神殿、塔楼等的经历,炫耀他们

---

① 《古埃及文学》,第 2 卷,第 19 页。
② 同上。
③ 同上书,第 39 页。
④ B. 冈恩(B. Gunn)、艾伦·加德纳:"New Renderings of Egytian Texts",《埃及考古杂志》(*Journal of Egyptian Archaeology*)第 4 期,1917 年,第 224 页。

在战场上无与伦比的勇敢,以掠夺别国的土地为荣。

第二十五王朝(即努比亚王朝)的大臣哈尔瓦系"阿蒙神之圣妻"、国王卡士塔之女的总管,他的自传颇有人情味:

> 我在他的(指国王的)城市里受到爱戴,在他统治的地区受到赞扬。我对他的臣民多么仁慈。我做的一切,人们喜欢,神祇赞扬。我从来没有过失。我赠面包给饥饿者,送衣服给衣不遮体者。我替人们排除痛苦,驱逐罪恶。我为可尊敬的长者举行葬礼。我赡养老人,满足穷人的要求。①

泰姆荷太普的自传非常有趣。她生活在托勒密七世统治时期,14岁嫁给孟菲斯普塔神的主祭司。她生了三个女儿,盼望得到一个儿子。于是,主祭司向神祈祷,求神让泰姆荷太普为他生一个儿子。后来,泰姆荷太普终于生了一子,取名英荷太普。

泰姆荷太普死后,丈夫为她树了碑。刻在碑上的传记反映了她对尘世的留恋,她劝告别人:"珍惜在世的时光吧!"②她还诅咒令她早逝的死神:

> 至于死神,"来"是它的名。
> 所有被它召唤的人,
> 必须立刻赶到它那里,
> 他们的心因它而战栗。
> 神和人都不注意它,

---

① M. 利西泰姆:《古埃及文学》第 3 卷,第 27~28 页。
② 雷蒙德(E. A. E. Reymond)、巴恩斯(J. W. B. Barns):"Alexandria and Memphis Some Historical Observations",《东方学》(*Orientalia*)第 46 期,1977 年,第 30 页。

但是，无论伟大还是渺小都归他掌握。
没有人能使他的亲属不被它牵走。
它宁从母亲怀里夺走她的儿子，
也不要它身边的老人。
他们畏惧，向它哀求，
它却置若罔闻。①

这是一篇妇女的自传，内容与国王或大臣的自传显然不同，其中找不到泰姆荷太普的功绩。它反映了妇女在当时社会中的地位与作用。

波斯帝国与托勒密王朝统治时期的一些自传，明显反映出一种悲观厌世的情绪。宗教内容所占比重大，这可能是失去独立的埃及人从宗教中寻求解脱的一种表现，也可能是外族入侵者企图长期统治埃及，在宗教上实行宽容政策的结果。

第二节　神话和寓言

神话

古埃及神话先是以口头形式在部落间流传，文字发明后才逐渐被记载下来，并增添了新的内容。神话主要包括开天辟地、神的产生、谱系、日常生活，以及人类的起源等故事。

古埃及是一个多神教的国家。创世神不止一个，几乎每个地区都有

---

① 雷蒙德（E. A. E. Reymond）、巴恩斯（J. W. B. Barns）："Alexandria and Memphis Some Historical Observations"，《东方学》（*Orientalia*）第 46 期，1977 年，第 30～31 页。

自己的关于创世神的传说。试读《万物之创造者》这篇关于创世神的神话：

> 你①命令众生——神之牧群。他按照他的愿望创造了天与地。他制止了水的贪欲，为众生的鼻孔创造了空气，给予他们生命。他们出自他的肉体，是他的仿制品。他们按照他的愿望升天。他为养育他们创造了草与牲畜、禽与鱼。他杀死他的敌人，毁灭了他自己的子女，因为他们阴谋反叛。他按照他们的愿望创造了黎明。他运行以便看到他们。他在他们的后面筑起一个圣龛。当他们哭泣的时候，他能够听见。他在卵里为他们创造了统治者，创造了一个援助弱小之辈的支持者。他为他们创造了巫术来防止罪恶事件，还创造了夜晚的梦。他怎样杀死不可驾驭之心？甚至作为一个人因为其弟的缘故杀死其子。因为神知道每个人的姓名。②

在这篇神话里，神首先创造了人，然后根据人的愿望，确切地说，根据人类生存的需要，创造了其他。文中提到的神大概是"拉"神，这是根据"他按照他们的愿望升天"一句的暗示。至于"他杀死他的敌人，毁灭了他自己的子女，因为他们阴谋反叛"几句，则与《人类之毁灭》一文有联系。

《人类之毁灭》③是一篇关于人类反叛太阳神拉，结果受到神惩罚的神话。太阳神拉召集众神，商讨如何粉碎人类的阴谋。最后决定派女神"拉之眼"去杀死沙漠中的反叛者。但对人类遭受的灾难，拉神又感到怜悯。

---

① "你"可能系"他"的误写。
② 艾伦·加德纳："New Literary Works"，《埃及考古杂志》第 1 期，1914 年，第34 页。
③ 布伦纳-特劳特(E. Brunner-Traut)：《古埃及寓言》(*Altägyptische Märchen*)，慕尼黑：尤恩·底得里西出版社 1973 年版。

于是，他用赭石与大麦酿造了一种像人血一样的酒，洒向地面。那是一种催眠剂，女神"拉之眼"喝了它，就停止毁灭，使人类幸存下来。

人类的邪恶激起创世主的愤怒，结果导致人类的部分毁灭。这一神话主题后被美索不达米亚和《圣经》中的洪水故事所吸收。

《荷拉斯与塞特》[①]的故事讲述俄赛利斯死后，他的儿子荷拉斯与他的弟弟塞特进行了激烈的王位之争。众神之间意见不一致，有的倾向荷拉斯，有的支持塞特。

俄赛利斯之妻伊西丝为了让她的儿子荷拉斯继承王位，不辞劳苦，奔走各地。一次，她变成老妪，用一个金戒指贿赂船工，渡过禁地"中间岛"。当看到塞特与其他一些神的时候，她又变成一位漂亮的妇女，她对塞特说："我是一位牧人的妻子，我生有一子。丈夫死后，我儿子开始照料他父亲的牲畜。可是，有个陌生人来到牧场，对我儿子说：'我将击倒你，掠夺你父亲的牲畜，把你赶走！'陌生人对他说了这些话。现在我想请你做我儿子的保护人。"塞特对她说："当一个人的儿子还在世，他怎么能将牲畜交给陌生人呢？"于是，伊西丝变为一只风筝飞起来。她坐在一棵胶树的顶上，对塞特说："为你自己哭泣吧！这是你自己亲口说的。你的聪明才智判决了你自己，你还想得到什么呢？"

塞特又建议荷拉斯："来，让咱们变作两头河马潜入深海。三个月内，谁露出海面，谁就不能得到王位。"随后，他们一起潜入水里。伊西丝在岸上投下一支铜箭，正好刺中荷拉斯，他向伊西丝呼救。伊西丝又将铜箭投向塞特，塞特也向她呼救："放过他（我）吧！你刺的是你丈夫之弟啊！"伊西丝不忍心把塞特刺死，就把铜箭收回。荷拉斯对此非常气愤，他把伊西

[①] 这一故事保留在"切斯特·贝蒂纸草"的正面。该纸草纸因英国人阿尔弗雷德·切斯特·贝蒂爵士（Sir Alfred Chester Beatty）而得名，现藏于都柏林切斯特·贝蒂图书馆。

丝的头砍下，逃往一块绿洲。塞特找到荷拉斯，挖掉他的两只眼睛，埋在山上。这两只眼睛长成两朵荷花。后来，女神哈托尔用瞪羚乳为荷拉斯治好了双眼。

塞特与荷拉斯的官司整整打了 80 年，但仍无结果。最后，不得不由图特神给死去的俄赛利斯写信，要求他来判决。荷拉斯终于做了俄赛利斯的继承人。

神话中的社会反映的是现实社会，神话中也有法庭和主管法律的神，说明当时法律在社会生活中已受到重视。此外，荷拉斯的胜利也标志着古代长子继承权的确立。

石棺铭文第 148 段咒语也是关于俄赛利斯、伊西丝、塞特和荷拉斯的故事。俄赛利斯被塞特杀死后，伊西丝向太阳神、地神和负责法律的九神证实她腹中的荷拉斯是俄赛利斯的遗腹子。荷拉斯出生后，宣称要为父复仇，杀死塞特，继承俄赛利斯之位。

福克纳等埃及学专家认为，上述咒语具有戏剧特征，可能是俄赛利斯神话剧中的一场戏，在神殿里由神职人员表演。

有些西方学者把俄赛利斯、伊西丝和荷拉斯视作埃及宗教中的"三体合一"神，认为基督教中耶和华、玛利亚和耶稣的故事即源于此。

《兄弟俩》①是关于阿努比斯神和巴塔神的故事。兄长阿努比斯已有妻室，其弟巴塔就像儿子一样与他们生活在一起。一天，兄弟俩在野外种田，阿努比斯让巴塔回家取种。巴塔回家，嫂子正在梳妆打扮。嫂子见他就向他求欢，巴塔拒绝了。她恼羞成怒，向阿努比斯告状，反咬巴塔一口。巴塔因此被逐出家门。以后，阿努比斯弄清事实的真相，遂杀死其妻。巴塔后来也娶了妻，但他的妻子被抢走当了王后，就背叛了他。于是，巴塔

---

① 见大英博物馆第 10180 号纸草纸的象形文字抄本。

用变身术复仇，夺取王位，与其兄阿努比斯重逢，授予他亲王头衔。

类似的故事也流传在其他民族中间。这可能是借神话来宣传伦理道德规范，反映了人类对诚实、勤劳等美德的崇尚，对欺骗、贪欲等邪恶行为的厌恶，但是也宣扬了"女人是罪恶之源"这样的错误思想。

如同希腊神话和中国神话一样，古埃及神话中也有不少造福人类，同邪恶势力作斗争的神，他们具有坚强的意志与英雄气概，如阿蒙、拉、图特和哈托尔等神，他们的美德与功绩世代相传。

寓言

古埃及的寓言主要讲述拟人化的动物故事，寓哲理于其中，达到教育或讽刺的目的。"莱顿世俗体纸草"第一部分第384号的四个寓言故事，均写于公元2世纪，是这类寓言文学的典型作品。

女神坦夫努特与其父拉神发生争吵，一气之下，从埃及出走，到了努比亚。图特神出面调解，说服坦夫努特返回埃及。在回埃及的途中，图特神给坦夫努特讲了几则寓言故事。

《燕子与海》。它与我国《山海经》中的《精卫填海》大致相仿。一只燕子在海边筑巢，孵出小燕子。一天，燕子出去为乳燕寻找食物，把乳燕托给大海照看。燕子觅食归来，发现乳燕不在巢里，就去找大海，要求大海把乳燕还给她。但是，傲慢的大海对她的要求置之不理。燕子发誓向大海报仇。于是，她每天口衔沙石填海，然后再从海里吸一口海水吐到沙漠上。这样，日复一日，燕子终于战胜了大海。

《母鹫与母猫》。母鹫与母猫是近邻，她们都有幼子，需要为各自的幼子寻找食物，但是又都害怕出去时自己的幼子被对方吃掉。于是，她们商量好一起到拉神那里去立誓，以后要做到互不侵犯。

一天，母鹫出去觅食，母猫看到一只小鹫嘴里衔着食物，就把小鹫抓出巢，抢走它的食物。小鹫与她争辩，却无济于事。小鹫无力飞回巢里，死在外面。母鹫回来后，发现母猫侵犯了她的巢，于是下决心报仇。一天，她趁母猫出去，进攻了猫窝。母猫知道后就向拉神控告母鹫。结果，拉神用火烧了母鹫的巢，作为对她侵犯猫的惩罚。

拉神这样做似乎不公平，因为猫先违反誓言，抓走小鹫。拉神惩罚母鹫，可能是不知道猫曾害死过一只小鹫，也可能是因为母鹫没有向他请示就自作主张，他要以牙还牙。

《狮子与老鼠》。狮子凶猛无比，是动物之王。一天，他看见一只豹子被剥了皮，已经奄奄一息。他问豹子是谁把他弄成这个样子。豹子告诉他是上了人的当，被人剥了皮，并且提醒狮子不要落入人之手，因为人是非常狡猾的。狮子听后怒不可遏，发誓要找人决斗。后来，狮子又看到马与驴子都被戴上笼头、拴上缰绳，熊的牙齿被拔掉，眼睛里填满沙子。他们也都告诉狮子要提防被人谋害。他还看到另一头狮子被压在一棵大树的下面，非常吃惊。他想，强大的狮子怎么会被人压在树下呢？那狮子说，他碰到一个人，那个人要他躺下，然后把这棵大树放在他的身上，说这棵树可以作为他的护身符，保证他长生不死。然后，那个人又用沙子塞满他的眼睛，使他成了现在这副模样。

狮子继续往前走，正好把一只小老鼠踩在脚下。小老鼠求他饶命，因为即使狮子吃掉他，肚子也不会饱。小老鼠还预言狮子将有一难，如果狮子现在放了他，他将来会救狮子一命。于是，狮子放走了小老鼠。

人看见狮子朝他走来，就在路上铺好网。最后狮子落入网中。狮子知道自己中了人的计，十分悔恨。他联想到前面那些动物的悲惨结局，深感绝望。这时，小老鼠跑来咬断网绳，救了狮子的命。

这一寓言谴责了人的狡诈和残忍。如此批评、指责人类本身，在古埃及文学中是很少见的。寓言借弱小的老鼠拯救强大的狮子这一事实，说明人类也要不分强弱和平相处，互相帮助。

《狮王》。在灌木丛中,狮子经常与老鼠发生争执。一天,狮子对老鼠说:"我的老鼠,你真是无知!你怎么竟敢同最强大的动物争吵呢?"老鼠回答说:"我的狮子,你说的并不正确。强大在于智慧。我虽然是只小老鼠,却比你聪明,因此也比你强大。然而,最强大的动物是人,因为人最聪明。"狮子不相信,仍然确信自己是最强大的动物。

一天,老鼠看见一个人在森林里伐木。他要狮子去和人比个高低。狮子直奔樵夫,要求同他决斗。那个樵夫却说他现在不能决斗,因为他没有带力量。他让狮子在那棵树下等他回家拿来力量再进行决斗。狮子答应了。可是,樵夫又说,如果他回家去拿力量,狮子逃走了怎么办?他建议把狮子捆在树上等他。狮子也只好答应,被樵夫捆在树上。

狮子还没有弄明白是怎么回事,樵夫就告诉他:"这是我的一点小力量,现在我再回去取我的大力量。"

樵夫走后,老鼠来到狮子旁边。他问狮子:"我的狮子,现在你认为是人强大,还是你强大?"狮子无言以对。最后,老鼠咬断绳子,救出了狮子。

狮子十分恼怒,找到樵夫家。樵夫要狮子坐下,他去给他找点吃的。他一出去就把门关严。樵夫烧了许多开水,从屋顶上的一个窟窿朝狮子身上浇。狮子被开水烫得遍体鳞伤,他用尽全身力气,才撞开门逃出去。

狮子因害怕樵夫,逃到别的森林,加入了狮群。樵夫也怕在原来的森林伐木会再碰到那头狮子,就到别的森林去伐木。可是冤家路窄,他们又走到一起。

一天,樵夫正在伐木,一群狮子朝他走来。他十分害怕,攀上树顶。曾被樵夫烫伤的那头狮子认出了他。狮子们吵着要置他于死地。他们用树木做了一个梯子。一头狮子爬上梯子,正当他要抓着樵夫的时候,樵夫大喊一声:"瞧我的开水与绳子!"群狮大为惊恐,立即拔腿逃跑,结果都掉进大树旁的一个深洞里。

群狮开始央求樵夫,他们答应只要樵夫救了他们,他们一定做他的奴隶,让他做他们的王。樵夫最后救了他们。从此以后,不管樵夫走到哪里,总有四头狮子在他身边侍候。

狮子屡次上当,最后不得不认输。这个寓言故事情节曲折,扣人心弦。狮子几次遇到绝境,樵夫"虎口脱险"等情节都写得活灵活现,对狮子的愚蠢和鲁莽,人的聪明和狡诈也都有生动而细致的刻画。

采用绘画形式的寓言故事,在新王国时期非常流行。这样的纸草纸与陶片已有发现,上面没有文字。有些图画虽然违反自然规律,显得荒诞不经,但仍能表达人们的思想感情。在布伦纳·特劳特选编的《古埃及寓言》中,就收入了不少这类寓言图画。如群豺正在举行宗教仪式。四个祭司扛着他们神的雕像,神的手中握着权杖,前面是一只神鸟,背后是他们崇拜的象征物。神下面跪着的一位祭司,一边焚香,一边洒圣水。面对着神的那位祭司手举纸草书,可能是在读经。他们沿着运河岸边行进,可能是去别的神庙访问。

也有反映音乐会的场面,前面是一头驴,弹拨一张高高的竖琴。狮子一边弹琴,一边引吭高歌。鳄鱼手里拿着一对打击乐器和一把琴。跟在后面的猴子在吹一个类似双簧管的乐器,他们弹的弹,吹的吹,唱的唱,显得既欢快又和谐!

还有小羚羊在狐狸伴奏下跳舞,狮子和山羊对弈的情景。这些动物当然不能只顾娱乐,为了生存,他们必须干活。寓言图画中绘有两只狐狸挎着篮子,拿着牧羊鞭去寻找草地;猫挑着担子去放鸭子;河马与母猪密切配合酿酒,狐狸照料着婴儿等。这里,值得一提的是《古埃及寓言故事》中"猫鼠之战"。那实际上是一本连环画,讲述猫与鼠自古就是死对头,无法和平相处。有一幅图中的猫举刀向鼠劈去,幸亏有个中间跪着的小男孩为他们调停,否则,呆若木鸡的鼠必定一命呜呼。猫、鼠谁也不肯甘拜下风,他们请来神鸟做裁判,通过拳击一较高下。猫与鼠的摩擦终于导致大规模的战争。鼠部落已打到猫部落的城堡之下,两只小鼠已搭好云梯,准备攻城。另外两只鼠执矛持盾作掩护。接着一幅图的上方是两个鼠射手与一只猫射手对射。左侧是鼠王乘坐狗拉的战车殿后。猫城危在旦夕,站在城堡上的三只猫正在求神援助,其中一只猫已腹部受箭。看来猫的败局已定。于是,得胜的鼠洋洋得意地举着旗帜向猫走去。猫面对众多的鼠只好屈从,强作笑颜请求鼠对她高抬贵手。失败的猫为讨好鼠王,只得为他服务。鼠王俨然是个胜利者,一手执扇,一手举着一根吸管饮酒。对面的猫在为他斟酒,背后的猫为他揉肩捶背,猫还得为鼠王后效劳。在最后一幅图里,一只猫为王后整理头发,前面的猫向王后敬酒,后面的猫有的抱鼠王子,另外的举石大扇保护着鼠王子。这则故事,全用图画阐述,连贯而完整,开创了人类连环画创作的先河,它的文学艺术价值是显而易见的。

第三节 教谕文学

教谕文学,象形文字音译为"sb3y. t",是贤哲对百姓或长辈对后代的教导与告诫,源于埃及和美索不达米亚。教谕文学的目的是确立社会伦理道德,规范人们的行为,教育人们如何做个堪称表率的人。它常采用独白、对话或箴言的形式。

现已发现的最早的教谕文学作品是《王子哈尔杰德夫之教谕》[①],大约产生在第四王朝。王子哈尔杰德夫告诫他的儿子要成家立业,娶妻育子,营造墓地,以便在永恒世界安度下世。这篇教谕很短,但对今生做了安

---

① M. 利西泰姆:《古埃及文学》第 1 卷,第 58~59 页。

排，对来世的生活也做了设想。

《对卡盖姆尼之教谕》①，主要讲就餐规矩。一个饥肠辘辘的人，面对一桌美馔佳肴，一定要克制，战胜贪欲，等待主人的敬食。即使有人狼吞虎咽，也不受影响，要始终保持温文尔雅的举止。这样才能免受别人挑剔，从而显示出上等社会的教养，得到人们的尊重。

古王国时期保存比较完整、内容也最为丰富的教谕文学当推《普塔荷太普之教谕》。全文除诗体的序、跋外，由 37 节箴言诗组成。每节句子的多少、长短不一，最少 4 句，最多 12 句。有的一节一个主题，有的几节讨论一个主题，有的主题反复出现。总的看，这 37 节诗并不是一个关于道德准则的完整有机体，在结构上也不按逻辑顺序，而只是分别讲述了当时伦理道德的最主要方面。

在那个时候，埃及人欣赏的主要美德是自我克制、谦逊、仁慈、慷慨、正直与诚实。在第一节里，普塔荷太普教育他的儿子不要骄傲自满：

> 不要为你的知识感到自豪，
> 而应向无知者和智者请教；
> 艺术的探索没有止境，
> 没有任何艺术家的技艺能尽善尽美：
> 精辟的言辞比绿宝石还要深藏不露
> 但在磨石女工那里却会找到。②

从被看作是无知者的磨石女工那里，也许会学到从智者处学不到的

---

① M. 利西泰姆：《古埃及文学》第 1 卷，第 59～61 页。
② 译自 E. 德沃（E. Dévaud）：《普塔荷太普之教谕》（*Les Maxims de Ptahhotep*），瑞士：弗里堡 1916 年版。该教谕其他几段译文出处相同。

东西。这样评价劳动者,特别是女劳动者,在古埃及的文学中是少见的。

第二至第四节劝诫人们遇到一个爱争辩的人时,不管他是胜过你,与你相当,还是不及你,你始终都要保持缄默,"少说为佳"。如果他有过错,自然会受到惩罚:

> 不要谋害他人,
> 神会依理治罪。

神是最公正的"法官",在神那里,人们一定是善有善报,恶有恶报。

> 不要考虑他是否贫穷,
> 不要知道了过去的境况就蔑视他。
> 尊敬那些一点一滴地积累财富的人,
> 因为财富不会自己找上门来。

这一节的意思不很连贯,不过根据上下文可作这样的理解:待人要一视同仁,不要以钱财取人。财富来之不易,一个辛勤积累财富的人就值得尊重,而不要去计较他拥有财富是多是少。

虚心与忍耐是值得赞颂的美德,即使身居高位者也不应忽略:

> 如果你是领头人,
> 就要耐心倾听别人的请求,
> 不要打断他为洗罪要讲的话。
> 痛苦的人多么希望倾诉衷肠,
> 这比取胜的愿望还要迫切。

如果打断请求者的话，
就有人会问：
"为什么要拒绝？"
并非所有的请求都要得到赞同，
但是，耐心倾听也能安慰人心。

这不仅劝告领头人要倾听别人请求，也表达了一位内心痛苦的人多么希望别人倾听他的申诉。

埃及甚至在古王国时期就有了男女授受不亲的观念：

如果你要保持与主人、兄弟或朋友的友谊，
无论走到哪里，
千万不要接近女人！
接近女人是多么不幸，
打扰女人的人又是多么不受欢迎。
上千个男人被逐出友谊之门，
像做梦的刹那间，
死神便会来到，
只因他们认识了女人。

贪财是一种痼疾，它会给人们带来各种灾难。所以，人们一定要学会慷慨大方，而不要觊觎他人钱财。此外，对于担任不同职务、处于不同阶层的人，《普塔荷太普之教谕》也各有明确的戒律与准则。

这篇教谕涉及的内容十分广泛。但是，我们仅据此还无法全面了解古埃及人的思想，加之文字上的困难，因此对这篇文章的研究也还很不深透。

中王国时期的《国王阿美涅姆黑特一世对其子喜兹斯多利斯一世之教谕》,起初被看作是阿美涅姆黑特一世在逃脱暗杀之后写下的一篇真实记载。近年来多数专家认为,阿美涅姆黑特一世在位第13年,遇宫廷政变被杀,这篇教谕是奉喜兹斯多利斯一世的旨意,由一位宫廷文书写成。全文由三个部分组成。第一部分是国王对王子即未来王位继承人的教谕,内容与以前的同类教谕迥然不同。以前的国王比较信任宠臣近侍,阿美涅姆黑特一世却非常多疑,再三告诫其子提防任何人。这说明经过第一中间期的动乱,人们已不像过去那样相信一切,缺少个性思想。人们开始独自冷静地观察世界,分析问题。阿美涅姆黑特一世似乎走到了另一个极端即怀疑一切:

> 要警惕不知名的臣民,
> 警惕有阴谋的人。
> 不要相信兄弟,
> 不要结交朋友,
> 他们毫无价值。
> 你躺下的时候,
> 要守卫自己的心脏,
> 因为大难临头时谁也不会有追随者。
> 我施舍乞丐,
> 我养育孤儿,
> 我让贫穷者和富有者一样成功;
> 但是,吃我的面包的人起来反对我,

我宠信的人利用我对他们的信任谋害我。①

第二部分写国王夜间休息时遇刺的经过。第三部分讲述国王转战南北和他取得的成就。阿美涅姆黑特一世战绩辉煌,结局却是悲剧。这种明显的对比不能不激起人们对他崇高的敬意。

《聂非尔列胡预言》成于阿美涅姆黑特一世统治时期。它借预言反映历史,可以说是为阿美涅姆黑特一世歌功颂德之作。贤哲聂非尔列胡是第四王朝巴斯坦特地区的一位讲经师,擅长演讲和书写。他被国王斯尼弗鲁召进王宫预测未来。

聂非尔列胡预言,这个国家平静的后面正酝酿着一次极大的动荡。到那时,太阳将被遮住,看不到阳光的人们会变得麻木不仁。尼罗河将会干涸见底,人们可以从岸的一边走到另一边。国家将会变得混乱不堪,以至外族入侵,内战四起。没有人为死者哭泣或送葬,甚至发现别人被杀也无动于衷,而是把脸转过去,只当没有看见。这个国家统治者多,税收多,而作物收获却很少。

在如此动荡的年代里,南方将出现一位国王,他就是阿美涅,亦即阿美涅姆黑特一世。他将能统一两支强大的力量,驱逐亚洲人与利比亚人,战胜所有的叛逆者,满足上下埃及人要求和平的愿望。《预言》详细地描写了社会动乱,引起人们心理上的恐惧,使人们更加珍惜社会安定,服从国王的统治。

《预言》中用了许多隐喻,如:"南风将与北风斗,天下缺少唯一的风""一只筑巢于人类旁边的怪鸟将要在三角洲的沼泽地孵卵""鱼塘里充满

---

① 译自沃尔夫冈·赫尔克(Wolfgang Helck)编:《国王阿美涅姆黑特一世对其子喜兹斯多利斯一世之教谕》(*Der Text der "Lehre Amenemhets I für seinen Sohn"*),威斯巴登:哈拉索维茨出版社1969年版。

了食鱼者"等。①

《预言》似乎也反映了古埃及人"乱世出英雄"的观念,他们为了颂扬一个人,常常把他置于一个极其动乱的年代,以便他挺身而出,力挽狂澜,拯救国家和民众于水深火热之中。同时,为激起人们对他的敬畏感,不惜运用种种夸张手法,赋予他神秘莫测的色彩。

这个时期还有一篇反传统的教谕文学作品,即《一个人与他的"巴"的辩论》。它主要反映了第一中间期以后一些人们悲观厌世的情绪。

一个人遭受不堪忍受的重荷,不愿再活下去,想一死了之。他的"巴"(即灵魂)被他对生的抱怨所激怒,威胁要离开他。他十分恐惧,因为他的"巴"一旦抛弃他,他将不能升天进入永恒世界。因此,他求他的"巴"不要离开他,也不要反对他对死的追求。他期待的不是自杀,而是自然死亡,死后进行传统的埋葬。他的"巴"劝告他:"听我讲!听是有益的。欢度节日,忘掉忧愁!""巴"还告诉他,死是一件悲哀的事,有考究坟墓的人,并不比没有坟墓的人幸福。"巴"鼓励他尽情享受人生的快乐,不要抱怨,不要烦恼。然而,他仍然悲叹人生痛苦,渴望死后升天。最后,他的"巴"被他说服,答应和他在一起。

此人对痛苦的倾诉和对死的恳求,是通过4首抒情诗表达的。每首抒情诗分若干节,第一节的第一句在以后几节重复出现,各节的句式结构基本相同。如第二首诗:

今天我向谁诉说?
人心贪婪,

---

① 译自沃尔夫冈・赫尔克编:《聂非尔列胡预言》(*Die Prophezeiung des Nfr. tj*),威斯巴登:哈拉索维茨出版社1970年版。

无人可以信赖。
今天我向谁诉说？
无人主持正义，
国土留给造孽者。

第三首诗娴熟地用了许多比喻，例如：

死亡今天就在我面前
像没药的香味，
像微风天坐在风帆下。

死亡今天就在我面前，
像荷花的芬芳，
像酒醉后坐在河岸上。

死亡今天就在我面前，
像雨过后的晴天，
像人发现他所忽视的东西。

死亡今天就在我面前，
像人被囚禁多年，
期待着探望他的家眷。

古埃及人对永恒世界崇拜、向往，但对待今世也很少持悲观主义态度，他们不放弃对现实世界享受的追求。而这篇作品的主人翁却想以死亡来摆脱人生的苦难,表现了他对人生的怀疑,乃至悲观的处世哲学。这反映了第一中间期的社会大动乱给人们造成的严重的精神创伤。

《雄辩的农夫》记述了一位农夫在途经奈姆梯纳赫特("Nmtj-nj-ȝḥ·t",意为盗墓人)的麦地时,被奈姆梯纳赫特挡住去路。这个盗墓人在路上铺上一块布,不让农夫及其驴子走过时踩着布。当农夫上前与他争辩的时候,驴子吃了一口大麦苗。这样,霸道的奈姆梯纳赫特就蛮横地抢走了农夫的驴子。农夫花了十天的时间向他请求,他却置若罔闻。最后,农夫去找财政大臣拉尼西("R'-nj-sj",意为拉神的人),向他控告强盗奈姆梯纳赫特。农夫每次向他请求,他都沉默不语。农夫接连向他请求九次,要他伸张正义,惩罚强盗。

农夫的辩才在这九次请求中有淋漓尽致的体现。他劝告拉尼西,为官者应主持正义,惩罚罪犯,安抚百姓。这也是这篇文章被列入教谕文学的缘故。农夫为了说服拉尼西,有时极力赞颂他:

因为您是孤儿之父,
　　寡妇之夫,
　　弃女之兄,
　　无母之子的保护人。

财政大臣,我的主人,
您就是太阳神——天空的主人,
您的随从和您在一起,
人们的食物源于您,
就像源于河水一样。
您是尼罗河之神,

使农田变绿,使荒原焕发出生机。

您是整个国家的舵手,
国家按您的命令行进。
您是图特神的同侪,
是没有偏见的法官。

有时,农夫也指责、讽刺拉尼西,说:"曼鲁之子(指拉尼西)继续犯错误。他视而不见,听而不闻。他的心迷失方向,不听人们的呼唤。"甚至把他比喻为:

你像一个没有市长的城镇,
一支没有将领的军队,
一艘没有船长的船只,
一个没有头领的帮会。
你是一个偷盗的法官,
一个侵吞财产的市长,
一个为罪犯树立榜样的地方官。

农夫请求九次后,对拉尼西感到失望,正准备向阿努比斯神请求,突然被拉尼西召回。他十分害怕,以为他的末日来临。但是,他未想到,拉尼西已把他的九次请求一一记录下来,禀奏国王。国王授权拉尼西处理此案。最后,拉尼西没收了奈姆梯纳赫特的财产,判归农夫所有。出人意外的结局歌颂了统治者主持正义的美德。

《Dw3-Htjj 的训诫》是一篇父对子的训诫。父亲在送儿子上书吏学校的途中,谆谆嘱咐他要刻苦学习,以便将来出人头地,进入上层社会。

这篇作品可分成两个部分。第一部分主要是对书吏与其他职业做比较,用嘲讽的笔调描述各种职业带来的苦难,认为只有书吏才是最理想的职业,"没有任何东西优于书,读书犹如水上行舟"①。相比之下,理发匠走街串巷,劳筋伤骨,即使工作到深夜也填不饱肚子;割芦苇的人要遭蚊虫叮,受太阳晒;园丁早浇菜,晚锄草,整日价累死累活在地里干活儿;织工干活时膝盖顶着胸,很少吸得到新鲜的空气,甚至连见太阳还得贿赂监工;即使是宫廷的侍从,有时也不得不去遥远的沙漠地带办事,须时刻提防野狮与亚洲人的袭击。文章许多地方都对体力劳动者表示鄙视,如把陶工比作烂泥中的猪,把锻工的手指比作鳄鱼的爪子,渔夫的气味像死尸散发出的臭气。有的地方还运用夸张的比喻,如说农夫若幸福,那么在狮群中生活的人也会感到幸福等。

第二部分主要阐述处世之道与各种行为规范。它们基本上与古王国时期《普塔荷太普之教谕》提到的内容相似,如忍耐、谦逊、诚实等均属高尚的美德,尽力完成上级或长辈交付的任务是不可推卸的职责。文章最后,父亲还希望儿子把他的话一代一代地传下去。可以说,这篇教谕是古埃及宣扬"万般皆下品,唯有读书高"思想的典型作品。

教谕文学反映了古埃及人的伦理道德观念。到中王国时期,这些伦理道德观念已基本上定型,故以后的教谕文学在内容上没有多大突破。

第四节 赞颂诗和情诗

在各民族的文学中,诗歌是最早出现的一种文学体裁。如果说前面

---

① 译自沃尔夫冈·赫尔克编:《Dw3-Htjj 的训诫》(*Die Lehre des Dw3-Htjj Tell* Ⅰ *und* Ⅱ),威斯巴登:哈拉索维茨出版社 1970 年版。

谈到的古埃及的传记、神话、寓言和教谕文学有的只是袭用了诗歌的形式,那么,赞颂诗与情诗则是地道的诗歌文学。

赞颂诗

赞颂诗主要是写给神或国王的,内容多重复,并且充斥赞誉、夸耀之词。如献给第五王朝国王乌纳斯的赞美诗:

> 他环绕着两个天空,
> 他运行在两岸;
> 乌纳斯是伟大的力量,
> 他统治着所有的力量。
> 乌纳斯是神鹰,最伟大的鹰,
> 他一口吞下路上碰到的鹰。
> 乌纳斯的寓所在光明之地,
> 在所有高贵人的寓所之前。
>
> 乌纳斯是神,最老的神,
> 上万人为他效劳,
> 成千人向他奉献,
> 奥里恩乃神之父,
> 授予他"伟大力量"之头衔。[①]

在赞颂诗里,各地区都极力吹捧自己的神。普塔神是孟菲斯的地方

---

① M. 利西泰姆:《古埃及文学》第 1 卷,第 37 页。

神,在那里被视作创世神:

> 他生育了所有的神,
> 他建立城市,
> 创造了州。
> 他把其他神安排在各自的神庙,
> 为他们布置供品,
> 为他们修建神庙,
> 按照他们的意愿造出他们的形体。①

《献给喜兹斯多利斯三世之歌》是国王巡视上埃及一个城镇时,歌女在竖琴师的伴奏下演唱的歌曲。主题是为国王歌功颂德,诗中颇多夸耀:

> 他打击不用棍棒,就杀死了射手;
> 他射箭不拉弓弦……
>
> 他击倒数千藐视他力量的人。
> 他用舌头遏制努比亚人,
> 他用低语击溃亚洲人。②

这首诗多处采用首句重复法,书吏抄写时还分了节:

---

① M. 利西泰姆:《古埃及文学》第 1 卷,第 55 页。
② 同上书,第 198~199 页。

神多么高兴,
是你增加了人们的供品!
人们多么高兴,
是你保卫了他们的边疆!
祖先们多么高兴,
是你增加了他们的遗产!
埃及多么高兴,
是你维护了它的风尚!①

歌手在颂扬国王的同时还赞美了当地的神祇:

这座城市的神多么伟大,
他是河渠,控制着泛滥的河水!
这座城市的神多么伟大,
他是凉爽的卧室,让人睡到拂晓!
这座城市的神多么伟大,
他是防御西奈的铜墙铁壁!②

这首诗的比喻,抛开神确定的形象,任意将神比作他们理想中的河渠、卧室和墙壁等,贴切生动,富有生活气息。

《献给俄赛利斯之歌》与《献给敏神之歌》镌刻在一块石碑的正反两面,前者有十二句诗,前六句与后六句的象形文字首词成"顺倒"式,结构

---

① M.利西泰姆:《古埃及文学》第 1 卷,第 198~199 页。
② 同上。

很是奇特,现迻译如下:

> 因太阳神把对他①的敬畏,
>
> 置于人、神、灵魂与死者的心中,
>
> 他被授予对太阳城的统治权;
>
> 伟神出现在杰都,
>
> 主的畏惧在双丘;
>
> 伟神的惊骇在罗斯都,
>
> 主的敬畏在亨尼斯;
>
> 主的权力在坦嫩特,
>
> 伟神的爱在世上;
>
> 主的名誉在宫殿,
>
> 伟神的荣耀在阿拜多斯;
>
> 他取得胜利,名列九神之前,
>
> 因他在赫尔威尔殿被杀。②

诗中为什么要提到太阳神,至今尚不清楚。杰都、双丘等均为地名,其中阿拜多斯为俄赛利斯受膜拜之城。最后一句"他在赫尔威尔殿被杀",可能是指俄赛利斯被其弟塞特杀死之事实。

哈皮是指定期泛滥的尼罗河。《献给哈皮之歌》表达了人们对尼罗河的感恩之情,因为尼罗河使大麦和小麦生长,为人们提供了食物和赠品。尼罗河还使树木生长,鸟儿在天空飞翔、欢唱,并养育了所有的饥渴者,使

---

① 诗中的"他"指俄赛利斯。
② M.利西泰姆:《古埃及文学》第1卷,第203页。

甘露自天而降,落在荒漠上。尼罗河多么伟大,又多么神秘莫测:

> 他的巨浪劈开大山,
> 看不到他的随从,也看不到他的向导,
> 他行踪诡秘。
> 无人知道他的寓所,
> 他的"洞穴"无法从书中找到。
> 他没有神庙,也没有供品,
> 他需要向他供奉。
> 但是,年轻人——他的孩子们都为他祝福,
> 人们像对国王一样,向他致礼。①

人们生活是幸福还是悲惨,取决于哈皮的泛滥。泛滥适宜,人们丰衣足食,甚至草地都会高兴地发出笑声;泛滥过大或过小,人们就要遭灾罹难。

> 如果他懒惰,他的鼻子堵塞,
> 人们就会变得贫穷;
> 如果他缺少供奉,
> 百万人就会死于饥馑。②

第十八王朝阿赫那顿的宗教改革独尊太阳神阿顿,否认其他神。他

---

① M.利西泰姆:《古埃及文学》第1卷,第207页。
② 同上书,第206页。

统治的阿玛尔纳时代,埃及基本上信奉一神教。阿顿作为创世之神,被认为是一切生物的创造者和保护者。原来多神教中的太阳神在早、中、晚分别叫赫普里、拉和阿图姆。宗教改革后的阿顿神取代了所有的神,独自居住在天空。在《献给阿顿神的圣歌》里,阿顿被奉为至高无上的神:

> 啊,太阳神阿顿,生命的创造者!
> 东方破晓,
> 您的美充满大地。
> 您美丽,伟大,光芒四射,
> 高踞在每块土地之上。
> 您的光辉拥抱大地,
> 直至您创造的土地边际。①

阿顿神创造一切,又主宰一切。万事万物都离不开阿顿神:

> 大地生辉,是您在光明之地升起的时候,
> 是您作为白日之阿顿照耀的时候。
> 当您驱走黑暗,
> 当您洒下光辉,
> 上下埃及便沉浸在节日的欢乐中。
> 人们起床,是您唤醒了他们;
> 他们洗净身体,穿好衣裳,
> 他们举臂为您的出现致敬。

---

① M. 利西泰姆:《古埃及文学》第 2 卷,第 96~97 页。

整个大地焕发出生机,
动物吃草,
树木生长,
鸟儿飞出巢,
用羽翼向您的神灵致礼。
兽群欢跃,
飞鸟翱翔、盘旋,
您照耀着它们,赋予它们生命。

船只南航北驶,
道路通行,因您已升起;
鱼儿在河水中穿梭,
因为您的光辉照到了海洋。①

这与其说是一篇对神的赞颂诗,还不如说它是一首大自然的颂歌。诗中对陆地海洋、飞禽走兽、花草树木都有详尽的描写,使人心旷神怡,被大自然的美所陶醉。

情诗

爱情是各民族文学中描写得最多的主题之一,古埃及新王国时期出现了大量表达男女青年爱情的诗歌。这些诗与宗教圣歌以及献给国王等的赞美诗截然不同,情诗的表现手法比较自由,大量运用比喻和拟人等修辞手段,生动活泼,内容也很丰富。它们主要见于"切斯特·贝蒂纸草"第

---

① M.利西泰姆:《古埃及文学》第2卷,第97页。

一部分、"哈里斯纸草"第 500 号、"都灵纸草"片断和开罗博物馆的一些陶片。

保存完好的"切斯特·贝蒂纸草"的第一部分有三组诗。第一组诗由七节组成,各节都是以独白形式表达青年男女对情人的思恋。试看这组诗的第一、二节:

一

妹妹,举世无双的妹妹,
无可媲美的人!
她像一颗晨星,
升起在幸福年华之初。
她的肤色白皙,闪光明亮,
一双讨人喜欢的眼睛,
甜蜜的双唇,
不多讲一句话,
挺直的颈项,耀眼的乳房,
头发如真正的青天石;
手臂赛似黄金,
手指犹如荷花的苞蕾;
宽宽的臀部,纤细的腰,
两腿走路美无比,
高雅的步子踩着地,
步步踩着我的心。
她令所有的人引颈翘望。
她拥抱的人多么幸福,

除了她,我心中没有别的人!
她在外面散步,
宛如又一个太阳。

二

我的哥哥,他的声音扰乱我的心,
他使相思病侵入我心房;
他与我母亲结邻而居,
但我不能去探望。
妈妈这样责令他:
"不要去看她!"
想起他,我的心阵阵发痛,
我已被他的爱占有。
确实,他是个傻瓜,
可是我也和他一样;
他不知道我多么想拥抱他,
否则,他将写信给我妈妈。
哥啊,女神哈托尔把我许给你!
到我这里来,我会看到你的美貌。
父亲母亲都会感到欣幸,
我的佣人将向你欢呼,
他们将向你欢呼,啊,我的哥哥!

从第二节诗里,我们可以看出恋爱双方都不是一般平民,因为男方懂得书写,女方家里还雇有佣人。

第二组诗采用首句重复法和比喻手法,充分表达了少女盼望情郎快到她身边的急切心情:

啊,快来看你的妹妹,
像国王的使臣那般快!
……
啊,快来看你的妹妹,
像国王的骏马那般快!
……
啊,快来看你的妹妹,
像原野上跳跃的羚羊那般快!

第三组诗描写情郎在女方门前犹豫不决的矛盾心理,这扇门像神一样把他与姑娘隔开,使他产生了对门的敬畏感和幻想:

入夜,我路过她房间,
我敲门,没有人开;
晚安,我们的守门人,
我将去打开门闩。
门啊,你是我的命运,
是我的灵魂,
为了你,我们在这里杀一头公牛。
门啊,不要炫耀你的力量!
我们贡献一只长牛角给门闩,
一只短牛角给门锁,

一只野鹅给门柱,
它的油脂给钥匙。
最好的牛肉送给木匠的儿子——
他将用芦杆为我们做一根门闩,
用草编一扇门。
这样,哥哥我将随时能来,
我将发现她的房间大门敞开,
她的床上铺着漂亮的亚麻布,
上面躺着一位可爱的姑娘。

"哈里斯纸草"第二集的第七首诗写一位女子对爱情忠贞不渝,却被她情人抛弃的故事:

我眼睛盯着花园门,
我的哥哥将来看我,
注视着路,我侧耳谛听,
期待着他来,他却不把我理睬。
我视他的爱为我唯一关心的事,
心境无法平静下来。
一位足捷的信使来告诉我:
"他欺骗了你,换句话说,
他已找到另一个女人,
她使他眼花缭乱。"
为什么要把另一个人的心撕碎?

爱情的力量如此神奇,以至一个人在关键时刻会有万夫不当之勇:

> 我跳进河水,勇敢地面对浪潮,
> 在深水中我的心坚强无比;
> 我看鳄鱼好比老鼠,
> 脚踩洪水如同陆地。
> 这是她的爱给了我力量。

爱情,从远古到今天,带给人们多少快乐,又有多少忧伤。古埃及纸草纸中记录下来的情诗,披露了古埃及人精神生活的一个重要方面,也是世界文学宝库中的珍藏之一,还有待人们进一步去探索和研究。

第五节 散文故事

在中王国时期,散文故事的成就较高,尤其是被誉为"王冠上的明珠"的《塞努海的故事》,为后人所传颂。这些散文故事不同于民间故事,多出于书吏或宫廷文官之手。

《遇难水手的故事》[①]由三部分组成。第一部分讲国王的一位大臣在一次航海远征中失败,十分沮丧,并担心受到法庭的审讯;第二部分是大臣的一位随从为鼓励其主人,讲述了他以前出海遇险的遭遇;第三部分是随从遇难时碰到的蟒所讲的故事。

故事中的随从有点像莎士比亚戏剧中的滑稽丑角,在主人遭遇不幸

---

① 这一故事唯一保存完好的纸草卷是在圣彼得堡博物馆发现的,现藏莫斯科博物馆。本书引文译自该纸草的象形文字抄本。

第二章　古埃及文学

的时候,竭力逗乐,让他的主人振作起精神。比如,故事中的随从说:

"我来告诉您我曾经遇到的一件事。我们出发要去国王的矿山,乘船渡海……一百二十名精选的埃及水手乘一艘船。他们望天,看地。他们的心比狮子更坚强。他们在暴风雨来到之前就能预见。

"我们在海上,还没有上岸,暴风雨就来到了……大船沉没。除了我,没有一个水手活下来。我被浪涛抛到一个小岛,独自度过三天,只有我的心与我为伴。我躺在树荫下。

"我举步去寻觅充饥的东西,找到了无花果、葡萄、各种可口的蔬菜、榕树果和诱人的黄瓜。那里有鱼,还有禽,可以说,应有尽有。我吃饱后,放下一些果实,因为我抱的东西太多。为祭神,我焚烧了一些供品。"

多么令人羡慕的岛屿!这位遇难的水手比笛福笔下的鲁滨逊还要幸运。但是,就在这时,一条巨蟒出现在他面前,把他一口咬住,衔到它居住的地方。蟒问他是什么地方的人,是谁派他来的。水手如实地告诉了它。

故事的第三部分,巨蟒讲它的经历:"我来告诉你这个岛上曾经发生的事。我和我的兄弟们以及他们的孩子们生活在这里。兄弟们和孩子们共75条蟒,还有我祈祷得来的一个小女儿。一天,一颗星陨落,它的火焰包围了他们。碰巧我不同他们在一起,未遭火焚。当我发现他们已成为一堆尸骨时,我痛不欲生。"但是,巨蟒还是活了下来,因此,它安慰水手说:"如果你勇敢,并能控制自己的感情,你将会拥抱你的孩子,亲吻你的妻子,你将会看到你的家,将会与你的兄弟们重逢。"

水手听后感动不已,许诺要带各种贵重东西来酬谢巨蟒。但是巨蟒告诉他:"你一离开这个地方,就再也不会看到这个岛了,它将变成水。"美丽的小岛给水手留下的只是一个回忆。

正如巨蟒预言的那样,后来,一条船来到这个岛把水手带回家。

听完水手的讲述,大臣并不乐观。他说:"不要白费口舌,我的朋友。

一只鹅早晨就要被宰杀,谁还会在黎明前再给它喂水呢?"

著名的"韦斯特卡纸草"①至少有五个小故事,前两个故事残缺不全,后三个故事比较完整。这些故事均以古王国为背景,是讲给国王听的。我们揣测,那时的国王除有他的儿子讲故事给他听外,宫廷可能还专门雇有职业故事员,替他们说笑解闷。

这一纸草中的《划船聚会》与《魔术师杰迪》都是脍炙人口的传奇故事。

《划船聚会》的故事情节是这样的:一天,国王斯尼弗鲁想娱乐一下,找遍宫殿各室,都没有他喜欢的游戏。于是,他把讲经师召来。讲经师建议让宫女们到湖上划船来供他观赏。国王欣然同意。正当国王陶醉在宫女们优美的划船姿势时,一位领头宫女的耳环掉进了湖里。国王答应还她一个同样的耳环。但是,那位宫女却坚持要找回掉进湖里的那一个。国王只得再把讲经师召来。讲经师用翻江倒海之术,才找到那个耳环。这使国王得了意外的娱乐。

杰迪是一位魔术师,已有 110 岁了。他能使被砍下的头重新愈合,使雄狮乖乖地跟着他走。王子哈尔杰德夫把他引荐给国王胡夫。国王要杰迪把一个囚犯的头砍下,然后再使他复活。杰迪不同意对人作这种魔术。于是,一位侍从带来一只鹅,把它的头砍下,鹅头与鹅身分别被放在大厅的东侧和西侧。杰迪念完咒语,鹅就复活了,摇摇摆摆地在大厅里走动。杰迪还对长腿鸟与公牛施展了同样的魔术。

《塞努海的故事》②是中王国时期的一篇优秀散文。它用第一人称写

---

① "韦斯特卡纸草"〔Westcar Papyrus(P. Berlin 3033)〕因英国收藏家亨利·韦斯特卡(1798~1868)得名。该纸草成文于第十二王朝。
② 这一故事主要保留在"柏林纸草"第 3022 号与第 10499 号上,两份纸草都不完整,将二者相互补充,才能窥见故事全貌。本书引文译自沃尔夫冈·赫尔克编的象形文字抄本。

法，生动地叙述了王宫侍者塞努海在宫廷政变后逃往异国，后来又返回埃及的经过。

塞努海是王子喜兹斯多利斯之妻的侍从。他无意中从一位王子那里听到国王阿美涅姆黑特遇刺的消息，十分害怕，他想，埃及一定会发生动乱，于是就逃出国去。在旅途中，他历尽艰险，经比布洛斯、堪丹姆，到达上里特努。上里特努的统治者阿蒙尼士留下他，把长女嫁给他为妻，让他挑选最好的土地。

他在那儿度过多年，他的孩子长大成人，当上了部落长。一天，一位里特努的英雄向他挑战，塞努海找到阿蒙尼士，说："我不认识他。我不是他的同盟者，因此，我不能进他的兵营。我打开过他后室的门吗？我翻越过他的围栏吗？这只不过是嫉妒罢了，因为他看到我为您完成任务。我其实像一头走散的公牛，进入了陌生的牛群，这牛群中的公牛指控我，长角牛攻击我。当一位本来处于劣势的人占了优势，他能受人爱戴吗？亚洲人不会与三角洲人交朋友。谁能在山上种活纸草？如果一头公牛喜欢斗，另一头好斗的公牛能因为怕战成平局而后退吗？如果他想战，就让他说出他的愿望。神会知道他命中注定的是什么吗？谁会知道结果将是怎样？"

在决斗中，塞努海杀死了上里特努的英雄，占据了他所有的财产。但是，他并不感到高兴，反而体会到身居异国的孤独。他越来越眷恋故土，决心"叶落归根"。他开始向神祈祷："是哪位神引导我来到这里的？请怜悯我，带我返回家乡吧！您肯定会让我看到我心向往的地方！更重要的是，我的尸体应该埋葬在我的出生地！请帮助我吧！当我身居异国他乡，死神降临时，我该怎么办呢？神啊，请同情我吧！"

他又向国王祈祷："愿埃及国王怜悯我！愿我在他的怜悯下生活！愿我能向这个国家的王后致敬！愿我能听到她孩子们的命令！我要是能恢

复青春该多么美好！我老态龙钟，虚弱无力。我目光无神，双臂酥软，双腿不停颤抖。我心脏衰竭，死亡已就在面前。"

埃及国王听到塞努海的消息，派人送信给他，还捎去一些礼物。信中说："回埃及来吧！看看你曾经住过的地方！来吻宫殿门前的地，加入众臣的行列吧！"

塞努海把财产交给儿子，回到了埃及。国王和王后亲自接见了他。他被安排在一位王子身边。后来，国王还下令为他建筑金字塔，雕塑金像。

《塞努海的故事》记述了塞努海在国外取得的成功，反映了中王国时期埃及的繁荣。这篇散文叙事性强，词汇丰富，语法结构严谨，并成功地揭示了主人翁的内心世界，在古埃及的散文作品中堪称杰作。

《温阿蒙游记》[①]是记述温阿蒙在国外屡遭厄运，反映新王国衰落的散文作品。

温阿蒙受坦尼斯统治者派遣，去叙利亚、黎巴嫩等地运木材。在巴勒斯坦北部，一个船夫盗走了他的金银，这是他在旅途遭遇中的第一次厄运。

在比布洛斯港口，王子对他下了逐客令。他去见王子，对王子说："我是为诸神之王阿蒙—拉的圣舟来运木材的。你的父亲奉献过木材，你的祖父也奉献过，你也应该奉献。"王子说："的确，他们奉献过。如果你付钱，我就给你木材……我不是你的仆人，也不是你主人的仆人。"

由此看出，古埃及已失去了对这个地区的控制。为制作阿蒙—拉的圣舟征集木材，比布洛斯的王子还要讨价还价。温阿蒙无奈，只得派人回

[①] 这则故事见"莫斯科纸草"第120号，写于第二十五王朝末期。本书引文译自 M. 利西泰姆的《古埃及文学》第2卷。

埃及去拿金银，以便换取木材。王子派人为他砍伐木材，要他去岸边搬运。可是，温阿蒙看到有十一只船向岸边划来，船上的人呼喊："抓住他！别让他的船驶向埃及！"

温阿蒙向王子求助。王子请来一位歌手为他唱歌，替他消愁解闷。但是，第二天王子却对来抓温阿蒙的人说："我不能让阿蒙神的使臣在我的国土上被捕。让我把他放掉，你们跟在他的后面，然后抓住他。"这里，清楚地描述了伟大的阿蒙神的使臣在古埃及昔日统治的地区，竟然受到欺骗与虐待的情景。

后来，温阿蒙大概逃到塞浦路斯。当地居民发现他后，要杀死他。他逃到公主那里请求庇护，才免遭杀戮。

温阿蒙像一条丧家之犬，到处遭到打击与欺凌。他遇难时总是祈求阿蒙神保佑，但是，阿蒙神已失去了往日的威力。这说明了对阿蒙神的崇拜已趋没落，也反映了古埃及王权的衰弱。

新王国时代总的来说是一个倒退的阶段，前期受利比亚人和努比亚人的统治，后期遭受波斯帝国的入侵与马其顿帝国的征服，唯在第二十六王朝（前656～前525年），埃及属本族统治，即赛斯王朝，埃及的政治、经济、文化才出现了复兴。文化上，较突出的成就是"世俗体文字"的问世，用这种文字创作的文学，叫"世俗文学"。散文故事《善腾·哈姆瓦斯的故事》，便是这种文学的代表作。

《善腾·哈姆瓦斯的故事》是王子哈姆瓦斯的传奇。他是拉美西斯二世的第四个儿子，孟菲斯城普塔神的主祭司。他重建了许多神庙与墓碑，学问渊博，有较高的神学造诣。

这个故事由两部分组成。第一部分保存在开罗博物馆第30646号纸草上，成文于托勒密王朝。故事主要情节如下：

一天，哈姆瓦斯听说，主管书写的图特神写了一本巫术书，保存在孟菲斯纳尼弗卡普塔赫的墓中。他找到这座坟墓，但是，纳尼弗卡普塔赫和他的妻子阿赫瓦尔的灵魂拒绝他拿走这本巫术书。阿赫瓦尔的灵魂还给他讲了这本书的来历。

纳尼弗卡普塔赫和阿赫瓦尔是兄妹，是国王仅有的两个孩子。他们相爱，欲结成夫妻。但是，国王想让儿子和女儿与两位将军的子女联姻。阿赫瓦尔知道后，就请一位大臣说服国王，允许她与其兄结婚。在一次宴会上，国王终于答应了阿赫瓦尔与纳尼弗卡普塔赫的婚姻。婚后，他们生有一子，取名为曼尔伊布。

有一次，在普塔神的神庙里，纳尼弗卡普塔赫听一位祭司说，在科普图斯的水中有图特神写的一本巫术书。纳尼弗卡普塔赫遂前往取书。他在战胜了许多凶猛怪兽之后终于如愿以偿。他背诵这本巫术书的第一段时，看到了天上、地下、阴间、山里和水中的种种奇迹，背诵第二段时，又目睹了天上的太阳神和九神，还有各种星辰。

图特神知道此事后，便告诉了太阳神。他们决定惩罚纳尼弗卡普塔赫，淹死了曼尔伊布和阿赫瓦尔。

阿赫瓦尔讲完后，哈姆瓦斯却不听劝告，硬是抢走了巫术书。后来，哈姆瓦斯遇见一位名叫塔布布的美女，受其美貌的诱惑，跟她到住所。他向塔布布求欢，她则要求他杀死他的儿子。哈姆瓦斯照办了，却发现自己原来上了纳尼弗卡普塔赫的当。无奈，他只好把巫术书还回去。

故事的第二部分见诸大英博物馆第604号纸草的反面，主要是讲西奥塞尔的故事。

哈姆瓦斯夫妻生了一子，取名为西奥塞尔。这孩子是个神童，小的时候就带父亲去观看阴间的奇迹。12岁时，他成为一位无与伦比的书吏，学问胜过了孟菲斯所有的人。

一天，一位来自努比亚的巫师对国王宣称，如果没有人能不启封就读出他书中的内容,他将羞辱埃及人。国王几乎人人都找遍了,但是,谁也无力满足巫师的要求。就在国王与大臣们愁肠百结的时候,西奥塞尔来到国主跟前,说他可以不启封就读出巫师书中的内容。

书中讲的是努比亚与埃及相互用巫术给对方造成灾害,结果,埃及巫师战胜了努比亚巫师。西奥塞尔告诉国王与所有在场的人,他正是书中的那位埃及巫师。讲完身世后,西奥塞尔便消失得无影无踪。

这篇文章的内容大都是虚构的,但在一定程度上反映了历史事实,即公元前7世纪中期,努比亚王朝终于被赛斯王朝所取代。

从第二十七王朝起,埃及受波斯帝国统治长达一个半世纪。公元前332年,亚历山大大帝攻占埃及,使埃及失去了独立。但是,古埃及的文学并未随着王国的灭亡而销声匿迹,它又延续了几个世纪。

古埃及的文学像建筑一样,也有过它的"金字塔"时代。建筑上的金字塔可谓妇孺皆知,而文学上的金字塔却鲜为人知,这方面的研究成果至今仍是凤毛麟角。也许需要更多的人做更长时间的不懈努力,才能使世界古代文学宝库中的这颗明珠重放光芒。

第三章 古埃及宗教

在古埃及历史的进程中，宗教就像一根强有力的线，把古埃及社会的各个方面连接起来。保留至今的古埃及文物或遗迹，大都与宗教有关。这证明，宗教在古埃及社会中，起过在其他国家不曾起过的作用，它与古埃及人的整个生活密切交织，始终相随，使古埃及的文明独具一格。

研究古埃及宗教有直接和间接两个来源。直接来源是流传下来的古埃及文字材料和人们在埃及的考古发现。自埃及学建立至今的150多年中，通过众多埃及学家的努力，现在释读古埃及文字已不很困难。古埃及文字材料在上下埃及统一时开始出现。从公元前3000年初到公元600年左右，可以说，所有留存下来的古埃及文字材料都包含宗教内容，然而，却没有一篇是系统地或自始至终地论述宗教问题的专文。要想了解古埃及人的宗教思想，需要把许多古埃及文字材料中与宗教有关的片断收集起来，进行归纳、分析，并借助考古发现，才能理清古埃及宗教产生、发展、衰亡的线索。

间接来源是指某些宗教现象或概念曾在某一时期出现或消亡。这些现象或概念能帮助我们了解宗教在某一特定时期的发展变化。例如，纯粹出于宗教目的的古埃及雕刻，在新王国时期达到了独立的艺术审美的程度。这一过程叫宗教的世俗化，它也是包括埃及在内的整个人类历史发展的特征之一。

在古埃及，宗教无时不有，无处不在。宗教是古埃及文明产生和发展的重要根源。古埃及社会的基本特征，是与普遍存在的宗教信仰分不开的。

古埃及的绘画、雕刻艺术，是为了纪念死者、进行祭祀和巫术的目的而产生的，而且在一段很长的时间里只用于宗教活动。绘画和雕刻的主题和结构，取决于人们的宗教观。埃及神庙和墓室里的壁画和雕像，采光极差，因为它们不是用来供人欣赏的，而只是为了一定的宗教目的。

文学也是如此。讲述神话，举行宗教仪式，或二者结合成为剧本时，就产生了文学。神话、颂歌、祈祷文和墓碑铭文，形成了最早的埃及文学。埃及的世俗文学形式，无疑地起源于宗教。

古埃及的医学、天文学、几何学及其他学科也都与宗教密切相关。古埃及人相信死亡是因为神的召唤。因此，疾病的诊断和治疗与巫术联系在一起。制作木乃伊，使古埃及人的解剖学知识非常丰富。举行宗教仪式需要确定时间，得观察天象，因为古埃及人相信人的尸体和天体之间存在着神秘的关系，这就产生了天文学，进而出现了日历。埃及历史上最早的地图涉及天国的内容，目的是帮助人们死后完成走向天国的旅程，安全地到达永久的居住地。中王国时期，人们把这种地图画在棺椁的底部，直至500多年以后，到了新王国时代，地图才应用到经济等实用方面。

此外，古埃及政府和司法以及伦理道德也都与宗教密不可分。可以说，通晓了古埃及宗教的全貌，不啻掌握了一把了解古埃及社会的钥匙。

第一节 古埃及宗教的起源和发展

旧石器时期，古埃及人的思维受周围自然环境的左右。他们没有主体、客体之分，只看到无限的世界，而不能辨别处于无限世界中的有限体。在他们眼中，整个世界都具有魔力和神性。如果被石头绊了一下，他们认为这不是石头的原因，而是魔力在同他们作对。树木、动物和山水都有超人的力量。图腾崇拜因此而起。

那时，埃及人缺乏自我认识，也没有时间和空间概念。他们不把事物视为依据各自特性而存在的客观物体，而看作偶然或碰巧出现的东西。这样"出现在左边的猫和出现在右边的猫就成了两种不同的动物。早晨从东方升起的太阳和晚上在西方落下的太阳，在他们看来也是两个太阳"①。结果，那时的埃及人无法确定自己在世界中的实际位置，他们只觉得千奇百怪、变化万端的世界不可理解。

在古埃及梅里姆达和法尤姆发掘到的新石器时期的文物中，没有找到可以肯定为神的象征物件。这一时期的陶器和化妆用的调色板上没有人、动物的图案。因此，无法从考古发掘物中确定新石器时期是否有用易损材料制作的物神。那时期不用动物墓葬，也表明存在物神崇拜的可能性极小。

从铜器、石器并用时期开始，出现了古埃及人信神的材料。在下埃及的迈阿迪、赫利奥波利斯和上埃及的拜达里、奈卡代，"都发现了动物墓葬，埋葬的动物主要是瞪羚和狗，其次是牛和羊"②。从墓葬的仔细程度和

---

① 沃尔特·沃尔夫（Walther Wolf）：《古埃及文化史》（*Kulturgeschichte des Alten Agypten*），斯图加特：克勒纳出版社1977年版，第43页。
② 同上书，第65页。

随葬品可以看出，埃及人当时崇拜神圣的动物或呈动物形的神圣力量。那时制成的调色板模仿动物形状，器皿也开始用动物形象装饰。

这种对周围动植物及自然现象的敬畏，逐渐发展成为图腾崇拜。每一部落都崇拜自己所在地区特殊的动物或植物，而部落首领则被视作本部落崇拜的图腾化身。

游牧部落一旦在尼罗河谷定居下来，就开垦荒地，引水灌渠。尼罗河是古埃及人生存的基础，特殊的地理环境促使他们联合起来共谋生计。部落间的联合导致了州的诞生。在州与州之间的矛盾和争斗的过程中，有些图腾的地位提高，有些图腾的地位下降甚至消失。埃及宗教从一开始就与政治结合在一起。

图腾崇拜是人们对周围事物感到敬畏、迷惑不解或羡慕的结果。图腾崇拜，与文明发展到很高程度时产生的宗教如基督教、伊斯兰教等不同，它不追求理念和逻辑，只是反映了人类幼年时期单纯的思维和天真的幻想。狮子、鳄鱼、尼罗河河马和巨蛇体现了令人惧怕的威力，母牛和母羊代表不同寻常的生殖力，天地、太阳、月亮、洪水等也因具有使人敬畏、羡慕的特性而受到古代埃及人的崇拜。

拜达里文化中偶尔出现的黏土和象牙做成的人形小品，到了奈卡代文化时期已很普遍。人形的敏神①、奈特女神和奥努里斯神②等很有可能在奈卡代时期就受到崇拜。

史前的埃及人对动物与人之间关系的看法，也许最清楚地表现在一块描述战争场面的调色板断片上（图4）。调色板的正面画着被打败了的敌人，他们裸露身体，赤手空拳，完全呈人形；胜利者则呈动物形，是狮子

---

① 敏神在王朝时期的主要崇拜地是克普特斯。
② 奥努里斯神的势力范围基本在沙漠地带。

和食肉鸟。这个时期(约公元前3000年)的埃及人,可能觉得人没有动物的外表就会变得无依无靠,似乎动物在能力方面远远胜过人类。这就不难理解为什么在前王朝末期古埃及人把决定世界进程的力量都用动物来表示。

图4 表现战争场面的调色板断片

从王朝时代开始,这种动物优于人类的看法发生变化。第一王朝的国王们还使用动物的名字如蝎、眼镜蛇等,但到了第一王朝末,这类名字就永远地消失了。随着尼罗河文明的产生,古埃及人获得了新的自我意识,他们竭力设法了解世界,原来呈动物形或无生命物体形的神也逐步变成了人形。

这种从物性到人性的演变，发生在公元前 3000 年到前 2800 年之间。宇宙力量人格化的结果是出现了人形神。此外，还有其他表示神的方法。而属于前王朝风格的那尔迈调色板，顶端长着母牛头的哈托尔神，只有脸部为人形。

第一王朝和第二王朝前期，人形神和兽形神同时并存。第二王朝末年起出现的混合形即人身兽头神，虽然没有代替人形神和兽形神，但却是非常重要而且具有特色的埃及神之一。这种混合形神，也是使埃及宗教遭受诋毁的原因。应该指出，古代埃及人不管用什么形式来表现神祇，重要的不是神祇长的模样，而是要体现神祇复杂的特性。哈托尔女神有多种外表：苗条的少女形象，表现的是美丽和善良；人体、母牛头的形象，反映了母性的慈祥；而当她长着母狮头时，则表达了她性格中狂暴的一面。如果不把埃及神祇的外部形象视作神的容貌，而看作埃及神祇的性质和作用的表达形式，那就不会觉得埃及神祇丑陋得不堪入目，反会赞叹古埃及人用具体图像表达抽象、复杂概念的不懈追求和高超技巧。

"随着以动物为中心的宗教观念——图腾崇拜——让位给以人为中心的新的宗教观念，埃及人的自我意识达到了相当的程度，他们已不满足于把神性用动植物来表示，而是用人形来表现。"[1]最常见的神形是人身兽头，人身和兽头之间用头巾和假发连接。这显然还留有史前图腾崇拜的痕迹。史前象征神祇威力的部落首领宝座，成了许多神祇的一种特征；具有神性的箭，是奈特女神手中的法宝。

"图腾崇拜是人类宗教的初级阶段。"[2]那时，人们想了解周围的世界，

---

[1] 沃尔特·沃尔夫：《古埃及文化史》，第 70 页。
[2] 埃里克·霍农（Erik Hornung）：《古埃及关于神的概念》（*Conception of God in Ancient Egypt*），伊萨卡：康奈尔大学出版社 1982 年版，第 101 页。

结果却感觉到周围的事物都具有超人的力量。人们进而希望借助或依靠这些力量。随着国家的诞生、政权的建立,人类社会变得复杂又有秩序。古埃及人相信一定有神祇在管理整个世界,这些神祇一样会说话、吃饭,但具有非凡的能力和权威。这种思维上的变化和进步,使埃及诸神开始具有各自的职业。赫尔摩波利斯的图特神是文字的发明者,后又成为书吏的保护神。孟菲斯的普塔神是工匠们的保护神。蟾蜍女神哈凯特成为产妇的保护神。豺神阿努比斯当上了尸体保护神,负责把尸体制成木乃伊。埃利芳太尼的柯努姆神成为陶工的首领,日夜用泥土造人。这些神祇的职权遍及全国,由此可以看出政治上的统一给宗教带来的影响。国家的统一把全国各地的地方神集中到同一个宗教舞台上,每个神根据各自所在州或地区在全国的势力而在宗教领域中占据相应的位置。当然,其中也有特殊情况。个别强大的神把其他势力较弱的神包含了进去,还有势均力敌的神相互结合在一起,这也许是为了避免两败俱伤。同时诸神之间有的友好,有的敌对,有的还是夫妻、父子等关系,从而为神话的产生创造了条件。

宗教思想的复杂化和深化,导致了神学的产生。神学是人们为解释世界的起源、神的诞生及神人关系等问题所做努力的结果。埃及神学中心在赫利奥波利斯、赫尔摩波利斯、孟菲斯和底比斯。

古王国时期,埃及的首都是孟菲斯。那里的地方神普塔拥有巨大的权力。孟菲斯神学在全国宗教领域地位重要。当地的神学家们声称,普塔神用心和舌,即能洞察一切的思想[①]和神圣的语言,创造了世界和其他诸神,并给世界带来秩序;他建立城镇,划分州,把诸神安排得各得其所。同埃及其他神相比,普塔神带有浓厚的理念性,这是孟菲斯神学包含比较

---

① 古埃及人认为人用心脏进行思维。

丰富的哲理的结果。

离孟菲斯不远的赫利奥波利斯的神学也较发达,那里的太阳神阿图姆被奉为创世神,传说阿图姆神用手和精子创造了世界。

孟菲斯神学与赫利奥波利斯神学相互竞争,力求在全埃及的宗教舞台上占据统治地位。这就需要借助王权。赫利奥波利斯的祭司们预言,说拉神与赫利奥波利斯神庙一祭司的妻子所生的三个儿子将陆续成为埃及国王。果然,第五王朝的各王都在名字前加上"拉神之子"的称号。这些国王热衷于建造太阳神神庙和太阳船。拉神的声威空前提高,赫利奥波利斯的地位也随之提高,大有独占鳌头的趋势。在对太阳神的崇拜中,神的概念并不抽象,神置身于活生生的世界中。"太阳神崇拜促使人们更加热切地观察自然和热爱自然。"[①]及至赫利奥波利斯神学把俄赛利斯也纳入自己的神群,就连来世也变得具体而生动了。

有关俄赛利斯神的神话和古代埃及人对俄赛利斯神持久而热烈的崇拜,似源于古埃及人对生的渴望和对死的惧怕。源远流长的尼罗河,一年泛滥一次,给埃及人带来了生命,万物随着尼罗河水的泛滥而复苏、繁荣。这种周而复始使古埃及人相信世界是永恒的,是由无数的反复组成的永恒。因此,象征尼罗河和肥沃土地的俄赛利斯神,就具有死后重生的能力,一如尼罗河从枯水期到洪水期,也如尼罗河谷地的植物从枯萎到茂盛。埃及特殊的地理环境,使古埃及人具有十分浓厚的死后复活的观念,进而也影响了他们的整个宗教观念和宗教活动。

相传,俄赛利斯是早期一位贤明的国王,后被其弟所弑。死后复活成为管理来世的神。这个传说反映了古埃及人渴望像大自然一样长生不死的心愿。世界是永恒的,掌管埃及国土的俄赛利斯也应该永生。古埃及

[①] 埃里克·霍农:《古埃及关于神的概念》,第123页。

人相信国王能够复生,他们期望得到国王的恩宠,借助国王复活的能力到达天国。

古王国期间,古埃及人的宗教思想在史前的基础上迅速发展,无论是创世说还是转世说,都形成了比较丰富的内容。诸神基本上都取人形,具备人的特征和特性。宗教开始与古埃及人的生活融为一体。

古王国的衰亡,给古埃及人留下了深刻的印象,也造成了深远的影响。王权没落不仅使国家处于混乱,而且给与政治密切联系的宗教思想带来了危机。国王是神在埃及的代理人,也是神和人的媒介,是神的化身。王权衰微,神圣的金字塔被打开,王陵遭到洗劫,国王的尸体被抛弃,神赐予的王位一段时间形同虚设。接着,一些地方首领起来争夺王位,甚至有的地方官也竟然自称为王。人们的观念开始发生动摇。他们原先认为是理所当然的事现在成了问题,古王国长期的安定和繁荣变成了动荡和衰落。埃及人不得不思索,他们需要从新的角度去考察生的意义和死的内容,以便更好地解释人的世界和神的世界。

以前,古埃及人相信人死后进入天国,从此便再没有烦恼。这种信念是安慰他们的精神支柱之一。然而,在第一中间期,他们看到大量的陵墓被盗,亡者再也无法享用亲属或祭司们奉献的供品。在动荡的岁月里,人们彷徨、怀疑,迫切希望找到能结束这种局面的办法。这样,俄赛利斯审判庭的故事就应运而生了。故事说,俄赛利斯是掌管来世的神,但他并不让所有的人都进入来世,而是在来世的入口处设一审判庭,死者必须在此接受审判。死者先做自述,证明自己生前没有犯过错误。然后由阿努比斯称死者的心。天平的一头是死者的心,另一头是表示真理(读作"玛奥特")的羽毛。天平两边平衡,即证明死者清白,他就可以进入来世,得到永生,否则窥伺在旁的一头猛兽就把死者连同他的心一块吃掉。其他的神也不像以前那样一味地讲仁慈,而是让正直的人获奖,贪婪作恶之徒受惩。古埃及人空前推崇伦理道德，他们认为人死后的命运不是依据他财富的多寡或墓室的好坏，而是取决于他的为人。这对那些一辈子老实安分没有能力建造豪华墓室的百姓来说，有巨大的吸引力。来世增加了现实性和可能性，诸神也不像以前那样可望而不可即。随着第一中间期的结束和中王国的建立，埃及社会恢复了安定和繁荣，以伦理道德为重要组成部分的宗教观在第一中间期的基础上，又进一步得到强化和发展。

经过第一中间期的动乱，到中王国以后，埃及人更注重宗教虔诚。太阳神崇拜中的天国概念和俄赛利斯崇拜中的来世概念，相互影响和补充，其中，来世说更加深入人心，也更加普遍。在转世说中，伦理道德成分增多，物质成分减少。俄赛利斯在整个埃及取得了绝对优势。

中王国时期，阿拜多斯是俄赛利斯崇拜的中心，相传，他的墓就在那里。当时人们最大的愿望就是死后能葬在俄赛利斯的墓旁，或者至少能去阿拜多斯朝觐，在那里为自己立一块石碑。在远离阿拜多斯的地方，埃及人先把制成的木乃伊用船运到阿拜多斯，让死者领受俄赛利斯神的宠爱，然后再将尸体运回家乡安葬。

中王国时期神庙里的祭司们，分成四班服务。只是专职祭司为数不多，不少祭司由俗人担任。到了新王国，神庙的财富不断增多，祭礼也变得繁缛，专职祭司才逐渐全部取代了俗人的祭司职务。

由于经济和其他方面的原因，中王国初期首都移至法尤姆附近。这地区的鳄鱼神索白克的地位便随之提高，崇拜者日众。那时还盛行信奉魔鬼和巫术。

新王国时期是埃及宗教的鼎盛时期，宗教思想逐渐深化，宗教仪式和宗教活动也越来越繁复。"讲述新王国宗教，毫无疑问应该从阿蒙神说起,阿蒙神也是唯一的重点。"①

阿蒙神最初是风神或者空气神,因不具有固定形状,逐渐成为纯精神性的神。起先,阿蒙神只是底比斯地区默默无闻的地方神,后来这地区的国王们打着阿蒙神的旗帜赶走了喜克索人,阿蒙神遂闻名遐迩,声威大炽。新王国诸王继续高擎阿蒙神的大纛,极力向外扩张。阿蒙神与王权的紧密结合,使阿蒙神成为古埃及史上空前重要的神祇。征战回来的国王们往往慷慨地向阿蒙神神庙提供奴隶、牲畜和金银财物。因此,阿蒙神神庙不仅是宗教中心,也是当时举足轻重的经济实体。

借助阿蒙神的威力,阿蒙神的祭司集团在国内炙手可热。底比斯阿蒙神神庙的最高祭司权位仅次于国王。不少王子都得在接位之前先当一段阿蒙神神庙的最高祭司。

这种状况开始构成对国王的威胁。阿蒙神最高祭司涉足国家政治和宫廷事务,逐渐地集宗教、经济和政治权力于一身,大有取代国王之势,从而导致了埃及也是世界历史上最早的一次宗教改革运动。阿蒙神的对手阿顿神开始崛起,在阿门荷太普三世时期逐渐得宠,到阿赫那顿执政时终于取代了阿蒙神,成为全埃及独一无二的神。"由于种种原因,阿赫那顿的宗教改革最终失败了,但这次宗教改革对当时及以后的埃及社会的影响却极为深远和巨大。"②

新王国时期国势强盛,财源充足。国王们的陵墓也豪华无比。王室的墓地大都位于底比斯尼罗河西岸地段,即在著名的王陵谷和王后谷内。墓窟深入山腰,墓内结构复杂,装饰富丽堂皇,虽不及金字塔高大雄伟,但在地下挖成的曲折的甬道给人一种进入来世的真切感。

---

① 西格弗雷·莫兰兹(Siegfried Morenz):《埃及宗教》(*Egyptian Religion*),伊萨卡:康奈尔大学出版社1984年版,第88页。
② 同上书,第211页。

这一时期亡灵书盛行。亡灵书由金字塔铭文和石棺铭文发展而来，即把写在金字塔墓室壁上或棺椁面上的祈祷文、颂歌、咒文等写在纸草纸上，然后卷起来。这种亡灵书，体积小，价格便宜，成了每个死者的必备品。亡灵书中详细描绘来世情况和进入来世的步骤。就连不识字的文盲也要让人在他死后的棺材里放上亡灵书。"亡灵书对于传播新王国时期正统的宗教观念起了巨大的作用。"①

新王国时期的埃及，幅员辽阔，同邻国接触频繁，各国的宗教相互影响，埃及的神祇传到国外，外国的神如西亚的伊什塔尔、伊纳特等，也进入了埃及，给埃及宗教以不小的影响。

新王朝后期，外族入侵频仍，导致了国家政局的混乱。"埃及人在新王国时期所体验过的安全感和自豪感已无处可寻了。"②国家不能保障臣民的生计。用宗教联结起来的埃及社会，由国王作为神的代理人进行管理，而今，他却丧失了神和人间的媒介地位。官方宗教已不能满足埃及人信仰上的要求。埃及人的个性化趋势非常明显，绝大多数人都选择自己所喜爱的神，以求与神直接交流，诉说生活中的忧虑和死后的愿望。

个性化趋势在古王国没落时就已萌芽，但规模和范围都不大，到中王国和新王国时期，因王权强大和国家安定而几近销声匿迹。但是，在新王国后期这种个性化趋势却成了宗教信仰中的主流。应当指出，古埃及人从来没有放弃过宗教信仰。国家强盛，官方宗教给人以安全感，来世也变得充满欢乐，这时政教合一的色彩极为突出；国家衰落，王权不能保障宗教的正常存在，信神的埃及人只好自寻出路。

新王朝后期，埃及人盛行对动物的崇拜，尤其是在下埃及。很多动物

---

① 沃尔特·沃尔夫：《古埃及文化史》，第 398 页。
② 同上书，第 129 页。

被奉为神圣,如牛、鳄鱼、猫、蛇等。各地都有自己崇拜的动物。这种现象是史前图腾崇拜的残余,为什么在新王朝后期死灰复燃?这似与宗教感情有关。古埃及人越是了解自己在世界中的地位,就越是觉得孤单,无所依靠。宗教信仰能使他们的精神有所寄托。当精神性的阿蒙神和其他神祇因国家混乱而地位下降,不能给信仰者以安慰时,埃及人也许从动物身上重新找到了那种超人的力量和旺盛的生命力,并从对它们的崇拜中获得了宗教感情上的满足。

第二十五王朝时,底比斯遭到亚述人极其野蛮的破坏。阿蒙神的地位更是江河日下。政治上的危机,使宗教上的大变迁势所难免。这时的埃及人除崇拜自选的神和神圣的动物外,还广泛地采用巫术。护身符大量出现,多达一百种左右。大多数埃及人虽仍向死者供奉祭品,相信死后能复生,但也有人怀疑天国的存在,把亡灵的世界看作没有阳光、没有水,类似沙漠的黑暗地域,认为那里只有昏睡。埃及人的悲观消极情绪空前浓厚。这种原有的宗教观念与新的思潮交织并存,反映了新王国后期埃及人复杂的宗教思想和变化着的宗教感情。这种状况固然是人类思维的发展所致,但更主要的是社会政治、经济剧烈变化的结果。

第二十六王朝时出现了短暂的宗教复兴,旧的学说、旧的信仰又渐占上风。工匠们大规模地仿制前人的雕像,为保存古埃及宗教遗产做出了贡献。俄赛利斯神取得了绝对优势。因为,同太阳神相比,俄赛利斯毕竟更容易接近,对悲观情绪日趋严重的埃及人来说,俄赛利斯掌管的来世也许是最好的去处。

亚历山大征服埃及以后,希腊文化和埃及文化互相交融,埃及宗教的独立性相对减弱。在罗马人统治时期,埃及诸神中的很多神,尤其是伊西丝神,越出埃及国境,进入地中海沿岸及欧洲大地。基督教兴起后,古埃及宗教无论在国外还是在本土,都失去了它的重要性。公元535~537年随着费来岛上最后一个埃及神庙的关闭,古埃及宗教终于走完了它漫长、复杂、奇特而辉煌的路程。

第二节　古埃及人的宗教思想

神与人的关系

　　古埃及人认为,他们的国家是地球的中心,他们优于周围其他民族。尼罗河每年泛滥一次,带来肥土沃壤,洪水过后出现绿色的植物和庄稼。年复一年,古埃及人逐渐形成一个概念:混沌初开,只是一片汪洋,后来,块块土地升出水面,创世神遂在土丘上创造世界。之后,在很长的时间内,古埃及每一个神庙都被看作远古土丘的象征,创世神居住的小山,与赫利奥波利斯是有联系的。接着,其他文化和政治中心城市,如孟菲斯、底比斯,尤其是赫尔摩波利斯,也自认为是地球的中心,世界的发源地。总之,埃及是地球的中心,是神祇的居住地,因而是神圣之地。埃及人是神的选民,他们不仅为生活在埃及而感到骄傲,就是死在国外,也要求回埃及入葬。在古埃及,神祇和国王有机地结合在一起。国王是神的儿子,是神在地球上的代理人,是凡人和神交往的媒介。神祇在宗教上、政治上都具有巨大威力。古埃及人认为,是神祇通过国王在治理国家,是神祇引导国王及其军队抗击外寇,征服异国。随着时间的推移,古埃及人进而认为所有民族都受埃及诸神的统治。这种看法在新王国尤其明显。封闭的埃及地理条件,造成了古埃及人趋于保守的思想,这在宗教上也有反映。古埃及人对外族人跨入埃及神庙或祭拜埃及诸神,持坚决反对的态度。这可能也是古埃及宗教传播不广,未能成为世界性宗教的原因之一。

　　古埃及人和诸神之间的关系,可以概括为:诸神告诫人们该做什么,不该做什么;世上出现罪恶,是因为人们违背了神祇的意愿;造孽的人终将遭报应，行善的人必会获得奖赏。

当人们陷入困境的时候，诸神会引导他们找到解脱的途径。有个故事说，一位地方首领想要一个儿子，而妻子却生不出男孩。于是，他向神祈祷。神告诉他要想得子，应扩建神庙。这位首领立即大兴土木，扩建神庙。他的妻子果然为他生下一子。

古埃及人认为，神祇的引导是经由舌和心实现的，因为心是做出决定、制定计划的器官，舌则将决定和计划公之于众。这两个器官对人的行为起决定性的作用。神祇是这两个器官的向导，因而是人生的舵手。

神祇给人以启示。古埃及的很多神庙据称都是受到神祇的启迪而建造的。这就是说，"不是人们首先决定而是受到神的启示才这样做的"①。王后哈特谢普苏特的祭司们宣称，是神启示他们，他们的王后应成为上下埃及的法老。在古埃及的史料中，这类例子比比皆是。

神祇主宰着人的命运。古埃及人相信，人的出生和成长由两位神掌管。人一降生，这两位神就决定了他在事业上的成败。神喜爱的人，能听到神赞成什么，反对什么，允许什么，禁止什么。所以，他的人生道路一帆风顺。神所憎恶的人，听不到神的教诲，因而注定要失败。对古埃及人来说，命运首先是生命的长短。这是他出生时由主管神决定的。神可以使他延年益寿，也可令其夭折。有个故事说叙利亚王子派人到埃及，向阿蒙神祈求延长王子五十年寿命。这个故事说明，连国王的统治年限也要由神定夺。神有决定命运的能力，当然也有能力作预言。这同早期的希腊、罗马宗教大不相同。在古希腊、古罗马的神话中，神受制于命运，神也难逃一死。命运一旦决定神死亡，神就束手无策。后来，希腊、罗马受了古埃及宗教的影响，神才逐渐具有支配命运的能力。

---

① 西格弗雷·莫兰兹：《埃及宗教》，第 109 页。

神创造了人,并向人提供物质和精神食粮。神分开天地,使之出现空间,让人能够自由呼吸。约公元前 2000 年的一篇石棺铭文《创世神的独白》写道:

> 我完成了四项丰功伟绩:
> 在地平线的范围内,
> 我令地面上有四种风,
> 让人们可以随意呼吸;
> 我叫尼罗河泛滥,
> 穷人和富人都从中汲取力量;
> 我教导人们热爱伙伴,
> 不做任何损人的事情;
> 我提醒人们勿忘西部,
> 须按时给神献上供品。

空气、食粮、均等的机会、亡灵与神的联系,是创世神的四大功绩,也是人们赖以生存的物质和精神基础。

神创造了人,提供了人类生存的基础。人们所贡献的面包、肉和酒,与神所赐予人的自由、空气、安全和幸福相比,简直是微不足道。人类本身也是神的创造,神不会计较人们祭祀物品的多少。神期待的只是人们的感恩戴德。古埃及人以巨大的热情庆祝宗教节日,正是他们向各自的神祇表示感激之情的机会。人们不断建造新的神庙,修葺扩大原有的神庙,大量地雕刻神像,也是为了表达他们复杂的宗教感情。古埃及人相信,只要经常地和定期地祭拜神,就能不断地享受到神的恩赐。神祇既有慈祥的一面,也有暴烈的一面。祭拜,能使神的暴烈面不致出现。有个埃及神话说,太阳神派下一位女神来惩罚不从命的人类。人们向女神献酒。女神喝了酒以后,不但消弥了火气,还把自己的形体从狮子变成了猫。因此,祭拜也是人们阻遏神显露危险面目的手段。

神祇虽然宽容,但人们若生前做了坏事,死后在阴间审判庭上就无法过关,他要受到制裁,如被剥夺感觉器官,倒立着走路,吃自己的排泄物,在沸腾的大锅里备受煎熬,最后被彻底消灭。因此,人们须祈求神祇保佑他们平安到达来世,免遭磨难。伴随着这些祈祷,产生了巫术。阿道夫·埃尔蒙说:"巫术是宗教的大胆的分支。巫术旨在设法控制住那些左右人类命运的力量。宗教这棵高尚的植物旁,生长着繁茂的巫术小草。"①

在古埃及,巫术十分普遍。凡人使用巫术,天庭的神祇也使用巫术。有的石棺铭文讲到创世神是通过巫术创造了自己。按此推想,巫术的出现当早于创世纪。在后来的传说中,伊西丝靠巫术保护了荷拉斯;国王也用具有魔力的话统治着遥远的领土。

古埃及人认为,神把巫术作为武器赠给人类,但人们却用巫术多行不义,使之背离了原来的目的。古埃及有人把这种自卫武器变成进攻武器,甚至用它来对付神。早在古王国的金字塔铭文里就出现了针对神的咒语。人们期望靠咒语来保证死者不受神的阻拦进入来世。金字塔铭文第1027条咒文写道:"不把国王引入天国的神将不受尊敬,将不会得到他的'巴'②,将尝不到糕点……"③

古埃及人很早就相信人类可以独立行事,甚至可以违背神的意愿,但同时他们认为只有神的意愿才是永恒的,才会变成事实。最早的被完整

---

① 詹姆斯·布雷斯持德(James H. Breasted):《古埃及宗教和思维的发展》(Development of Religion and Thought in Ancient Egypt),费城:宾夕法尼亚大学出版社1959年版,第289页。
② "巴"在古埃及语里,意为灵魂。
③ 詹姆斯·布雷斯特德:《古埃及宗教和思维的发展》,第201页。

地保留下来的普塔荷太普的教谕文里有这样的话:"人的计划永远不会实现,成为现实的只是神的意愿。"①古埃及人相信,神不仅对宗教事务,而且对国家事务也有影响。拉美西斯二世多次说明他在卡叠什战役中之所以能化险为夷,全仗神的佑助。这就使我们能够理解,为什么所有的埃及国王到国外征战时都高举着神的旗帜(图5)。

图5 拉美西斯四世在向神献祭

在古埃及宗教中,有一个重要的概念,这就是"玛奥特"。该词意为真理,但包含的内容非常广泛。凡是好的、真实的、正义的东西,都可以叫作"玛奥特",它可以指抽象的概念,也可以指具体的事物。但总的说来,"玛奥特"主要用于伦理道德方面。"简单地说,'玛奥特'就是世界应有的秩序,是衡量一切事物的依据"②,是人们应当实现的宇宙完美的状态。完美

---

① 詹姆斯·布雷斯特德:《古埃及宗教和思维的发展》,第201页。
② 西格弗雷·莫兰兹:《埃及宗教》,第87页。

状态是创世神创造世界时的初衷,由于不断受到干扰和破坏,重新达到这种完美状态需要不懈地努力。

古埃及人进而把"玛奥特"看作世界存在的物质基础,是现世和来世生存的物质食粮,甚至是神所不可缺少的营养成分。

古埃及的神庙里,大都有向神奉献"玛奥特"的场面。在世界被创造的那一天,"玛奥特"即来到人间,现在以面包、啤酒、熏香等为象征,由国王献给神。向神呈递"玛奥特",代表着人类对神的总的反应,主祭司做出向神奉上"玛奥特"的动作,意味着神所创造出的人类世界、物质世界和它们之间微妙而脆弱的关系,仍同世界创造时一样美好。这一点,也许是神最关心的,要比物质供品重要得多。只有当神得知人类把"玛奥特"保持下来的时候,神才能体会到自己在人类中的存在,也才相信他创造世界的功绩是永恒的。从此,神再不必独白了,而可以愉快地与人类对话,人类也就成为神的知心朋友。

"玛奥特"从创世日起由神的手中来到人世,现在又从人的手里回到神的怀抱。这在古埃及宗教中,象征着神与人的和谐合作。

创世说

创世说在古埃及宗教中占有重要位置,它深刻地影响了古埃及社会的许多方面。从宗教角度看,世界是由神创造的,但是在古埃及众多的神祇中,哪些是创世神呢?上下埃及统一之前,各地区可能都有自己的创世神。公元前 3000 年左右,上下埃及统一,地区性宗教融合为全国统一的宗教。能列为创世神的自然就屈指可数。他们在埃及宗教世界中有举足轻重的作用。从社会其他方面看,古埃及人同世界其他文明地区的古代居民一样,对周围千奇百怪、变化莫测的自然现象只能借助宗教的解释,在宗教活动中,他们向万能的神表示敬慕和崇拜,竭力求得神祇的保佑和祝福。

最早的时候有源于赫利奥波利斯、赫尔摩波利斯和孟菲斯传说的三种宇宙起源说。后来,赫利奥波利斯的宇宙起源说得到公认,并将另外两种起源说的某些因素吸收进去。根据赫利奥波利斯传说,整个世界原是一片混沌的水,叫做努恩。随后,阿图姆神作为一座山升出水面。阿图姆神独自生出一对孪生子:空气神舒和水汽女神苔芙努特。舒与苔芙努特生下地神该伯和女天神诺特。该伯和诺特又最后生出俄赛利斯、伊西丝、塞特和娜芙提斯。阿图姆、舒、苔芙努特、该伯、诺特、俄赛利斯、伊西丝、塞特和娜芙提斯九位神,后来成为一个神圣的整体,叫做九神会。古埃及人又从九神会进一步把宇宙描绘成是空气神舒双手托着女天神诺特,下面躺着地神该伯。诺特的双手和双脚分别和地神的手脚相触。女天神的左、右上方居住着诸神。星星在诺特身上运动(图6)。

图6 天神、地神和空气神

第二个创世说在赫尔摩波利斯流传，是为抵制赫利奥波利斯的宗教霸权而产生的。根据赫尔摩波利斯的说法，在世界被创造之前，也是一片混沌。后来，从这混沌状态中露出一座山，地点在赫尔摩波利斯。山上出现了一个蛋，太阳神即从蛋中破壳而出，由他着手整顿世界。这个传说中有八位神，也是成双成对：努恩和诺娜特是原始水的神与女神，哈赫和哈赫特是无限的空间神和女神，凯克和凯克特是黑暗神和女神，阿蒙和他在这里的配偶阿蒙特是隐形神和女神。这八位神形成了赫尔摩波利斯的八神会。

第三个宇宙起源说是在孟菲斯成为统一的首都时发展起来的。孟菲斯的主神普塔为创世神，另外八位神祇包括在普塔神之中，是普塔神的一部分。这八神中，有些是赫利奥波利斯九神会的成员，有些是赫尔摩波利斯八神会的成员，另外还有荷拉斯、骚特和纳发顿。九神之一的阿图姆，占据重要地位，他体现了普塔神的创世能力，亦即智慧和意志。智慧由荷拉斯的心脏来表示；意志通过骚特的舌头反映出来。据说，普塔神在语言问世之前，先用理念创造了世界。因此，整个孟菲斯创世说乃是以理性为基础的。

古埃及人相信，世界有始无终，世界原是一片混沌，经创世神的创造和整顿，世界才开始存在。古埃及人自定居尼罗河谷地以来，看到太阳每天从东方升起，在西方落下，第二天又从东方升起；尼罗河水每年定期泛滥，从不间断，谷地的植物绿了变枯，枯了变绿。埃及人坚信，万事万物都循环往复，世界永恒不变。古埃及人的时间观，自然偏重未来，因为无尽的世界正等着他们去享受。

那么，神用什么创造了世界？对此，古埃及人有几种说法。一是认为，神从叫做努恩的原始海洋中取材创造世界；又有解释说，太阳神从一个蛋中脱壳而出，然后创造了生命；还有人说，太阳神来自荷花，荷花又来自原始海洋。古埃及人感到迷惑的是，蛋从何而来？是先有蛋，还是先有鸡？蛋是普塔神创造的吗？总之，众说纷纭，并无定论。

太阳和尼罗河

埃及所处的地理环境，对古埃及人的宗教观念形成，作用十分显著。古埃及人的语言，用埃及常见的日月、山水、树木花草、飞禽走兽等做文字符号。象形文字又必然对埃及人的宗教思维产生影响。古埃及人的宗教思维，主要特点也是象形，即以具体的图像来表达抽象、复杂的信仰。综观古埃及宗教，可以发现，对它影响最深刻的是两个自然环境因素：太阳和尼罗河。与太阳有关的神有拉神、阿图姆神、荷拉斯神和赫普里神；与尼罗河有关的神是俄赛利斯。这些神祇，在埃及人心目中，至高至大，而且他们一开始就为夺取古埃及宗教的最高位置而斗争，直到公元6世纪末古埃及宗教衰落才告终。了解了诸神争斗的历史，就掌握了埃及宗教发展的主线。

在古埃及人眼里，太阳具有无所不包的光辉和力量，还有不同的形状。说太阳有不同的形状，主要源于早期宗教的地区性。在伊德富，人们视太阳为巨隼，每天如凌空翱翔的隼飞穿天宇。日轮，带有展开的隼翅膀，是埃及宗教最普遍的象征。

在赫利奥波利斯，太阳神被喻为一位年迈的老翁，蹒跚向西而行。在其他地方，人们把太阳神叫做赫普里，那是从东方升起的有翼甲虫。有的神庙中把太阳神说成是从普塔神造的蛋中脱壳而出的；也有的神庙里绘制的太阳神，出现在一朵在水面绽开的荷花上。每个神庙都力图把自己的早期历史与太阳神的显现联系在一起。

最初，太阳神的作用是在自然方面。在阿布西尔最早的太阳神神庙里，太阳神被描绘成生命的源泉。人们赞颂他"驱逐了风暴，驱散了乌云"。太阳神是整个埃及最伟大的统治者。以后，太阳神进而掌管自然界和诸神,还负责人间事务。第五王朝诸王都自称是由太阳神和祭司的妻子所生。国王名字前都加上"拉神之子"的头衔。国王们热衷于对太阳神顶礼膜拜,他们修建太阳神神庙,竖立巨大的方尖塔以示崇敬。

尼罗河是埃及人的生命源泉。与尼罗河相联系的俄赛利斯神,则是死而复生的象征,这与尼罗河长流不息、定期泛滥的特征是一致的。

俄赛利斯被说成是埃及远古时代的国王,是地神该伯的继承人。他在埃及仁慈和公正的统治、他与塞特的矛盾、塞特杀害俄赛利斯、伊西丝四处寻夫、荷拉斯为父报仇等故事,最为古埃及人喜闻乐见。有关俄赛利斯的传说,很少是以发生在尼罗河三角洲一带的事实为依据的。这个相对比较完整的传说,事实上是古埃及人糅合、改编各种神话片断的结果。如荷拉斯与塞特的冲突,原先只是两个神之间的对抗。荷拉斯是战神、天神。他代表太阳和月亮的一双眼睛,被沙漠之神塞特夺走,经过殊死搏斗,才得以取回。这个故事与俄赛利斯的传说相融合,荷拉斯成了俄赛利斯之子,地位空前提高。他把夺回的眼睛"乌加特"(意为"完整的")献给了父亲,这就成了以后所有祭品的象征。每件供品或礼物,特别是献给死者的,都可称为荷拉斯的眼睛。壁画、石雕、木刻中的眼睛,都是献给亡灵最神圣、最宝贵的祭品。

俄赛利斯的传说之所以传播广泛,主要是其中的现实主义因素,它反映了人世间的权力斗争。妻子忠于丈夫、儿子矢志为父报仇雪恨等社会道德观念,体现了古埃及人热爱正义、憎恨邪恶的思想。同时,俄赛利斯的复活,也给人们带来希望。起初,只有国王死后才被认为是俄赛利斯,他有可能复生,而从古王国末期开始,任何人亡故后都可能成为俄赛利斯。俄赛利斯变成了年年泛滥的尼罗河的象征,是掌管岁岁繁茂的植物之神。

古埃及的神话，是古埃及人用他们天真的想象和零碎的经验试图解释自然和社会现象的产物。古埃及人编织神话，只能依据他们熟悉的环境事物，再加上幻想，因此留有当时社会的深刻烙印。这种生活经验和幻想交织而成的宗教观念，又影响着人们的思想和行为。古埃及人正是在宗教活动中寻找寄托和满足，抒发自己的情感。

第三节　古埃及的主要神祇和宗教中心

古埃及南北各州统一为一个国家后，地方诸神之间形成的各种关系，大致可分为两类。一类是两个或两个以上的地方神联合成新的、更高一级的神，新的特性取代了原先的特性；一类是各自继续单独存在，并与同一个地方的其他神组成众神集团。通常一地有一个主神，其他神都受这位主神支配。诸神的相互关系，就得涉及许多独立的神。总的来说，古埃及人喜欢将本地神与其他神结合起来，使他们自己的神显得强大。鳄鱼神索白克和拉神，拉神和阿蒙神，索白克和隼神荷拉斯可以相互结合形成新神。这种结合并不固定，不具长久性，也不影响各自的独立性。这种结合通常限于同性别的神。

有时，还有三个神组成的整体，例如普塔、索卡瑞斯和俄赛利斯的结合。索卡瑞斯是孟菲斯的地方神，他与当地的主神普塔联合，因普塔还管理阴间，又与阴间最重要的神俄赛利斯结合在一起。许多默默无闻的地方神通过这种结合方式而变得有名。当然，出于政治上的原因，有时几个非常强大、出名的神也可能组成新的整体，如阿蒙-拉-普塔就是威力无比的三一体。有趣的是，太阳神自己就有三个名字，早晨叫赫普里，是太阳上升的意思；中午叫拉；晚上叫阿图姆，意为太阳落下。

无论是多神合一，还是一神多形，古埃及诸神都有自己的出生地和活动范围。有几位神的势力超出了限定的畛域，但为数极少。一般来说，古埃及各神只在自己的城、州或地区行使权力。离崇拜他的中心越远，他的势力就越弱。因此，远行的人就只能祭拜所到之处的神。远征队须寻求他们所去的沙漠道路、矿区、采石场的神的保护。因为，远征队本乡的神对他们几乎是爱莫能助。这就是出了国境线的埃及人，都虔诚地崇拜努比亚、亚洲、利比亚神的原因。那时，即便是法老，到了努比亚，也得祭拜努比亚神代顿，而代顿在埃利方太尼以北简直是微不足道。

古埃及宗教绵延了数千年，对各方神祇兼容并包，旧的神都被保留下来，新的神又不断出现，结果，神祇的数量越来越多；神与神之间相互影响，使神原来的特性和作用也随之改变。因此，对古埃及众多的神进行分类，只能是相对的，无法做到十分确切。

一般的分类方法是根据配偶，即一个神加上一个女神。在赫尔摩波利斯，就是四对神组成的八神会：努恩和诺那特，哈赫和哈赫特，凯克和凯克特，阿蒙和阿蒙特。成对的神和女神的名字，早在金字塔铭文中就已出现，但成为埃及宗教一个特色，则是后来的事。

给成对的神和女神加上一个儿子或女儿，便成了三神体，阿蒙和穆特加上他们的儿子洪苏；俄赛利斯和伊西丝加上荷拉斯，普塔和萨赫玛特加上他们的儿子纳发顿，都是圆满的整体。在赫利奥波利斯，除阿图姆外的诸神，都成双成对。创世神以手淫的方式生下了舒和苔芙努特。舒和苔芙努特作为历史上第一对夫妻生下该伯和诺特。该伯和诺特生下两男两女，亦即两对夫妻：俄赛利斯和伊西丝，塞特和娜芙提斯。

但是，用上述分类方法，只能窥得部分神之间的相互关系。属赫利奥波利斯或赫尔摩波利斯的各神，他们的活动范围并不限于当地，如俄赛利斯主要受拜地是阿拜多斯；阿蒙在底比斯的妻子不是阿蒙特，而是穆特。此外，还有许多神与赫利奥波利斯、孟菲斯和赫尔摩波利斯这三个宗教中心根本就没有联系，他们有自己的特性，也有自己的活动地域。

在古埃及这块布满宗教网络的国土上，各地都有神庙、特定的神和独具一格的宗教活动，埃及宗教的多神性和地方性是显而易见的。易于辨认的神，有200多个；个性不明显或存在时间不长的埃及神，几乎数不胜数，其中，有从史前一直传下来的，也有的是埃及统一以后才出现的。埃及神的受拜地，还经常"搬家"，如俄赛利斯原是下埃及的神，他的崇拜中心后来移到阿拜多斯。有的神同时有几个崇拜中心。还有的地方神，被赋予其他地方神的特性。诸上种种，造成了许多地方神特性的接近，甚至相同。古埃及人对此采用一种简单的办法，即把两个或三个神的名字合写，使之成为一个新神，原来的神并不丧失自己的特性。此外，埃及宗教中，神的血缘亲属关系，并不确定或固定不变，如塞特时而是荷拉斯的叔叔，时而又是荷拉斯的兄长。个别神还是自生的，如阿图姆神。

古埃及最重要的宗教中心有四个：赫利奥波利斯、孟菲斯、赫尔摩波利斯和底比斯。

阿蒙神是古埃及史上最重要的神之一。他是新王国时期的国神。最早出现于第十一王朝，与阿蒙特一起构成赫尔摩波利斯八神会中的一对。阿蒙还能和其他神组合，形成阿蒙-拉、敏-阿蒙等。阿蒙与穆特、洪苏一起成为底比斯的三神体。阿蒙在古埃及语里是"隐形"的意思。他最初是风神或空气神，通常呈人形，头戴带羽王冠，有时也以公羊或鹅的形象出现。从公元前2000年到公元前1360年，他在诸神中一直占有显赫地位，集创世神和保护神于一身（图7、8、9）。

图 7　阿蒙神 　　　　图 8　穆特女神 　　　　图 9　洪苏神

尊奉阿蒙神的中心是底比斯。因为来自底比斯地区的埃及国王们高举阿蒙神的旗帜赶走喜克索人，建立了新王国。底比斯和阿蒙神始终紧密相连。在新王朝时期，底比斯是整个埃及的政治中心，也是宗教中心，城内建有宏伟的卡纳克神庙和卢克索神庙，尼罗河西岸是著名的王陵谷和王后谷。今天能供人凭吊的，还有当年建造这些宏伟神庙和巨大陵墓的工匠们的住房遗址和坟墓。

俄赛利斯最初是布塞里斯的地方神，后成为赫利奥波利斯九神会的一员。他与伊西丝、荷拉斯一起组成一个家庭。俄赛利斯的故事在埃及家喻户晓，他是永恒的生命象征。俄赛利斯以人形出现，但是两腿不分明。他手里拿着连枷和弯钩。祭拜俄赛利斯主要在阿拜多斯和费来岛等地。他作为亡灵的保护者，与尼罗河谷肥沃的土地有密切的联系(图 10)。

阿拜多斯最初与俄赛利斯并无关系，但随着对俄赛利斯崇拜的增长，特别是随着俄赛利斯神话的广泛传播，阿拜多斯的地位愈显重要。因为这个神话说，塞特杀死俄赛利斯，肢解后将碎块扔到各地。后来伊西丝找到这些碎块，集中埋在阿拜多斯。还有一种说法，伊西丝把俄赛利斯的头埋在阿拜多斯。更有人证明，俄赛利斯的墓就位于阿拜多斯（那实际上是一座王陵）。因此，阿拜多斯便成了圣地。

人身狗头的阿努比斯是墓地之神，还负责把尸体制成木乃伊，他在阴世的"审判庭"上担任重要角色（图11）。

普塔是孟菲斯的地方神、各种技艺和工匠的守护神，也是孟菲斯神学中的创世神。他用词语创造了世界和人。普塔经常与萨赫玛特、纳发顿结合在一起。普塔呈人形，与俄赛利斯一样，两腿不分明。孟菲斯在古王国时期是埃及的首都，在埃及宗教史上自始至终占据重要地位。孟菲斯的祭司们创立的神学，足以与赫利奥波利斯的神学理论相抗衡（图12）。

图10　俄赛利斯神　　图11　阿努比斯神　　图12　普塔神

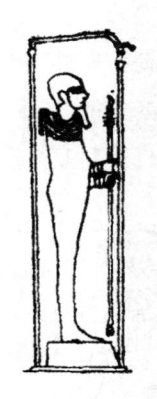

拉神是赫利奥波利斯的太阳神。很早就同阿图姆神联合，成为拉-阿图姆。拉神是天地之神，主管宇宙的秩序和世间的"玛奥特"。在作为宇宙神时，拉神具人形。但与荷拉斯相结合，又改为隼头人身。拉神的象征是方尖塔。第五王朝开始时，拉神成为埃及国神。他不仅与地方神结合

(如索白克-拉),后还与新王国国神阿蒙结合,成为阿蒙—拉。拉神常乘船,白昼在天上巡游,夜晚在阴间巡游(图13)。

赫利奥波利斯是拉神的祭拜地,也是古埃及最重要的宗教中心。太阳神在埃及宗教里有好几个形体和名字。太阳神在呈人形、头上戴着上下埃及的白红两王冠时叫"阿图姆";在呈圣甲虫形状时,名为"赫普里"。太阳神最常采取的是人身隼头形,头顶太阳圆盘和眼镜蛇,这时人们叫他"拉"。在赫利奥波利斯,阿图姆神共有八个子孙(图14)。

在古埃及整个宗教史上,太阳神始终名列第一。政局的变化会使某些神暂时取得优势,但最终起作用的还是太阳神,就连太阳神最强大的对手俄赛利斯,也被纳入了太阳神系统,成了赫利奥波利斯九神会的成员。新王国时期至高无上的阿蒙神,正是在与太阳神结合成阿蒙-拉后才获得那种登峰造极的地位的。

荷拉斯神头部呈隼形,双眼分别代表太阳和月亮。他是勇敢和年少有为的象征(图15)。伊西丝怀抱着荷拉斯的形象,被认为是后来基督教中圣母玛利亚怀抱耶稣形象的雏形(图16)。

图13 拉神 　　图14 阿图姆神 　　图15 荷拉斯神 　　图16 伊西丝女神怀抱荷拉斯

阿顿神只是到了新王国才受到崇拜。他被阿赫那顿奉为绝对的、唯一的神，起初也取隼头形，后改用太阳圆盘表示。从圆盘上射出的光普降到人的手上。阿顿神无处不在，给万事万物带来生机，他被说成只与阿赫那顿国王直接交流。他的崇拜中心是阿玛尔纳(图17)。

哈托尔是天之女神。在古埃及语中，哈托尔的意思是"荷拉斯的屋子"。她常为母牛形，有时也呈人形，但长有母牛的耳朵和角。哈托尔女神主管爱情、舞蹈、酒以及遥远的土地。她被称为比布洛斯的女神。在丹达赖，哈托尔是荷拉斯的妻子；在底比斯，她还掌管来世。她除母牛和人形外，还以母狮、蛇等形式出现(图18)。

伊西丝是俄赛利斯的妻子，荷拉斯的母亲，借助广泛传播的俄赛利斯传说而获得名声。她象征忠贞的妻子和尽职的母亲。她擅长巫术，拥有广泛的崇拜者。伊西丝的主要崇拜地是克普特斯和费来(图19)。

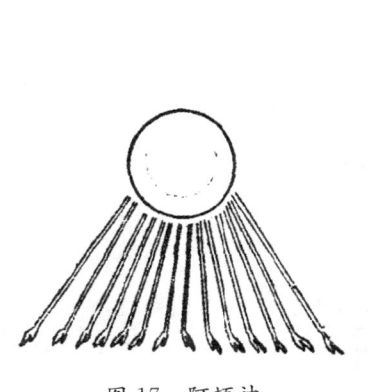

图 17　阿顿神　　　图18　哈托尔女神　　图 19　伊西丝女神

塞特神凶猛，具有双重性格，是赫利奥波利斯九神会的一员。他的名字常与沙漠、异域联系在一起。由于杀害了俄赛利斯，被埃及人视作邪恶和灾难的化身(图20、21)。

骚特是月亮神，以灵鸟和狒狒的形象出现。他是诸神的信使，并掌管书写。他还是荷拉斯和塞特冲突的调停者。他的主要崇拜地是赫尔摩波利斯（图22）。

图 20　塞特神　　图 21　塞特的妻子娜芙提斯女神　　图 22　骚特神

在埃及宗教史上，出现过无数个神，有的非常重要，有的默默无闻。这既要看他们是否能迎合当时埃及人宗教感情的需要，更要看神祇与当时社会政治形势的联系。可以说，所有重要的古埃及神，都是上下埃及统一以后在埃及社会的发展进程中顺应政治、宗教的需要而完善强盛起来的。

关于宗教信仰的书面材料，直到第五王朝才开始出现。不过，宗教主题很早就已存在。宗教信仰的现象，可以从史前墓葬习俗中看到。史前墓葬中有很小的妇女陶像，她们代表原始的生育女神。还有许多泥塑的和陶塑的小动物，可能代表神，颇具有地方性。由此可以推测，早在史前，古埃及各地区就有特定的神或崇拜对象，这些地方神的重要性随着地区的政治命运或加强，或减弱。

上下埃及的统一和王朝历史的开始，实际上是各地方神面临的危机阶段,有的神发展了,成为全国性的神,有的则仍受地区局限,仅为一小部分人所祭拜。国家统一以后,原来是下埃及神的荷拉斯成为最重要的神,连攻克下埃及、建都孟菲斯的希拉贡波利斯的征服者们,也对他顶礼膜拜,荷拉斯神声名更盛。因统一而享有威名的上埃及神,有塞特和骚特。这时,普塔神和拉神也取得了显赫的地位,孟菲斯定为上下埃及的首都对这两位神的地位的上升起了重要作用。在古埃及史上,这种地方神升成全国神的事屡见不鲜。在第一中间期,赫拉克来俄波利斯在政治上变得十分强大,当地的阿萨菲斯神曾获得短时间的最高地位,但在最后角逐中,底比斯战胜了赫拉克来俄波利斯,并统一埃及。底比斯原来鲜为人知的阿蒙神一跃而成为最重要的神之一。底比斯诸王在新王国初期举着阿蒙神的旗帜驱逐了喜克索人,重新统一埃及并大力向外扩张,阿蒙进而成为埃及帝国的主神。第二十六王朝的国王们来自赛斯,那里的奈特女神自然也变得至关重要(图23)。在历史的长河中,这些地方神互相影响,互相作用,各在古埃及神话

图23 手握武器的奈特女神

中占有一席之地,以他们独特的品质为埃及宗教增添了丰富的色彩。

在早期,绝大多数古埃及神呈动物形和非生物形,南北统一以后,不少神祇开始具有人形,至少身体是人身。只是,兽形神依旧存在,其中,以人身兽头形神最为多见。

人们可以从埃及神手中所持的物件来识别各位神。"玛奥特"头上插有鸵鸟羽毛。树木女神手拿一根树枝。纳发顿手举象征物莲花。女神萨勒基斯总是头顶一只蝎子。一般来说,从前王朝开始,埃及神祇手持的最

常见物,是表示"生命"和"权力"的两个象形文字。

埃及诸神的服饰基本相仿。女神们身穿长紧身衣,肩上有条带子。男神们穿古朴时代的带褶短裙,有的还配上有肩带的衬衫。俄赛利斯、普塔、敏三神,全身都由紧身袍子遮盖。只有年幼的神才裸露身体。女天神穆特有时也裸体。埃及神不赶时髦,很难从他们的服饰上看出他们所处年代的时尚。几乎每一个神都有好几种形态,借以表达他们不同的特性。但他们也都有自己最常采取的形状。

就神学而言,以赫利奥波利斯和赫尔摩波利斯的理论最为复杂。其他宗教中心虽也有神学,但发达程度不及这两个中心。神学是祭司们的创造,普通人无法接触和理解。赫利奥波利斯和底比斯高度发展的神学,曾对王权概念的形成有重大影响。大多数平民对玄妙的创世神话的诸神不同凡响的行为举止,最多知道个大概,对他们崇拜的神的特性,所知也是凤毛麟角。这是因为神庙是为祭司们举行宗教活动而建立的,并不让百姓到神庙去祭拜。祭司们祭神,自然以所有人的代表自居,毋须邀集俗人参加。偶尔遇到节日让大众参加,也只是因为大规模游行的热闹场面需要。阿拜多斯有一个宗教节目,是送葬队伍走向传说中的俄赛利斯陵墓,要演出瓦普瓦特神如何为俄赛利斯报仇,那就不能只限于祭司参加了。

普通人很崇拜那些生前声名卓著、死后英名长存的人。他们的形象亲切而具体。如伊姆荷太普,是著名的医生和贤人,就很受人们的崇拜(图24)。在底比斯大墓地,工匠们崇拜阿蒙诺菲斯和他的母亲,把他们看作是墓地的守护神。新王国以后,不少外国神赢得了众多的追随者。外国神由远征归来的战士、外国俘虏和工匠带进埃及。他们之所以对普通埃及人具有强大的吸引力,是

图24 伊姆荷太普

因为这些外国神与统治埃及的全国性宗教无关。不论任何社会等级的人都可以信仰和祭拜。从埃及北部的塔尼斯到南部的底比斯,就有很多人崇拜阿纳特、阿斯塔特、夸底斯等外国神。

除崇拜地区神之外,普通人还相信巫术,信奉那些能保护他们免遭生活灾难的神灵。古埃及人认为,正确的巫术会使幻想变为现实,书面上的神的形象或有害物的躯体,都有可能活起来在人世间活动,所以在象形文字中,被认为是有害的或不祥的动物,都用刀把它们的身躯切成两段,使之不能加害于人。巴斯神是个矮子,貌似狮子,在古埃及人的心目中,他保护着千家万户,且带来幸福。人们把他的雕像放在床边枕旁;镜子把手等器皿也制成巴斯形状,护身符上刻有巴斯的图像,以驱逐毒蛇等物。

在古埃及宗教中,创世神和最重要的神都与太阳有关,但享有"神中之王""王之君主"等称号的,并不限于几个特定的神,任何一个崇拜者都可以把最美最好的颂词献给自己信仰的神。至于他崇拜的神是否强大,是否与拉神和阿蒙神有关,则无关紧要。赫尔摩波利斯骚特神庙里一个石碑上,把骚特称为"拉的儿子""神之首领"。新王国时期,底比斯阿蒙神的一个祭司墓里有这样的话:"俄赛利斯是独一无二的王,是空前绝后的王中之王。"因此,对古埃及的宗教现象,完全用政治观点去解释是不行的。诚然,埃及诸神有重要和次要、地方性和全国性之别,但综观古埃及宗教史,神与神之间基本上是平等相处的。这种现象的最终答案还应从古代埃及人的宗教思想中去寻找。

每个神在他的信仰者心目中等于所有的神,占据至高无上的地位,享有绝对权威。信仰者敬神时体验到的,只有他所信仰的神,其他神都隐没了。宗教与幻想和情感有密切关系。早期的人对他生活环境的自然规律所知甚少,对周围事物和自然现象既害怕又敬慕,怀有难以克服的孤独感和寂寞感,他们感到需要自然界的爱抚和保护。由于史前埃及境内存在的地区性神祇毫无舍弃地被纳入埃及王朝时代的宗教，因此，与基督教和犹太教相比，埃及宗教的自发性要浓厚得多，而"人为"的成分则比较少。在上下埃及统一以前，长期的南北争雄不能不留下深远的影响。在统一的埃及，国王是上下埃及两块国土的君主，王冠是红白两种，王权的象征也由两部分组成。在古埃及人的思维中，绝对的、完全单一的事物是不存在的。

埃及宗教里的每个神，都有像。这些神像由石工雕刻，然后放到神庙的神龛里。各地的神庙供放当地崇拜的神像。据说，神像安置好以后，天上的神要下到神庙，进入自己的神像。这种"下凡"，是通过伪装成鸟的神的活体的一部分"巴"来实现的。"巴"给予神庙里的神像以活力。凤凰是俄赛利斯的"巴"，公羊是拉神的"巴"，鳄鱼是索白克的"巴"，等等。值得注意的是，上述神的整个形体往往也由他们的"巴"来代表，凤凰代表俄赛利斯，鳄鱼象征索白克……在理论上，诸神的"巴"下到各自的神像以后，神像就具有生命，能行使神的职权了，但人们还是要在安置神像以后举行一定仪式，如给神张开嘴（称为"启口"）等，以使神像"活过来"，具有神性。

上述种种，看上去似有矛盾，或前后重复，但在古埃及人眼里，却非常自然也十分必要。古埃及人的形象思维虽然有时还缺乏逻辑性，但已绘出了具体的幻想世界。基督教和犹太教里的天国，具有模糊性，来世生活显得抽象，人们只知道现世行善、忍耐，死后可以升入天国，获得荣华富贵。而古埃及人对天国、天国里的生活，以及如何进入天国，都有具体和形象的描绘。

第四节　神庙和宗教活动

古埃及宗教几乎是一成不变地延续下来，即便有变化，也是暂时的。这一点，在神庙建筑上有明显的反映。托勒密时期的神庙，可以说是古王国神庙的复制品。每当一个神庙建成,墙壁上都刻有"我完全是按照传统的模式建成的。没有增加一个细节,没有减少一个细节"①等字样。这表示人们对传统的尊崇,对神的虔诚。

神最早的居住地是天。那尔迈调色板上,顶端的女天神呈母牛头形的两个头像,正注视着地上发生的事件。当古埃及人说及地上的神时,指的乃是国王。

古王国衰亡以后,古埃及人迫切地需要弄清神的住址。这种意识给大部分神增添了地方色彩。

有一首献给阿蒙神的颂歌里明确地说,创世神的"巴"在天上,神同人一样,尸体在阴间,而偶像在地上,供人们膜拜。这样,创世神就高踞于整个世界之上,阴间是神的暂时居住地。神的"巴"和尸体每天晚上在阴间相会。在人间,神则生活在他的化身里,即国王、雕像、神圣的动物、植物等物体之中。

对古埃及人来说,偶像意味着真正的神的存在。神庙是人间的天宇,是神在人间的寄居地。祭司每天打开神龛的门,就是在打开天宇的大门。古埃及神庙是古埃及人世界观的具体体现。神龛是庙宇中最重要的一个部分,也最高,它代表着宇宙诞生之地——原始土丘。神庙的天棚上,雕刻着星星,柱子呈荷花和纸草花形状,象征创世神创造世界时的原始沼泽。

神庙正面设门楼。沿着中廊走去,尽头是一间长方形的小室,即神龛,神像就安放在这里,壁浮雕表现祭司们如何照料神像。神龛周围是走廊。走廊一侧的房子,是存放举行宗教仪式必需品的仓库。神龛前面是两个小门厅和一条大柱廊。这些屋子里的宽敞程度与人们通常居住的房

---

① 西格弗雷·莫兰兹:《埃及宗教》,第113页。

子一样。大殿前面是由一系列巨柱围成的庭院。那是供参加节日的人祭祀使用的,称作"众人堂"。大殿和庭院都有围墙。

祭祀仪式主要有两种,一种日常仪式,一种节日仪式。日常仪式在每天早晨举行,祭司打开神龛,匍匐在神像前,熏以香火,使之洁净、芳香,再放上花冠,为神像抹油,用化妆品装饰一新,最后,祭司把自己的足印抹去,退出。祭祀时的每一动作,都有规定;每一过程都有神话作依据。宗教仪式是与神话紧密结合的。举行这种仪式的目的,是使神像充满生气,永远居住在神庙里。仪式由高级祭司秘密进行,不能让别人看见,因而是在黑暗中完成的。整个神龛严密无缝,只让前厅的微弱光线从屋顶或墙壁小孔射入。人们相信,宗教仪式秘密进行是为了公众的福利,有利于所有信徒。神由于每天的仪式而常驻在神像内。神庙是神的安居地,也是整个世界的缩影。神庙把天与地紧密地连接在一起。神龛即天国。神龛门上画着眼睛,名为"天国之窗"。

逢到节日,神要同公众"见面"。人们聚集在神庙的庭院里,举行献祭。各神庙都有很多节日,内容因神庙的位置和祭拜的神的不同而相异。宗教节日大致有三类。一类与季节有关,如尼罗河水泛滥,植物的生长等;一类与国王有关,如国王加冕,国王登位 30 年纪念等;第三类主要根据神话里的诸神活动而形成。对公众来说,这三类节日都是一样的,他们关心的是,到了节日,神就要"露面"了。

到了节日,祭司们把放在神龛里的神像用小船抬到外面,有时甚至抬到远离神庙的另一个举行节日的地方。如丹达赖地方的女神哈托尔神像,被抬送到伊德富去会荷拉斯神;卡纳克的阿蒙神要抬到位于卢克索他自己的后宫去。神出现在他的崇拜者中间是节日的关键。古埃及语中,"节日"一词就是从"(神的)出现"演变而来的。

无权参加日常祭祀仪式的公众,在节日里不仅能见到放神像的神龛,而且可以参加舞蹈、唱歌等项目繁多的活动。香烟缭绕，人群伏拜，甚至饮酒过量、喧嚣嬉闹的现象，都随处可见。布巴斯提的节日盛况，很值得一提。布巴斯提人为当地女神巴斯苔特举办节日时，成群的外地人专为参加节日而来，整个地方人山人海，根据神话举行的大型比赛，场面更是壮观。

念赞颂诗是日常宗教仪式的组成部分。首先是念应祷文，在早晨唤醒神。祷文最初是献给国王的，后用于每日早晨升起的太阳神，最后用于所有的神。在节日仪式上，人人都得背诵赞颂诗。有的节日，还有专门的唱诗班演出。

赞颂诗的主要内容是赞颂神的特征和作用，要说出神的名字，神与神庙所在地间的关系，提及与神有关的神话，描述普通人看不到的神的形象。有的赞颂诗不用作仪式，而是作为文学创作的。但是，无论是作为文学作品的赞颂诗，还是作为仪式上的赞颂诗，都能唤起和满足人们表现自己虔诚敬神的心理。从国王到平民，只要是古埃及社会中的成员，对神的作用都有体会，都承认神是值得赞颂的。人们赞颂神，向神献祭，自然希望神能给他们带来恩惠。神与人之间逐渐变得互有责任。献祭和期待是并存的。这种发展可能造成两种潜在的危险，一是过于注重宗教仪式的外部和物质方面；二是人们敢于以不举行宗教仪式来"威胁"或"惩罚"神。不过，应该说明的是，古埃及神的恩惠并不单纯见诸物质，人们深信，所有的一切都是神完成的，国王征服邻国也是神的功绩；一个人的出生、长相或身体状况，也与神的作用有关。

在古埃及，祭司在理论上代表神化了的国王，实际上也是执行国王负有的职责。祭司阶层的发展，极大地影响了整个国家的社会经济结构，同时祭司阶层也受到这一结构的影响。照料神像属高级祭司职权。神庙的其他事务由俗人祭司完成。这些俗人祭司在信徒和神庙之间形成广泛的中间阶层，尤其是在小地方，这些人具有决定性的力量。俗人祭司在古王国和中王国非常普遍，后由专职祭司取代。因为新王国开始，流行个人直接祭拜。可以说，古王国和中王国为数众多的俗人祭司，促进了神庙外普通人虔诚信奉宗教的心理。

在古埃及，普通人一般通过祭司这样的中间环节，与神或神庙相联系。人们到神庙去，述说自己的难处，祈求神的帮助。在神庙庭院里，立有雕像。那是管理入教者的书吏的雕像。立雕像的目的，是为公众提供与神接触的条件。有一个雕像上写着："你们，来自上下埃及的人们，从南北来到底比斯向神祈祷的人们，到我面前来吧。你们说的话会传到阿蒙神那里。我是由神任命来倾听你们的请求的信使。我会把一切都向他（阿蒙神）呈报的。"

阿庇斯神和迈尼维斯神是专门为普塔神和拉神传送消息、旨意等的信使。阿庇斯和迈尼维斯把公正的事情禀报给普塔和拉，再传下神谕。祭司中的最高职位，叫"送信神的仆从"，只有他才有权把呈送给神的书面请求收集起来并解释神的判决。这些判决包括什么是正确的，什么是错误的，以及人们在生活中可能想象到的问题。在古埃及，从普通人到国王，都寻求这种判决。

逐渐地，人们变得可以到神庙去祈祷了。他们默默地祈祷献祭。神的住处最忌喧闹，信徒们应当用一颗敬爱神的心无声地祈求，神才会听到祈祷，接受祭品，回答祈祷者的要求。

除神庙祭祀之外，还有其他的拜神活动。在古埃及人的生活中到处都可看到对神的崇拜。给新生婴儿取名时，父亲或其他取名字的人，口述神和自己或孩子的关系，求神给孩子带来幸福。古埃及人还在家里供放神的雕像，按规定仪式向神献祭和祈祷。

从古王国开始，各神庙的日常仪式趋于标准化。这种仪式源于赫利奥波利斯的拉神神庙。在各地举行的仪式中,所祭拜的神都被当作拉神。拉神具有全国性的影响,是由于赫利奥波利斯神学的巨大作用,而且还因为国王是拉神的儿子,是各个神庙名义上的最高祭司。

古王国末期,对俄赛利斯的广泛崇拜,促进了宗教仪式的模式化。国王和神之间的关系,国王和神之间的关系,与荷拉斯和俄赛利斯的关系相等同,在宗教仪式中,神成为俄赛利斯,国王是荷拉斯。

从中王国开始,源于赫利奥波利斯的对太阳神的崇拜,与对俄赛利斯的崇拜在宗教仪式中融化结合。举行宗教仪式,旨在加强国王和神的联系。对国王来说,这种仪式至关紧要。但对普通人来说,情况有所不同,除非他们认为自己的命运与国王紧密相连,国王的平安就是他们的平安。在理论上,日常宗教仪式的主持者是国王,而实际上则是由高级祭司代替国王完成的。在神庙浮雕上,出现的是国王为神举行仪式的形象,因为重要神庙的重大节日,是由国王亲自主持宗教仪式。

仪式开始于清晨,国王向神庙行进,到所谓的"晨室"净身和穿衣。每座神庙旁都建有"晨室"。在晨室里,打扮成荷拉斯、骚特,或者荷拉斯、塞特的祭司们,先从圣水池里取水喷洒在国王身上,然后再让他用泡碱净身,穿上相应的衣服,拿着仪式所用的器具。这项仪式由国王主持还是由国王的代理人主持,形式都是一样的。国王进入神庙后,首先点上香炉,走近神龛,揭开封缄,打开门,向神献上香料以后,屈膝致礼,默念赞颂诗,再献上蜂蜜,尔后把神像从神龛里搬出,脱下神像身上前一天的衣服和装饰品,清洗像身,然后替神像穿上衣服,放回原处,神龛前有一供桌,上面摆设着各类食物,国王象征性地把每种食物祭献给神后,关上神龛门,封好。日常仪式是神庙的主要活动,但与普通人没有关系。

各神庙都有日历,记载神庙一年中的节日。小的宗教节日,一般就在本地庆祝。全国性的大节日,参加人数极多,活动热烈而隆重。很多节日与季节变化相合,这反映了节日与农业的密切关系。例如,敏神的节日,是秋收季节的开始;孟菲斯索卡瑞斯神的节日,在尼罗河泛滥季节结束之时;还有不少节日,乃诸神相互"串门"或者"探亲"之日。底比斯每年泛滥季节的第二个月,是阿蒙神从他卡纳克的神庙出发到卢克索神庙去探亲。在尼罗河上,载着阿蒙神、穆特女神和他们孩子洪苏神的神像的三艘船齐头并驶,场面十分壮观。这一节日,国王总是御驾亲临。另一个隆重的节日,在夏季的第二个月,阿蒙神离开卡纳克,渡过尼罗河,去访问西岸的神庙。墓地的工匠们都踊跃参加庆祝活动。

对国王来说,最重要的是赛德节。这一天,人们重温上下埃及的统一,重新确立国王至高无上的地位。赛德节通常定在国王即位30周年纪念日那天,以后每三年庆祝一次。但很多国王在统治年限不足30年时就过赛德节,举行庆祝活动。有的国王从当王子起算,一到30年就举行赛德节日庆典。庆典在孟菲斯举行。这一天,所有的神都来向国王致敬。庆典包括许多活动项目,其中一项是国王坐在轿舆里,前去拜谒荷拉斯神庙和塞特神庙。骚特和塞特两神各给国王两支箭,然后国王把四支箭射向四方,象征射死四方之敌。

古埃及神庙的祭司有等级之分。第一等级称"神的仆人",第二等级叫做"净身者"。直到新王国,很多神庙的主要祭司都由地方官吏担任。在中王国,各州神庙的最高祭司是州长。"净身者"分成四组,每组在神庙服务一个月。他们的报酬或来自神庙的收入,或从人们献给神的供品中提取。祭司也得为国家服役或交赋税,但可以用特殊的理由要求豁免。在新王国,祭司阶层因免交赋税和国王向神庙的大量捐赠而变得十分富有。到第二十一王朝,底比斯的阿蒙神祭司们富可敌国,他们终于在埃及王国内建立起了权倾朝野的祭司政权。

很多重要的神庙,是在国王的亲自过问下建立起来的。建造神庙的步骤非常繁杂，先要勘察地形，选点，通过星象观测确定神庙的四个边角，由国王摆放四个边角的砖头。砌墙时，要把许多小的工具模型和护身符等放入庙墙凹处。神庙落成后，要对它进行一番"净化"。最后由国王主持仪式，表示这座神庙是奉献给哪一位神祇的。

建筑神庙不是一蹴而就的，而是要经由一任又一任的国王连续不断的努力才能告竣，有时结构还会有变动。埃及神庙中，数卡纳克的阿蒙—拉神庙最负盛名，它包括附属神庙、圣湖和其他一些建筑。庞大的神庙不仅是宗教中心，而且是大土地所有者。掌管土地及其收成，需要大量非祭司人员。每一座神庙建成，当国王说明是献给某特定神明的时候，要附送一定数量的土地，以解决神庙的经济问题。最初，古埃及所有的神庙和土地，都是国王的私有财产，个人拥有土地的多少取决于他在国王跟前得宠的程度。后来，神庙或个人占有土地，须凭持它（他）们的势力。这样，神庙占有的土地越来越多，甚至有的位于下埃及的神庙，在上埃及还占有土地。到了新王国时期，大片土地划为神庙领地。据记载，拉美西斯三世一生赠给神庙的土地，占古埃及可耕地的十分之一。土地上的居民和手工业作坊等，往往也跟随土地一起归属神庙。农民的收成和工匠的产品用来满足神庙的大部分需要。大神庙有时还占有曾属国王专利的开矿权。

第五节　古埃及人的来世说

死亡是人类早欲了解的秘密。古埃及人对死亡深感恐惧。尼罗河谷狭窄的可耕地被漫无边际的沙漠所包围。在中埃及和上埃及，人们可以清楚地看到富庶的田地和荒凉的沙漠之间的明显分界。出于经济上的考虑，古埃及人的墓地不选在可耕地里，而在沙漠边缘。这就使人以为沙漠与死亡有联系。

关于古埃及人对死亡的态度，可参看新王国时期一座墓室里的铭刻："原来喜欢走动的人现在被禁锢着；原来喜欢穿戴盛装的人现在则穿着旧衣服沉睡；原来喜欢喝的人现在置身于没有水的地方；原来富有的人现在来到了永恒和黑暗的境界。"另一个墓室的墙壁上写着："西部（死者的领域）是睡眠的国土，漆黑无光。死者在那里唯一的事情就是睡眠。他们从不醒来见他们的父亲和母亲。他们看不到他们的弟兄。他们的心里没有妻子和儿女。生命之源的水对他们只是渴。"①

这种对死的恐惧，对生的依恋，在埃及特殊的地理环境中更为突出。古埃及人希望死后复生，继续享受人间的快乐，惧怕一死就永远睡下去，再不能醒来回到快乐的人世。这种矛盾的心理在他们的宗教生活中有充分的反映。

他们生前就着手建造墓室，购置棺材，雕刻墓壁，为亡故者举行各种仪式，这些都是为了让人死后能有一个安居地，以便复活后能同前世一样吃喝行乐。雄伟的金字塔，庄严的神庙，庞大的雕像，深入山坡的墓室，精心制作的木乃伊，以及护身符等，都是古埃及人渴望灵魂不灭、追求死后复活的产物。

巨石建成的金字塔，反映了古埃及人对石头坚固性质的热爱。金字塔的原料、规模，当然是理解古埃及人永恒概念的一个方面，但也可以从中看出古埃及人对世界和生活所具的信念，他们试图用这种艺术形式来克服时间的消蚀。"埃及图画和雕刻从不涉及时间，它们只表示状态而不表示变化。"②不妨认为，古埃及艺术家对时间观念所持的态度是由他们对死亡的认识决定的，反映了他们企图取得永恒效果的动机。

---

① 沃尔特·沃尔夫：《古埃及文化史》，第483页。
② 同上书，第51页。

埃及的土壤和气候条件对古埃及人的来世信念有密切的联系。在干燥高温的沙土里，尸体很快变干，是真正的皮包骨，以后也很少变化。古埃及人挖掘墓坑埋葬死人时，常会发现很久前埋下的干尸脸部面貌仍然依稀可辨。尸体的这种状态，使他们相信人死后在另一个世界继续生存，进而想象死者的世界和他的生活情景。史前墓中的随葬品，包括陶器，石制工具、武器、器皿和装饰品等，显然都是用来满足死者来世生活需要的。

古埃及人对来世的观念，逐渐变得复杂而完备。卢克索神庙墙壁上，有一幅极其形象而逼真地描绘阿门荷太普三世出身的浮雕：神双手抱着王子，旁边还有一个形状完全相同的孩子。这后一个孩子叫做"卡"①。每一个人生来都有他的"卡"伴随，到他死后进入来世，"卡"才起作用。见人去世，古埃及人就说他是去加入他的"卡"。因此，负责提供死者在来世所需物品的殡葬祭司，也叫"卡"的侍者。

按古埃及人的观念，人生在世，主要依靠两大要素：一是看得见的人体，二是看不见的灵魂。灵魂"巴"形状是长着人头、人手的鸟。人死后，"巴"可以自由飞离尸体。但尸体仍是"巴"依存的基础。为此，要为亡者举行一系列名目繁多的复杂仪式，使他的各个器官重新发挥作用，使木乃伊能够复活，继续在来世生活。

亡故者在来世生活，需要有坚固的居住地。古王国时的金字塔和中王国、新王国时在山坡挖掘的墓室，都是亡灵永久生活的住地。古埃及人认为，现世是短暂的，来世才是永恒的。这就是在埃及看到的都是陵墓和庙堂，而找不到古代村落遗迹的缘故。

古埃及人的来世生活，与现世相似，而且与现世联系紧密。他们非常喜欢宗教庆祝活动，希望死后仍生活在现世宗教活动所洋溢出的热闹而

---

① "卡"在古埃及语里，意为"精神"。

欢快的气氛中,像生前一样同亲友一起在神庙庆祝宗教节日。为此,古埃及人总是把死者的雕像立在神庙的庭院内。有时,国王恩准某官员死后在神庙大门内立像,那是一种奖赏,似乎雕像可以代表死者参加宗教节日活动,得到神的保护。

古埃及的文物,大都来自神庙的墓葬。这从表面看,是古埃及人笃信灵魂不灭、迷恋死亡和墓葬的反映,但如对他们的日常生活和非宗教因素作进一步考察的话,就会发现,古埃及人对死亡表现出来的兴趣,主要是因为他们对生活的热爱,对埃及这块土地上一切美好事物的眷恋。古埃及人对来世最大的愿望,是享受到在尘世生活中他们就渴望得到的东西。由于每个时期流行的宗教思想并不相同,人们对在争取来世理想生活的过程中,会遇到什么困难的想象,也不尽相同,但最终目标则很一致,那就是死后进入来世得到永生。最早的简易墓葬里,就已放入供品和器皿。以后,殡葬越来越讲究,安排越来越细致。这都是为了尽可能满足亡灵在来世中的享用。古埃及人认为,来世社会也是分等级的,国王仍是国王,贵族仍是贵族。国王和贵族的墓葬自然就十分豪华。留存后世的有关埃及人墓葬习俗的材料,也主要来自国王和贵族的墓穴。人们追求来世的享受,死后最重要的是自己的名字要保留下来,身体也应保存完好,要有人伺候,不断提供食物和饮料。于是,古埃及人的尸体被制成了木乃伊,墓室墙上刻有亡故者的名字,食物、饮料等生活必需品,也进入了壁雕的画面。

古王国末期,俄赛利斯的传说广泛传播,信仰者日众。人们对来世的概念也进一步发展和丰富。通过对俄赛利斯的崇拜,人们认为人死后不分职位、等级都可复活。俄赛利斯是幽冥之王,能让死者复生,使死者也变成俄赛利斯。但在此之前,须通过审判(图25),只有宣布为"清白"的死者,才能升入天堂。审判时,有42个陪审神参加,称死者心的天平由墓地豺神阿努比斯监督,骚特神作记录。

第三章 古埃及宗教

图25 俄赛利斯的审判庭

死者复生的首要前提，是作为灵魂依附的尸体必须保存完好。在史前时期，尸体埋在挖得很浅的墓穴里，上面覆盖兽皮或编织物。灼热干燥的沙子，蒸发作用很强，使尸体变干。因此，尸体不仅骨骼完整，外皮无损，而且还留有部分头发。史前末期，墓葬渐趋讲究，出现墓室，尸体不与沙子直接接触，无法实现自然蒸发。为达到以前的自然效果，人们只能另想办法。他们用亚麻布紧裹尸体以防止腐烂，但未成功。直到第四王朝，古埃及人才认识到尸体防腐的一个必要步骤，是取掉内脏。但从古王国或中王国时期保存下来可以称为"木乃伊"的尸体，仍寥寥无几。到新王国时期，人们懂得了让尸体脱水和取出内脏、脑髓是尸体保持不腐的先决条件。人从死亡到入葬需70天。其中，一半时间是花在尸体的干燥上。人一死，要立即把最容易腐烂的部分从体内取出。在左下腹切开一个口子掏出内脏。脑髓通过筛骨从鼻孔抽出。古埃及人认为，心脏是思维和理解的器官，必须留在体内。尸体脱水借助干泡碱完成。内脏也单独进行脱水处理。最后，用亚麻布填充胸腔，再缝合腹部切口，贴上一块画有荷拉斯眼睛的皮。古埃及人相信这种皮有强大的愈合力和保护力。眼窝里有时也用一团布堵上或者安上人造眼睛。尸体涂上油、香料和树脂后，用多股绷带捆扎，以弥补尸体在脱水过程中收缩干瘪而出现的走形。

尸体和绷带之间，夹有许多护身符。护身符中最重要的，要数放在胸口的甲虫形宝石。宝石上刻有一些话，主要劝告心脏不要在死者受审时，提出一些不利的佐证。除圣甲虫护身符外，荷拉斯的眼睛、伊西丝的腰带、国王的权杖和神的小雕像等，都可用作护身符的象征。

为保证死者在来世重生，保存好取出的内脏也非常重要。从古王国到托勒密时代，沿袭下来的保存方法，是将这些用香料处理过的内脏分装在四个坛子里，分别由四个小神守护：荷拉斯的儿子杜阿穆特夫守护胃，凯拜赫桑努夫守护肠子，哈比守护肺，阿姆西特守护肝。四个坛子又分别象征四个女神：奈特、萨尔基斯、娜芙提斯和伊西丝。直到第十八王朝，四个坛子的盖子都呈人头形。后来，古埃及人把四个盖子分别雕成四个守护神的头像。杜阿穆特夫是个豺头，凯拜赫桑努夫是隼头，哈比是猿头，阿姆西特是人头。

古埃及人把一些动物视作神的化身。这一观念发展到一定程度，就出现了动物木乃伊。一般说来，把大量动物制成木乃伊并全部葬在一起，是希腊、罗马时期的做法。动物的墓地，位于崇拜该动物的地区附近。布巴斯提是崇拜猫女神巴斯苔特的中心，有一个巨大的猫墓地。赫尔摩波利斯有一鹮墓地，因为当地的神祇是鹮头的骚特。动物被制成木乃伊后，只剩下骨骼，但经过捆扎，形态却很逼真。

制作木乃伊的工作极其精细。女尸头发里有另外添加的头发，或编成辫子，或松散地披下来，以显得完整。死者的鼻子因制作木乃伊时抽取脑髓而遭损坏，得安上木制鼻子弥补。

尸体制成木乃伊以后，进入来世就能复活。下一步是供给食物、衣服和装饰品。在古朴时期的墓中，供品只是一二件土制或石制器皿。王朝时期，墓内供品逐渐增多。不少富人生前出钱或以土地为代价雇人看管他们死后的墓。受雇人员负责定时在墓室的供桌上摆上供品,念颂祷文等工作。在底比斯这样的大城市,墓地和守墓人的住房交错分布,连成一片,被称为"死人城"。

但是,长期给死者奉献花式繁多的供品,对死者家属来说,是个沉重的经济负担,往往难以为继。许多人担心死后家属或雇用人员不能永远为他们提供吃喝穿用的物品。于是,墓壁上开始出现食品、衣物、用具等物的图案。人们揣测,这些图案通过宗教仪式或巫术会变成实物,供死者永世享受。有时,人们只列出供品的单子,然后到墓室大声念单子上供品的名称。古埃及人对这种呼之即出的巫术深信不疑。

较大的墓室壁上,还刻有狩猎、战争、耕耘、宴会、与国王的接触和家庭生活等图案。古埃及人认为,这些壁画能使死者像生前一样生活得丰富多彩。

陈放棺椁的墓室和备有供桌的墓室是分隔开的,中间有一假门,实际上并不相通。按古埃及人的想象,死者显然有能力穿过假门到供桌前来享用供品。

古埃及的墓葬仪式隆重而且包含宗教意义,这使每个人都希望死后埋在家乡,按习俗办理丧事。儿子把客死异国的父亲运回国内安葬,是值得称道的嘉行,也是应尽的本分。古王国末期,一个王室官员在努比亚过世,国王首先派官员之子去努比亚寻找其父的尸体,运回国内。尔后,又派制作木乃伊的人员带着所需物品到埃利方太尼去接应。当国王允许一个外国移民日后享受埃及式葬礼,这说明国王对该移民抱有强烈的好感。

古埃及人相信的来世究竟在哪里呢?回答是在埃及的西部。因为,那是太阳神走完一日路程后的休憩之地,也应该是人们在现世生活之后得到永恒生命的地方。古埃及人始终认为阴间也有阳光。白天,太阳照耀人间;晚上,太阳来到阴间。夜晚是亡灵们的世界。俄赛利斯作为阴间的主宰,他决定哪些死者在阴间复生,哪些应当永远死去。

　　史前时期,人死后不用棺材。从王朝时代起,人们用编织物裹住尸体放进墓室。早王朝的棺材只是简单的木头箱,或芦苇编的袋子。从早王朝末期起,棺材是用进口松木做成,每一面都有两只荷拉斯的眼睛,其作用一是保护尸体,二是让死者能看到外面的情况。有的棺材还刻有很多其他内容。第一中间期墓葬不及古王国的豪华,仅在石棺内壁刻有许多铭文,叫做"石棺铭文",它与古王国金字塔墓室墙上的"金字塔铭文"性质相同。所不同者,金字塔铭文只见于国王墓室内,而石棺铭文则可刻在任何一个棺材内壁。这是古王国末期王权衰落、来世观念大众化的结果。刻石棺铭文的目的,是保证死者在来世能平安享乐。石棺一般用于王室墓葬。到新王国时期,棺材多呈木乃伊形,内外壁画有许多宗教画面和护身符图案。画面用黄色作底,绘上各种颜色,最常见的是长着翅膀的太阳光圈,长着翅膀的甲虫,另外还有死者祭神、长着翅膀的保护神,殡葬队伍、阴间审判庭、俄赛利斯的复活等景象。

　　墓葬中的器具,随着时代的发展,由简陋的陶器向家具、首饰等贵重物品变化,后来,出于经济的考虑,这些实物都用模型代替。值得一提的是,随葬品中有一种东西叫作"萨布提"。古埃及人认为,在来世同在现世一样,也要劳动。每当尼罗河泛滥过后,人们就得修坝、挖渠。有钱人可以出钱雇人参加劳动。没钱没势的人就发明了萨布提来代替死者在来世做替代苦力。有一个棺材上写着这样几句话:"嗨,萨布提,如果N(棺材之主)被征参加劳役,即耕地、灌渠、运沙,那么,你就说:'我来干。'"①早期的萨布提用木头或蜡做成,呈木乃伊形,上面只刻死者的名字,然后放入棺内。新王国时期,萨布提多用石头雕成,他们手拿篮子、锄头等工具。

---

① 沃尔特·沃尔夫:《古埃及文化史》,第321页。

国王墓里的萨布提,非常精致。

从第十八王朝起,墓内放进纸草纸铭文,这种做法后延及各朝。这种纸草书叫"亡灵书",由金字塔铭文、石棺铭文演变而来,目的也是为了保证死者来世生活满意。

古王国末期到中王国之间,随葬品中用反映家庭、农业等活动的木刻模型,取代了墓室里的画面和浮雕。

上面提及的金字塔铭文、石棺铭文和亡灵书,都具有很高的文学价值。但在当时,它们具有的功能是宗教性的,如描绘来世生活,记载亡灵将会碰到的困难,以及如何克服的办法等。亡灵书里还有到达来世的路线图。

古埃及人当然明白,他们死后用第一人称写就的金字塔铭文、石棺铭文或亡灵书,同自己生前的所作所为很少相符。他们生前做过错事,要在神的面前文过饰非,却很难躲过神的惩罚,亦即可怕的"第二次死",于是就借助于巫术,企图使他们的谎话不被神看破。令人惊奇的是,古埃及人一方面把巫术说成是神赐予人类的礼物,使人类不受邪恶的侵扰,另一方面又认为巫术可以阻止神惩罚他们生前的罪行。在咒语里面他们甚至自称是神,以吓唬、讹诈那些人们信奉的神祇。

古埃及人确信,知道一个人的名字意味着可以支配他。相传,伊西丝曾使用巫术使创世神拉说出自己不为人知的秘密名字。拉的这个秘密名字有治愈百病、起死回生的魔力。伊西丝借此魔力治好了俄赛利斯的伤口。这类故事在亡灵书里屡见不鲜,以便死者在来世遇到意外时,能从中借鉴,求得神的治愈术。在大多数情况下,死者生前虽然并不理解也不会读陪葬的纸草卷,但是,这却无关紧要,只要身边有咒文,巫术就能带来魔力。

后来,古埃及人发明了一种更为简单的防身术。他们制作很多石板,叫做"荷拉斯石板",上面刻有年轻的荷拉斯神手握毒蛇、蝎、狮子等有毒或凶猛的动物,脚踩鳄鱼的画面,周围附丽其他的图景和咒文。人们把这些石板放在当作底座的盆上,往石板上面浇水。按古埃及人的说法,浇在石板上的水,吸收了石板上的咒文聚在盆内,这样的水含有魔力,能用来防身治病。

古埃及人的巫术,始于史前,在王朝时期有增无减。当社会动乱,收成不佳,特别是王朝后期伦理道德观念淡薄的时候,越来越多的埃及人一心借助巫术满足来世的需要,他们不再把希望寄托在后代和祭司身上。原来墓室供桌上每天要摆放供品,后代之以墓室的壁画或浮雕,就是一例。采用金字塔铭文的形式施行巫术,对穷人来说,力有不逮,而写在纸草纸上的亡灵书,体积小,价格便宜,绝大多数古埃及人都买得起。这样,使用巫术的人就越来越多,连医生给病人看病也使用咒语。在古埃及,医生一职常由祭司兼任。他们把写有咒文的纸草卷让病人贴身放好。在人们看来,这种纸草卷简直无所不能:治病、发财、升官、出名、法庭胜诉、寻找小偷、预卜、得到某人的爱、满足性欲、离间恋人、报复或杀死仇人等,都可以办到。

荷拉斯石板有防身之能,但古埃及人还不满足,他们又发明了一种更可靠的防身术,这就是在墓室或其他地方画上虫豸猛兽或仇敌,画面故意残缺不全,或在所画对象的要害部位插上刀子,使之不能加害于人。这种做法可谓是"防患于未然"(图26)。

与纸草咒文作用相仿的,还有用作护身符的宝石。有的宝石上刻着"请保护佩带者";有的刻有佩带者的名字。一般来说,宝石上常见的镌刻,是人身兽头的神,如阿努比斯、塞特、哈托尔、阿蒙、骚特等,以及由伊西丝、娜芙提斯或阿努比斯守护着的俄赛利斯,坐在荷花上吮手指的荷拉斯,狮头蛇形的赫努姆,祭拜狒狒和其他神明的动物。另外,还有很多护

图 26　残缺不全的象形文字与它们完整形状间的比较

身符上刻着象形文字，如表示生命的安克架符号、表示荷拉斯眼睛的符号和表示兴隆的圣甲虫符号等。护身符的作用，从一般的防身到医治妇科病、帮助妇女安全分娩，千变万化，成了现世和来世生活中不可缺少的法宝之一。在地中海沿岸各区，曾发掘到古埃及所特有的护身符，这证明护身符不只限于埃及，已流传到了国外。

第六节　阿赫那顿的宗教改革

　　对古埃及人来说，神是他们现实生活的一部分。在研究古埃及文化史的过程中，对埃及诸神理解得越深，就越能清楚地了解古埃及人。
　　同世界上其他地方上的人一样，古埃及人最初也是从他们周围环境中感觉到神的存在的，他们用宗教力量来解释自然世界。最早出现的神乃是物质世界的统治者。上下埃及统一后，新的国家形式对宗教有深刻的影响，这种形式也传入诸神世界。人们第一次开始衡量道德价值。人类外部组织的力量和内心道德概念的力量,是形成埃及宗教的两个早期因素。在古埃及,道德说教要比其他地方出现得早。在第一中间期,王权衰弱,地方势力割据争雄,因而,人们渴望公正的社会和仁慈的王权,追求理想的社会平等。埃及诸神一直与埃及的政局息息相关,受到埃及社会要求公正和平等呼声的影响,因此,宗教领域出现的是理想王权的形式。

进入新王国时期,强大帝国形成,人们的视野超出了埃及,他们的宗教思想发生了剧烈的变化,尤其是根深蒂固的多神崇拜受到了严峻的挑战。

在新王国以前,古埃及人一直认为埃及是地球的中心,埃及诸神以保卫埃及国土为神圣职责,埃及神庙的壁画上,有很多表现太阳神在埃及边境建门以拒外国人于国门之外的场面。由于新王国前所未有的向外扩张,埃及诸神只负责尼罗河谷的观念,已不适应形势。

公元前16世纪,新王国诸王特别是图特摩斯三世艰苦卓绝的20年征战,建立了一个遍及地中海沿岸,北达幼发拉底河,南抵尼罗河第四瀑布的大帝国。图特摩斯三世是埃及第一位世界性人物。他建立的世界性的帝国,带给埃及人的影响,无论是在物质上还是在精神上,都是不可估量的。埃及宗教中众神并存的局面,显然与帝国的统治地位不相适应。于是,阿蒙神凭借他是国王所在地底比斯的主神地位,随着诸王出外征战而权势越来越显赫,在图特摩斯三世统治时期,阿蒙神、阿蒙神神庙及其祭司都变得身价百倍。

阿赫那顿(即阿门荷太普四世)登基后,面临两个问题。一是阿蒙神原是默默无闻的地方神,后与拉神结合,他原来就不太明显的特征几乎已被拉神同化,因而与世界性主神的地位并不相称;二是阿蒙神的影响日益扩大,阿蒙神最高祭司拥有的权力已危及国王的绝对统治。

阿赫那顿选择阿顿神来代替阿蒙神。阿顿神以太阳圆盘为象征,他给大地万事万物带来光明和温暖。不仅埃及,而且所有的地方都应能见到阿顿神的光辉,能感觉到阿顿神的温暖。阿赫那顿宣称自己是唯一能与阿顿神进行直接交流的人,任何人必须通过他才能与阿顿神交流。这样,他就代替了原来阿蒙神的最高祭司。

在阿赫那顿即位的一个世纪前,精力充沛的图特摩斯三世征服了周围亚洲和非洲的大片土地。他的继承者们也热衷于这种开拓疆域的尚武生涯。及至大片土地划入他们的版图,贡品源源不断而来之时,国王们的热情转到了运动和狩猎方面。阿赫那顿的父亲年轻时就是个优秀猎手。而阿赫那顿本人的身体却很孱弱,他的爱好也与他的前辈大异其趣。

帝国的迅速扩张强烈地影响了埃及文化,建筑形式一改过去追求重实、成角的造形模式,线条变得柔和而圆滑。埃及士兵常驻国外,异族人也进入埃及生活,这使得埃及人和外国人之间的差异变得模糊不清。此外,埃及神在国外拥有神庙,外国神也被引进埃及。

阿赫那顿国王刚继位时,还信奉阿蒙神,他最初的建筑,也袭用传统方式。以后,他开始祭拜圆盘形的阿顿神。这位新的太阳神从不以人或动物形出现,他的圆盘射出光线,延伸至许多只人手,象征他把幸福赐给人类。阿顿神不像别的神祇躲在神庙幽暗的神龛里,人们可以在光天化日之下祭拜他。献给阿顿神的建筑,式样也很新颖。砌墙石头比以前小多了,而且常饰以赏心悦目的图景。

这位国王在当政的第 6 年,即把自己的名字从阿门荷太普(在古埃及语中,此词意为"阿蒙感到满意")改为阿赫那顿(在古埃及语中,是"阿顿的侍者"之意),从此同阿蒙神断绝关系,宣告了新宗教的诞生。他后又将首都迁至距底比斯 300 多千米的尼罗河东岸的阿玛尔纳。

阿赫那顿在新都继续他的宗教改革。神庙、墓窟的墙壁上的阿蒙神名字被铲除。把死者带入来世的俄赛利斯由阿赫那顿所取代。王后尼弗尔提提也贵如神祇,她的雕像自此竖立在石窟中原来保护女神像的位置上。阿赫那顿作有一首献给阿顿神的优美颂词,歌颂阿顿神不仅给埃及人,而且给叙利亚人、努比亚人以及所有遥远国家的人带来幸福。

阿赫那顿的性格特征之一,是热爱家庭生活。工匠们雕琢的工艺品上,对此有生动的刻画。阿赫那顿倡导的新教,祭拜仪式比较简洁明快,只要求信徒们对阿顿神赐予的生命、光明和温暖表示感恩戴德就行了。阿顿神不同于以往的神,并不惩罚那些不听他规劝的人。阿顿神从来不说"你应该"或"你不应该"这一类的警戒语。新教注重的只是人们在心灵上感知阿顿神。

阿赫那顿热衷于提倡阿顿神,却对国家大事置若罔闻。外国派来的使节,在埃及等了数年也无法见到这位国王。驻扎在国外的埃及军队,因得不到过去那样的重视而焦躁不安,士气低落,军心浮动。埃及的对外贸易也出现不景气的景象。国内形势开始动荡不定,特别是阿蒙神的祭司集团由于宗教地位一落千丈和经济来源中断而对国王极为不满。地方官吏则趁动乱大肆侵吞税款。大多数埃及人把这些都归咎于宗教改革,对阿赫那顿的新教充满怨怼。叙利亚、巴勒斯坦地方的君主也因埃及对他们的冷淡而深感失望,有的国王还企图反叛,显得桀骜不驯。赫梯军队开始蚕食埃及在亚洲的占领地。阿赫那顿政权危机四伏,岌岌可危。

新王国时期建立强大帝国的过程,导致了古埃及人宗教思维的巨大变化。宗教信仰虽然受政治、经济等的影响,但更重要的一个因素,是含有人们的个人情感。尤其在古埃及这样一个信奉多神的国度,除各地的主神外,人人都可以有自己喜欢的神,其原因无法都用政治或经济的因素解释清楚,有可能是该神的特性符合自己的情趣,或与自己的经历有关。阿赫那顿开展宗教改革,也许是为巩固王权,消除阿蒙神祭司日益增长的影响,但是,我们至今还未看到足以证明这类原因的资料。阿赫那顿的先辈，为他打下了万里江山，他即位后，有条件安享太平。从雕像看，阿赫那顿身体瘦弱，带有明显的病态，他没有继承祖先爱好狩猎的传统，却偏爱思维，特别是宗教思维。他为自己设计的精神生活，与象征着向人寰普赐光明与温暖的阿顿神联系在一起，这对虚弱的阿赫那顿来说，无疑提供了精神上的安慰和寄托。国势鼎盛，拥有至高无上的王权，出自个人的宗教情感，阿赫那顿终于掀起了这场大规模的宗教改革。

阿赫那顿殁后，他倡导的宗教改革失去了动力，终于不了了之。但复辟没有马上出现。阿蒙神和底比斯也都没有立即恢复原来的地位。直到哈列姆黑布夺取权力统治为止，人们始终对阿蒙神持有或多或少的冷淡态度。而赫利奥波利斯和孟菲斯的神祇，却受到欢迎。孟菲斯成为新都。阿赫那顿的继承者们显然不愿像以前一样把阿蒙神置于统治地位，作为"诸神之王"。阿蒙神不得不同拉神、普塔神平起平坐了。

到第十九王朝时期，才真正复兴了对阿蒙神的崇拜。西提一世和拉美西提二世在西亚征战时所率领的军队分成四部，分别以阿蒙、拉、普塔和塞特四神命名。

阿赫那顿的宗教改革，反映了埃及人在新王国政治形成急剧变化时宗教思想的变化。改革虽然失败了，然而，这场崇拜阿顿神运动的许多内容被保留下来，在埃及社会广泛流传，对古埃及社会的思想意识、艺术发展都有深刻的影响。

第四章 古埃及建筑

古埃及的建筑，包括金字塔、神庙、宫殿住宅和陵寝墓地等，突出地表现了古埃及人的智慧和才能，数千年来，它们一直伴随着滔滔北去的尼罗河，供人凭吊、瞻仰、研究，成为灿烂的古埃及文化最鲜明的象征，也是重要的组成部分之一。

古埃及建筑表现的艺术样式既独特，又多彩多姿。除其他地区文明也具有的房屋、宫殿、庙宇、城堡和陵墓外，尼罗河畔还矗立着金字塔、方尖碑、狮身人面像那样世界难与为匹的建筑项目。开罗大学教授巴达维是一位研究埃及建筑造诣颇深的埃及学家。他的《古埃及建筑史》（三卷本），把建筑发展史与历史发展结合起来，将古埃及建筑史分为五个阶段，即史前时期、古朴时期、古王国时期、中王国时期（包括第一、二中间期）和新王国时期，又将建筑类型分为四大类：居宅建筑、墓葬建筑、宗教建筑和军事建筑。这样的分期分类方法，将古埃及的各式建筑无一遗漏地安置在一个大坐标上。巴达维教授又根据各类建筑出现时间的早晚，再作划分：

居宅建筑包括房屋、宫殿、府邸、乡镇、城市；

宗教建筑有神庙、享殿、太阳神崇拜建筑、方尖碑、斯芬克斯；

墓葬建筑有平顶石墓（马斯塔巴）、金字塔、石窟墓；

军事建筑分为城堡、重镇、防御设施等。

巴达维教授这本著作的最大特点是细而全，然而，从另一方面看，又显得繁杂、琐碎。我们倾向于综观古埃及的建筑类型，按其主次详略，重点抓住古埃及文明史上两个大的建筑时期，这就是金字塔时代和庙宇时代。

金字塔时代，从狭义上说，是指第四王朝，那时每位国王都有自己的金字塔，而且规模和建造技艺都达到了顶峰；从广义上说，从古朴时代到中王国，都属于这一建筑时期。金字塔主导了这一时期的建筑类型，同时，马斯塔巴和乡镇随之兴起与发展，庙宇建筑开始规则化。

庙宇时代也有狭义、广义之分。狭义上是指庙宇建筑十分兴盛的第十九王朝，广义上说，从中王国开始，庙宇建筑占据了重要地位，以宗教为纽带的人口聚集中心城市兴起，宫殿、府邸、墓地都趋向系列化。

总之，构成古埃及建筑的主体是金字塔和庙宇。许多文学艺术作品把金字塔作为古埃及的象征，无疑是因为它们体现了古埃及建筑总的体系和形态。

一般地说，古埃及建筑可分为木结构、砖结构和石结构三类。古埃及因尼罗河畔有丰富的淤泥堆积，故多一种泥结构建筑类型。中国古建筑中主要类型是木结构与砖石结构建筑，而在古埃及，专门的木结构建筑却为数甚少，大都是泥结构或泥砖结构建筑类型，最引人注目的则是石结构建筑。

古埃及的泥结构建筑多用于民宅建造，墓葬建筑与宗教建筑一般采用砖石结构，木料往往作为辅助性材料。泥结构建筑因本身质地不够坚固，随着尼罗河流域的城市兴衰和一年一度的洪水泛滥，很少能保存下来，因而专家们容易忽略它们在古埃及建筑中的主导地位。从史前开始，各种居宅均由泥土堆砌、泥砖修筑,直到新王国时期,王宫或府邸也还采用砖块与泥土混合建造,其优点是取材方便,而且厚厚的砖泥壁面有冬暖夏凉的作用。这类建筑到后来不仅宽敞坚固,而且屋内还有优雅的壁画装饰。这可从阿玛尔纳和马尔卡塔的王宫遗址得到证明。

砖石结构的建筑耐久坚固,如金字塔、神庙、享殿,它们或气势雄伟、巍峨宏大,或小巧玲珑、精美雅致,都极具艺术特色。

宗教在古埃及历史上是足以左右古埃及文化的重要因素。建筑文化也不可避免地受到宗教的影响。宗教建筑的大量涌现,古埃及建筑具有的一种捉摸不透的肃穆、凛然的神秘感,都是宗教对古埃及建筑文化影响的具体反映。

建筑与宗教的这种关系,体现了古埃及人的建筑观。古埃及人对死的理解,实际上是对生的认识。他们认为人死后才是真正生活的开始,他们把生前的居宅称为"宿",而死后的墓葬才叫为"家"。因此,他们修建的墓地要胜于房屋。实际上,墓室乃是生前房屋的再造。而且因为灵魂要长期在里面生活,耐久性的建筑材料——石块便首先出现在陵墓中。在一些死者的祭文中,也都将墓或享殿当作可保存数百年的建筑来加以描绘的。同时,古埃及人对神的崇拜,使得古埃及神庙林立,建造精良,石结构技术更加完善。硕大的石圆柱的柱头上装饰各种植物,如常见的纸草花和莲花——它们分别是下埃及与上埃及的图腾。

古埃及的建筑也反映了古埃及人对宇宙的认识。中国古代有"天圆地方"之说,而古埃及人则认为,地为一个长方形平面,天由四根大柱子撑着,是一矩形平面。古埃及庙宇便是按这图案设计的。庙宇的平面布局呈矩形,铺面象征地平面,大殿四角立有圆柱支撑代表天空的平顶。底比斯卡纳克神庙的圆柱可称得上是擎天柱。古埃及人的宇宙观对他们的建筑构思有巨大的影响。

古埃及人相信"巴"(灵魂),他们尽力使墓葬建筑设施臻于完善,人死后,肉体腐朽,而灵魂长存。这是古代人共同的观念。这方面,古埃及人尤为突出。他们强烈地相信人在另一个世界——"冥府"里,不论是与太阳神一起遨游天空,还是与冥神俄赛利斯在地下逗留,都仍然是一个活生生的实体,与生前一样需要吃喝、休息、娱乐。陵墓中有供"巴"出入的假门,又有各种供"巴"休息、娱乐与会客的房间,在尼罗河畔还修起享殿。"巴"每天从假门出来,经过走道,来到享殿,享用人们供奉的食物;晚上,"巴"乘坐停放在墓边的太阳船,与太阳神一同遨游天国。在发掘萨卡拉的第一王朝王陵时,发现墓北面都有一个两头尖、中间稍宽的外形像船壳的砖结构建筑物,中间是木船体残骸,那便是"巴"的太阳船。

古埃及特有的建筑方尖碑与斯芬克斯正是因为这种宗教意识产生的。方尖碑由早期伫立在神庙门前的一对石柱演变而来,形状为方柱体,有的高达30余米,顶端呈金字塔状。方尖碑通常成对排列在神庙门前,碑顶裹以金箔和铜箔,在阳光下闪烁。它反映了古埃及人对太阳神的崇拜。

斯芬克斯,一般是指狮身人面像或狮身羊头(或鹰头)像,即以一块巨大的矩形岩石为基座,上面雕有一个狮身与人面或其他动物头部的复合体。斯芬克斯的作用是保护神灵的安息与起居,因此常位于金字塔前。中王国以后,习惯用数十个狮身羊头的斯芬克斯排在神庙前的大道两旁,以守护诸神。这成为神庙布局设计的基本要素,犹如中国帝王陵前的石像。

1788年,拿破仑率军东征埃及,在傲然漠视现代军械的狮身人面像面前,士兵们都悄悄地放下了枪。他们显然是慑于狮身人面像那种古朴高昂、夺人魂魄的气势。古埃及建筑的风格,不尚华丽纤巧而力求沉稳朴实,用"博大精深"四字来概括是十分贴切的。

"博",是指古埃及建筑类型、数量之多。"大",反映了建筑物形态之硕大,如庙堂、陵墓等宗教性建筑,都是用大块石料建造而成。卡纳克神庙的中央主体部分阿蒙神大庙,占地即约 35 万平方米,几可与北京紫禁城相比,若加上附属建筑就更为可观。再如拉美西斯二世修建的阿布辛拜勒神庙,规模更为宏大,石窟口铲平的山壁斜面上,雕刻的四尊拉美西斯坐像即高逾 20 米。众所周知的胡夫大金字塔,高达 146.6 米,是 1889 年法国埃菲尔铁塔建立前世界最高的建筑物。用来建造这些建筑物的石料,体积之大也令人咋舌,修造胡夫金字塔所用的 230 万块石头中,有的竟重达 30 吨。考古学家曾测量过一块,它高 1.53 米,底长 2.49 米,顶面长 1.29 米,斜面长度 1.89 米。这类石块的碎片有一部分保留在大英博物馆中,向公众展出。所谓"精",系指建造技艺精湛,设计布局精良。古埃及的建筑工艺已达很高水准。早期采用的连续凹壁墙面(图 27),在力学上具有强化壁面的功能,又有美化墙壁的装饰作用。在建筑工程上,斜面、角度、垂直高度与周长的设计都有一定的比例关系,如泥墙或陵墓中通道的斜面比值为 1:4,金字塔的角度控制在 52°标准角左

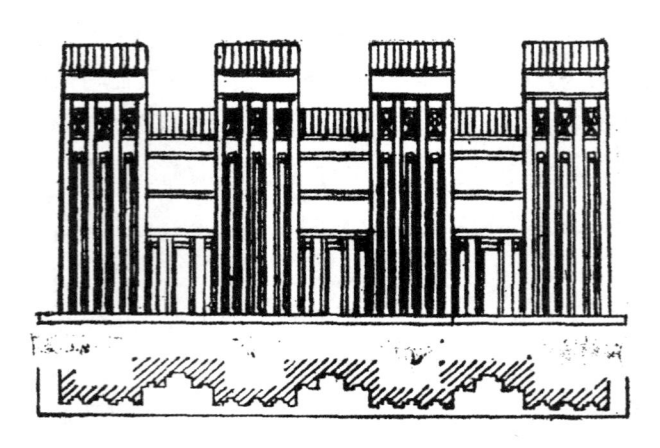

图 27 连续凹壁的墓墙装饰

右，其高与底面周长之比保持在 7∶44 上下。与中国古代建筑平面布局设计相似，古埃及的建筑布局也严格按照轴对称的营造法则，不论是陵墓还是神庙，都有一条中轴线，大门、中心通道、主要建筑物体如墓室或大殿都坐落在中心轴上，轴线两旁的布局严格对称。金字塔则以中心垂直线为轴。城市布局也以直交方正、轴对称的要求建造。神庙门前置放成对的方尖碑与法老坐像，反映了古埃及建筑师的对称观念。至于"深"，是指建筑物有明显的纵深感，具体表现在神庙建筑上以狭长的长方矩形为特点，通过台基的逐渐增加与屋顶的下降形成纵深度很大的透视感。墓葬建筑中的平面纵深和垂直纵深度，也都反映了这一风格。这种特点因古埃及建筑中广泛地应用斜面走廊或通道而进一步强化。出于防范盗贼的考虑，陵墓中不断交错采用垂直的竖穴、平面的尤其是斜面的通道，这使陵墓内部犹如迷津，显得幽深漫长、扑朔迷离。"深"的另一含义，是指建筑群体的立体层次。古埃及建筑常常以群体出现，金字塔不是单独屹立于沙漠之中，它周围必然有附属小金字塔、享殿、贮藏室、围墙和围绕金字塔的马斯塔巴墓，而且总有一条长长的通道与尼罗河畔的享殿相连。在吉萨的金字塔群便是典型。位于山脊凿岩而成的石窟墓，也筑有一条长砖道通向尼罗河。一系列完整的建筑群体，傍山依水，既整齐和谐，又错落有致，形成了古埃及建筑强烈的立体感。当然"博大精深"的风格，只能勾勒古埃及建筑在不同历史发展阶段中的共同特点，还不能准确地反映它们各自的艺术特色。古埃及建筑风格的形成，不仅是古埃及建筑师卓越的建筑才能的反映，也是运用当地各类建筑材料的结果。

　　尼罗河的定期泛滥，带给埃及丰富的淤泥和芦苇。从旧石器时代起，古埃及人便用淤泥砌壁，芦苇盖顶，建造房屋，直到新石器时代后期才有所变化。进入王国时代后，建筑物砖砌的围墙夹层中，常填入泥土以巩固壁面，并在砖石面上涂上灰泥。

前王朝时期，在尚未大量出现砖结构建筑之前，木结构建筑曾称雄一时。第一王朝之后，木材大都用于盖房顶、铺地和作室内的隔板。埃及的树木种类不多，当地产的洋槐、榕树与棕榈虽也可用作横梁或梁柱，但贵族们追求奢侈豪华，只能从黎巴嫩地区进口松木与雪杉。这也是古埃及古建筑中木结构建筑较为少见的原因之一。

砖是古埃及常见的建筑材料。砖块系用尼罗河的淤泥混以碾碎的芦苇，在太阳下晒干而成。砖中掺有芦苇，旨在防止晒干变硬后过于缩小。有时也有用沙代替芦苇的。砖块呈黑灰色或浅黄色，直到今天，仍同软质石块一样坚硬牢固。古朴时代的砖块，体积从23厘米×12厘米×7厘米到26厘米×13厘米×9厘米不等，大尺寸的砖在后期尤为流行。烧制的砖直到罗马时代才出现。不过，由于战火或其他原因，一些砖墓被烧毁，古埃及人往往用这样的火烧砖去造别的建筑物。

石质材料中，最常用的是石灰岩石，产于图赖的穆盖塔姆山和底比斯。从第二王朝起，就开始用石料建造金字塔和贵族墓的墓上建筑。质地较软的雪花岩多用于建筑物内部装饰。在阿斯旺开采的花岗石和玄武石等硬质石料，则用作门楣、门道、墩座和柱子等。石英石是第十二王朝到第十七王朝期间的常用建材。

古埃及建筑师运用各类石质材料可谓得心应手。由整块花岗石制成的石柱、门道、方尖碑，使建筑物显得坚实牢固。上梁与天花板因采用花岗石建造，屋顶的跨度得以大大增加。这样，古埃及人才有可能营造出大规模的巨型建筑。

从古王国的第四王朝起，各种建筑类型已基本齐全，大型石结构建筑逐渐成为建筑构造的定式，它贯穿了整个古埃及历史。

第四章　古埃及建筑

第一节　早期建筑艺术

古埃及的第一个鼎盛时期是古王国的第四王朝——即"金字塔时代",古埃及的建筑风格此时基本确立,并几乎一成不变地保持到托勒密时代。因此,第三王朝之前,可称为早期建筑时代,它持续了1500年左右,其间又可分为史前时期与古朴时期。

埃及的早期建筑遗留下来的很少,史前时代的遗迹更是为数寥寥,原因是早期建筑材料如泥、芦苇与木,即使是晒干砖,在尼罗河泛滥的影响下也难以保存。目前的考古发掘工作虽还未揭示出更多的史前文化实例,但是,从原始文化具有的共性,通过考察其他地区的文化遗迹,可推知史前时代的古埃及人也只能是"冬则居营窟,夏则居橧巢",没有什么真正的建筑。在埃及发现的旧石器时代的用火遗址和为挡风御寒而垒砌的岩石遗址,正反映了"上古穴居而野处"的状况。

进入农耕定居阶段后,出现了避寒御冷的简陋居宅和粮食贮藏室。这种粮仓是一种圆形的地穴或半地穴,圆锥形顶,多用木杆、芦苇和淤泥构筑而成。

真正代表古埃及建筑独特风格的是始于前王朝末期的铜石并用时代。那尔迈王统一上下埃及后,社会繁荣,经济发达,人们对御寒的房屋要求越来越高,技术水平又相应提高,建筑业因而开始兴盛。今天,能帮助我们了解埃及早期建筑艺术的,是考古发掘出来的大批古朴时代的保存完好的国王陵墓与平民墓地。

这时期发现的长方形平顶砖墓,叫"马斯塔巴"。在古朴时代,仅王陵能用马斯塔巴形制,第三王朝后,一般官员与上层平民也可以修马斯塔巴式墓。"马斯塔巴"是阿拉伯语"石凳""石台"一词的音译。这说明它的外观与阿拉伯人所用的长凳差不多。已发现的最早的"马斯塔巴",是第一王朝国王阿赫的墓葬,位于萨卡拉。此后每位国王都有一二个马斯塔巴墓,一直延续到金字塔出现。马斯塔巴分墓上建筑与地下建筑两部分。墓上建筑是史前时代的坟茔演变而来,为砖结构的长方形,中有空间,用砖墙隔成三排正方形的小室,多达二十多个,是墓主人放置随葬品的贮藏室。墓上部分外形很富特色,起装饰作用的连续凹壁在古王国时期十分盛行,可能是仿照了当时宫殿大门的形状,故一般称为"宫殿门式"砖墙。地下建筑亦即墓室,是一个大的长方形竖穴土坑,砖壁,用木板隔成五间或更多的小室,上面是厚木板平顶,盖上填土后与墓上建筑结合一体。在众多墓室中,居中的一间置放尸体,其他墓室一般在主室的南北两侧。早期的马斯塔巴外面,有围墙,甚至有众多的小墓环绕。

随着古埃及人宗教意识日渐浓厚,他们对死后住所的要求比生前的更高,陵墓建筑酷肖他们生前的居宅。到第二王朝,作为王陵的马斯塔巴墓,墓上建筑与地下建筑都有变化,墓上建筑一改"宫殿门式"的连续凹壁的风格,代之以平面砖墙,在东面设置一南一北的两个假门供亡者灵魂的出入。这种假门是墓室中的壁龛演变来的。墓上建筑的中部,用碎石、泥土填实而不设小室,因此,实际上是一个巨大的长方形砖壁土方。它的北面,可能还建有宗教性的建筑,如原始的祭殿、灵堂等,外有一堵围墙。这种结构是后来金字塔组合群的前身。地下建筑几乎纯属房屋的再造。墓室由竖穴土坑改为洞室,用一条倾斜的墓道连接。墓道是中轴线,两旁设耳室作为"会客室"、"起居室"、随葬品贮藏室等,最尽头为主墓室、厕所等小居室。地下建筑体现了死者生前的住房规模。墓道为"匚"字形,由东面进入,拐向南,设有1~3道石质吊门,以阻遏盗墓者。墓道的这种形式,在后来的金字塔里,表现得更加明显。

平民墓地一般沿袭史前时期长方形或椭圆形的竖穴土坑墓。用砖砌停柩室,顶上起券,少数有多间墓室,但都没有墓上建筑,一如坟茔。第三王朝后,采用马斯塔巴墓的形式,中王国时,多为石窟墓。

在考古发掘中,前王朝的居宅和宗教建筑几乎荡然无存,但是由于墓地实为生者住房的翻版,有的随葬品上又雕有建筑图案,因而后人仍能对这类建筑得出一个大致的认识。当时,固定的建筑形式是长矩形。象形文字中,"房子"一词写作▱。居宅的门开在长边的中间,顶为拱形,四边是墙,短墙稍高于长墙,以支持拱顶,门上有小窗采光。出土文物的图案,反映了两类宗教性建筑(图28),一类为长方形,平顶;另一类是圆形穹窿顶。这种宗教建筑前面,估计还有一个长方形庭院,围有篱笆,庭院中轴线两旁,立有两根木杆,代表神灵,这与象形文字中"神"一词的图形是一致的。

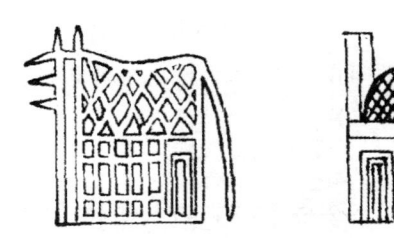

图 28　两种早期宗教建筑图案

象形文字表示"城镇"的符号,是一圆圈包含一个中空的十字。在卡卜就发现了这类圆形布局的城址。在希拉贡波利斯发掘到的另一座城址,按长方形平面设计,但也以两条交叉的大道为中心,房屋坐落在大道两旁。这些最早的城市建筑实例,体现了后来城市棋盘状的传统布局。

纵观古埃及早期建筑,可以将其特点概括成以下几点:

无论是陵墓,还是居宅、城镇,皆以长矩形的平面设计为主,轴对称的建筑风格已初露端倪;

以砖结构为主体的陵墓建筑,主要仿造生前居宅,盛行独特的马斯塔巴墓,开始出现金字塔的雏形;

建筑物外表采用连续"宫殿门式"的墙壁作装饰,这种风气一直影响到整个古王国时期;

民宅不再是单一居室,而是用木板分隔的套间,并有厨房、盥洗室和厕所这类专门小室;

宗教建筑形式多样,可能各用于不同的宗教仪式,神庙前常有篱笆墙围绕矩形庭院,渐成定制,后发展成神庙前的立柱庭院。

古埃及早期建筑的成就,是上下埃及统一后社会繁荣的直接成果。那时,建筑技术提高,建筑材料不再限于淤泥、芦苇或草木,砖结构建筑得到很大发展。几乎可以肯定,其时木结构建筑业已成为陈迹,建筑物上的壁画与雕刻已经出现。这一阶段的建筑,开创了古埃及一成不变的建筑风格,同时,也为古王国时期以金字塔为标志的辉煌的建筑时代奠定了基础。

第二节　金字塔和王陵建筑艺术

金字塔的基本特征

太平盛世的第三王朝初期,出现了一位名叫伊姆荷太普的杰出建筑师。他为国王左塞设计建造了一种不同于前朝王陵的墓式,墓上建筑为六级阶梯形的平顶四面锥体,称为"梯形金字塔"。这是埃及历史上第一座金字塔。之后,金字塔作为古埃及国王陵墓的固定式样,代代相传。据说,伊姆荷太普集建筑师、魔法师、天文学家和医学之父于一身,被古埃及人奉为"圣人""普塔神之子"。他的名字与金字塔连在一起。

第四章 古埃及建筑

据专家们统计,现已查勘到的大小金字塔,总数有 80 余座[1],但多数仅为一堆沙石,尚属完整可供研究的有 30 余座,都是历代国王的陵墓,因建造精良、用料坚固,方得以保存下来。应当指出,当初,古埃及国王并未用"金字塔"(pyramid)一词,他们称各自的金字塔为"斯赫福诺的光辉""属于胡夫的大墓""乌纳斯精美的居所"等。"金字塔"一词属于希腊语"pyramis",意为"糕饼",是希腊人认为金字塔的形状很像他们常食用的糕饼而起的名字。

所有金字塔都位于尼罗河西岸,毗邻沙漠地带。在古埃及人心目中,尼罗河东岸是太阳升起的地方,是生命的源头,而太阳降落的西岸,则是超度亡灵的"西方极乐世界"。建造金字塔又必须离首都不远。因此,古埃及的主要金字塔大都坐落在以首都孟菲斯为中心,从北部的阿布洛阿斯到南部美杜姆之间的狭小地域。离都城最近的萨卡拉建造的金字塔多达 15 座。

从形状看,古埃及金字塔有四种类型[2]。其中,以"梯形金字塔"和"真正的金字塔"为主。梯形金字塔出现在前,历时一个多世纪,尔后被真正的金字塔取代。吉萨的胡夫大金字塔是真正的金字塔的典范,它已作为金字塔的普遍形象深植于人们的心目之中。真正的金字塔类型,持续了 1500 多年。另外两种类型是金字塔中的特例,学术名叫"弯曲的金字塔"和"石棺状金字塔",两者都只有一例。不过,弯曲的金字塔在金字塔建筑史上的地位却很重要,它是梯形金字塔向真正的金字塔的过渡形式。至于"石棺状金字塔",是指位于萨卡拉的一座王陵,也有人不把它列入金字

---

[1] I. E. S. 爱德华(I. E. S. Edwards):《埃及金字塔》(*The Pyramid of Egypt*),格雷特纳:鹈鹕出版公司 1980 年版,第 254 页。
[2] J. 贝恩斯(J. Baines)、J. 马利克(J. Malek):《古埃及图集》(*Atlas of Ancient Egypt*),纽约:Factson File 出版社 1982 年版,第 140 页。

塔之属，因为它只是一个形同石棺的陵墓建筑。

　　古埃及国王为什么要采用金字塔这种形状？金字塔铭文第267篇中，有一段话解释道："乌纳斯国王长眠在通向天堂的阶梯上，他能由此迈步进入天堂。"①金字塔的高度不断增加，以52°的斜面直插天际，都反映了国王企图让亡灵进入天堂的愿望。此外，古埃及人眼中的金字塔形，还带有太阳神崇拜的意味。在赫利奥波利斯的阿蒙-拉神神庙里，有一小型四锥体石块，外用铜或金箔包住，在阳光下熠熠闪光，那是太阳神的象征。古埃及人把此形状扩大数千万倍，屹立于沙漠之中，再把这种包有铜或金的石头放在金字塔顶，将太阳的光辉折射到国王的土地上，让人们领受太阳神的恩泽。由此可见，金字塔建筑蕴涵着浓厚的宗教性质。

　　金字塔建筑的另一特征是它的稳定永久性。古埃及建筑史上最早的石结构建筑，是左塞王的金字塔，此后的金字塔无不用大块的石料建造，它们单一的四面体斜线，宽大的平面方形台基，锐角尖顶，都给人以平稳踏实、坚不可摧且高不可攀的印象。

　　金字塔因是王陵，故仍具有陵墓建筑的特征。它的结构分为两部分，一是作为墓室的地下建筑，一是金字塔形的墓上建筑。金字塔形历经朝代，几乎一成不变，地下建筑则随着时代的改变而有所不同。与马斯塔巴墓相比，金字塔周围有一系列附属建筑，有规律地占据相应的位置，它们形成了金字塔的群体建筑的特色。

　　金字塔群体建筑的例子，以第五王朝国王萨乌勒的王陵最为完整（图29）。它在靠近尼罗河处有个河谷享殿，兼有享殿与船坞的功能。河谷享

---

① 库尔特·塞特（Kurt Sethe）：《埃及金字塔铭文》（*Die Altagyptischen Pyramidentexte Spruch*），汉堡：J. J. 奥古斯丁出版社1962年版，第267篇，第145页。

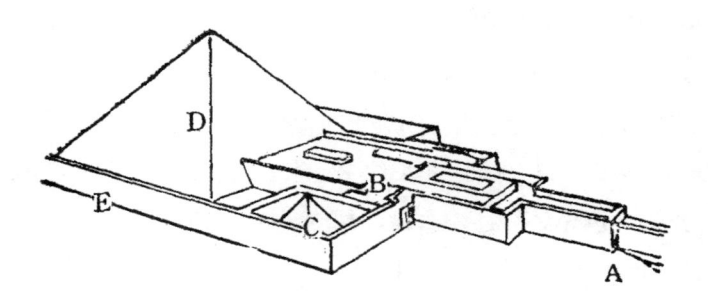

图29　萨乌勒金字塔群体建筑
A. 通向河谷享殿　B. 享殿　C. 附属小金字塔　D. 主体金字塔　E. 围墙

殿东西向的轴线上,有一条砖石结构的有顶长通道,从河谷享殿通向主体金字塔东面的享殿,享殿南端另有一个小金字塔,可能是王妃陪葬墓。大、小金字塔与享殿由方形围墙围住,经围墙内的回廊可走到大金字塔的北面入口处。这建筑群的设计是由古埃及人的习俗决定的:送葬的木船将死者遗体送到尼罗河西岸,先进河谷享殿。待举行简单仪式后,人们穿过通道来到毗邻大金字塔的享殿,瞻仰遗容,供奉食品,祭奠亡灵。最后将制成的木乃伊送到金字塔墓室的石棺中存放起来。金字塔的群体建筑是古王国时期建造金字塔的法则之一,突出地烘托出金字塔的巍峨挺拔,相比之下,单一的金字塔倒显得有点孤单。

金字塔的兴起和演变

建造金字塔的历史从第三王朝到第十三王朝,跨越了十个朝代,历经古王国、第一中间期和中王国三个时期,除第一中间期外,各朝国王都有自己的金字塔。根据金字塔在各个不同时期里的特征,它的演变可分为四个时期,即形成期、鼎盛期、衰落期和复兴期。

形成期。埃及学家与考古学家通过研究确认,金字塔是从早期的王陵马斯塔巴墓发展来的。人们在萨卡拉曾发掘出第一王朝一位国王的墓地，在长方形的连续凹壁的砖墙的墓上建筑内，有一个阶梯状的长方锥体泥砖建筑，它反映了最早的金字塔的萌芽意识。①

左塞国王的梯形金字塔是向真正的金字塔转变的有力物证。它现高58.6米，东西长约143米，南北长约125米。从发掘结果看，这个近似方形的石结构建筑先后经过六次设计翻修。它最初是一个方形马斯塔巴墓，墓上建筑部分是一个高近8米、长宽约60米的砖壁土方，地下建筑部分的中心是27.6米的竖井，底部墓室四面有通道连接。在这样的基础上，建筑师伊姆荷太普别出心裁地两次扩建马斯塔巴墓，逐步扩大了原有的面积。以后的扩建是增加高度，形成了四级梯形金字塔，又在北面建造了享殿。不久，工程又向西面与东面扩建，增加二级高度，至此，尼罗河畔矗立起了一座完整的金字塔。

梯形金字塔高达60米。它周围形成的建筑群，在一个东西长544.9米、南北宽277.6米的台基上，以金字塔为主体，另建享殿、庭院、两个拱顶长方形建筑和一排贮藏室。围绕金字塔高台的石块垒砌的墙垣，厚14.8米，高9.6米，以连续凹壁的流行式装饰。梯形金字塔虽不是按后代的建筑法则建造的，但它影响了后来的金字塔群体建筑布局的设计思想。梯形金字塔是埃及建筑史上的一次创新与革命，在它的基础上，真正金字塔才得以诞生。

接下来的尝试，应数坐落在美杜姆以南30英里处的金字塔，建造者不详，通称美杜姆金字塔。它最初也是一个马斯塔巴墓，经过几次修建，形成七级梯形的金字塔。建筑师的高明之处，是在最后一次设计中，将阶梯之间填满碎石，在四面的表层用打光的石灰石砌成平直的斜面。

---

① 埃默里(W. B. Emery)：《古朴时代的埃及》(Archaic Egypt)，伦敦：企鹅出版集团1966年版，第82页。

第四章 古埃及建筑

　　形成期的最后一个阶段，金字塔建筑艺术又有发展。第四王朝的开国君主斯尼弗罗在代赫舒尔建造的两座真正金字塔，特别是被称为"罗姆波道尔"的南金字塔，在边长为 183.5 米的方台上以 $54°27'$ 的斜面建造到 44.9 米高时，似乎是建筑师想提前结束工程，突然改变了角度，以 $43°22'$ 的斜面内折收顶，总高达 105 米，成为埃及唯一的"弯曲金字塔"。出现这种变化的原因，目前还不清楚。有的学者揣测，其中有可能也像美杜姆金字塔一样，还包括着梯形金字塔的结构。[1] 此外，在金字塔墓室建筑中，唯有它有两个入口，一个在西面，另一个在北面，向下倾斜的甬道连接各自的墓室。墓室均位于垂直的中轴线上，互不相连，一个在地平线上，另一个在地面之下。这种与众不同的建筑设计，说明了金字塔的建筑师正不断地进行探索与改革。同时期的斯尼弗罗的北金字塔，则是一个无可挑剔的完美典型。它的成就虽被他儿子胡夫的吉萨大金字塔的光辉所淹没而鲜为人知，但它的出现，却可视作埃及金字塔最终形成完美形象的标志。

　　鼎盛期。斯尼弗罗的儿子胡夫及其之后的两代君主哈夫拉和孟卡拉，在吉萨西面 5 英里的沙漠与绿洲的衔接处相继建造了三座金字塔及其附属建筑物。它们就是大名鼎鼎的吉萨金字塔群，被公认为是埃及金字塔建筑艺术的顶峰。它们在选择方位、角度的精确与石陵建筑技术等方面所体现的水平，使许多学者把它们当作古埃及科技与文明的百科全书。[2]

　　胡夫金字塔，又称大金字塔，无论规模还是质量都是无与伦比的。它占地 5 万平方米，以 230 米的边长为台基，原高 146.6 米，现仅 137.18 米，

---

[1] I.E.S. 爱德华：《埃及的金字塔》，第 289 页。
[2] 巴达维：《古埃及建筑史》(Ancient Egyptian Architectural Design) 第 1 卷，伯利克：加州大学出版社 1965 年版，第 135 页。

斜面夹角 51°50′35″。令人惊叹的是它的方位角,正北方向仅偏西 0°23′30″。用来造金字塔内芯的石块和镶砌外表的石灰石,共 230 万块,平均每块重 2.5 吨,最重的有 30 吨。① 如此大规模的建筑工程是怎样完成的,这是埃及学家们极感兴趣的问题,然而,至今还是个谜。

在垂直的中轴线上,分别造有三间墓室。最先建的是地下的一间,这是受早期马斯塔巴墓设计的影响,但未完工就废弃不用了。随后修建的是中间王后的墓室,由原来北面入口的下斜甬道折而向上相连。第三间墓室修建十分费工,它位于甬道的后部,颇为开阔,由平滑的花岗石砌成的壁面,直通主墓室。主墓室里,停放着胡夫的石棺。墓室顶由 7 块大花岗石石板相叠而成,室南北两侧分别有一条窄窄的通风道通向外面,那也是古埃及人心目中亡者灵魂自由出入的路径。一般来说,建造墓室的砖石材料都由下斜甬道运入,但是,这座金字塔建有向上的斜面,运石殊为不易,这个难题的解决,也反映了古埃及人的非凡智慧。

胡夫大金字塔的东南角并排着三座小金字塔,中间一座是哈努特森王后的陵寝。大金字塔周围,是一排排南北向的马斯塔巴墓,墓主人为胡夫的近亲与群僚们。

南面与胡夫大金字塔毗邻的,是胡夫之子哈夫拉的金字塔,规模虽略逊,但它台基所处位置却比胡夫金字塔高,总高也有 143.5 米,斜面的坡度更大,为 53°8′。此外,哈夫拉金字塔下部用红色花岗石镶砌壁面,墓室中的石棺,也由十分精美的磨光大理石制成。哈夫拉金字塔东面的享殿遗址为吉萨金字塔群提供了完整而明确的布局规划,很有研究价值。附近,是遐迩闻名的斯芬克斯,即一尊在小岩石丘上凿成的狮身人面像,身

---

① J. E. 怀特(J. E. Manchip White):《古代埃及:文化和历史》(Ancient Egypt: Its Culture and History),纽约:多佛出版社 1970 年版,第 64 页。

长57米,宽20米,当时,被太阳神的祭司们奉为冥府大门的守护神。

孟卡拉金字塔在最南面,规模最小,也最粗糙,原高65.5米。它的南面,还并列着三座小金字塔。

吉萨三座金字塔被列为古代世界七大奇观之首,其魅力不仅在于它们的恢宏巨大,也在于它有着布局严谨、对称而平衡的建筑群体。旁边的小金字塔在大金字塔旁起陪衬作用,又有一连串的马斯塔巴墓环绕四周,不啻是众星捧月。长而直的甬道从尼罗河经河谷享殿深入金字塔内的墓室,给人以纵深感。这些都显示了古埃及建筑崇尚形式美的原则。

衰落期。接下来的第五、第六王朝国王们缺乏前辈锐意进取的雄风,唯求守成,国内的政治和经济出现衰败迹象。在宗教领域,人们对太阳神的崇拜虽达到了顶点,但在金字塔的建筑方面,则墨守成规,粗制滥造,仅增加了膜拜太阳神的建筑成分。如论特点,则大约可以概括为二:一是沿袭先前金字塔的建筑方式,并且形成规范,所有的金字塔从墓室结构到外部的群体建筑均如出一辙;二是增加了宗教色彩,位于金字塔前的享殿更显宏大、完整,第五王朝少数金字塔旁还增建太阳神神庙。然而,无论是建筑材料还是建筑水平,都不能与鼎盛期相比,镶砌斜壁用的是未经过修凿的石灰石块,极为粗糙。值得一提的是,从第五王朝最后一位国主乌纳斯金字塔开始,墓室墙壁上出现了象形文字的铭文,亦即"金字塔铭文"。

那么,所谓规范化的金字塔,究竟有什么特点呢?

首先,是建造金字塔的规模有一定的标准,四面的倾斜度为$53°7'48''$,高52.5米,平均边长75米左右,与吉萨金字塔相比,要小一半。

其次,是墓内结构单一,甬道和墓室设计划一,甬道一律由斜坡改为水平。最标准的模式是乌纳斯金字塔。从它北面的入口进去,经一段缓坡后,在水平甬道的中部,有三道花岗石吊门,然后,到位于中轴线下的方形墓室前厅,其东端是一个南北向的小室,顶头有三间壁龛,分置三座雕像，西端较长，即主墓室，靠里放着石棺。墓室人字形屋顶由两大块石板叠成。这种构造对后来的石窟王陵建筑很有影响。

再者，确立了金字塔群体建筑的格式。

这种规范化的形成，说明了金字塔建筑已无创新。随着社会状况的江河日下，到第一中间期大动乱时，金字塔建设被迫停止。

复兴期。金字塔建设中断了半个多世纪，由中王国的统一者门图荷太普二世率先恢复。他在代尔巴哈利建造了一座金字塔式的王陵墓（图30）。那实际上是两层平台相叠而成的享殿，有两级坡道在正面中央连接，每层平台都有三面柱廊，环绕大厅。上层平台中间是以岩石为台基的金字塔。背面有露天庭院，是从岩壁上剜出来的一部分。国王的石棺安放在金字塔下的立柱大厅里。这一例金字塔与以前的金字塔相比，只能说是形似而已，但它却恢复了金字塔的修建工程。第十二王朝的建筑师

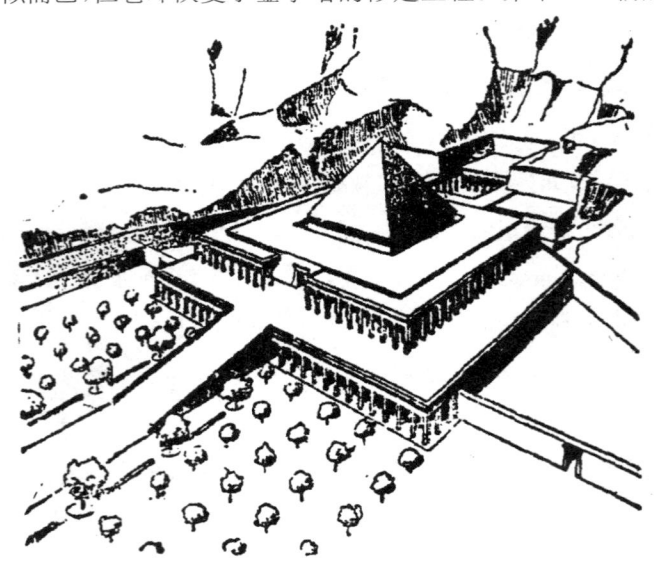

图 30　代尔巴哈利门图荷太普王陵

师法古王国的金字塔，不过多以碎石或泥砖为基本建筑材料，规模也小了许多。

从喜兹斯多利斯二世起，墓室结构打破了古王国的规律，长长的甬道成直角多次转折，拐口处都设有吊门，走到底是墓室。墓室无一定格式。此时，建造金字塔的技术比较简单，不需要兴师动众。用八堵石砌墙从中心射向四个角和四条边的中心点，构成了金字塔的基部，另有八堵短墙分别在四个角与之相交成45°角。墙与墙之间填以碎石泥砖，外表用石灰石镶砌，或只用泥砖。因此，这个时期的金字塔经过千百年的自然侵蚀，早已为成一堆堆废墟，也就不足为奇了。

金字塔建造之谜

金字塔是人类智慧的结晶，也是一个难解的谜。如此大规模的工程，从设计到施工，都可称作人类建筑史上的杰作，即使利用当今的科学技术力量和先进设备，也未必能建造出同样的吉萨大金字塔。近几十年来人们对金字塔的出现做过各种猜测，其中著名的是瑞典的埃里奇·冯·达尼肯在20世纪60年代所著《众神之车》一书。他认为金字塔的建成应归功于外星人。这种观点，无疑是异想天开，然而却意外地风靡了世界。虽然埃及学家们无论如何不能接受这种异想的观点，但是要立即做出圆满的答复也的确困难。首先，建造吉萨大金字塔需要的人力与花费的时间，就难以确定。传统的说法是根据希罗多德的《历史》：10万人，20年时间，每三个月调换一批。[①] 然而，近年来，西方学术界普遍认为这个数字过于夸张，因为造金字塔的时间仅在每年的洪水泛滥时期，即从6月底至10月底。此外，考察一下代赫舒尔斯尼弗鲁北金字塔壁面上的铭文就可知

---

① 希罗多德：《历史》第2卷，王以铸译，北京：商务印书馆1985年版，第166页。

道，此项工程只花了三年时间。① 吉萨大金字塔决不至于拖上 20 年之久。美国学者杜哈姆的结论是，真正起作用的技术工人只有 2500 人。② 而皮特里教授根据发掘到的工棚遗址推测，当时住在金字塔旁工作的仅 4000 人。③

关于劳动者的身份与地位，过去一般认为是奴隶阶级在奴隶主的残酷压迫下被迫从事这项苦役。悬殊的阶级等级，在古代埃及确实存在，但从古埃及人的宗教观念出发，"古埃及人承担这项工作是心悦诚服的，因为他们认为这是在为代表地上的神——法老尽一项神圣的义务"④。雨季来临，尼罗河泛滥，农民们辍耕去修造金字塔，以获取衣食所需，也是顺理成章的事情，而且有文献记载他们的工作是领取报酬的。⑤ 不过，上述看法的佐证材料尚不充分。

大金字塔所用的 230 万块石灰石块，来自何处？现有多说：自 19 世纪末以来占主流的看法认为是从图赖的穆盖塔姆山开采搬来的；另一说为美国学者马克·莱纳所持，他根据勘测当地地质，认为主要采石场就在大金字塔的南面。⑥ 就地取材，不劳运输，此说颇有新意。美国宾夕法尼亚州巴瑞大学的一位化学教授更有妙论，认为金字塔用的石块是在现场用人工浇制而成的。⑦ 平均重 2.5 吨的巨石如何搬运？如何将这些大石块一层层砌到 100 多米高的地方？此外，金字塔的规模是否与国王统治

---

① I. E. S. 爱德华：《埃及的金字塔》，第 283 页。
② 西·奥尔德雷德（C. Aldred）：《古王国衰亡前的埃及》（*Egypt to the End of the Old Kingdom*），伦敦：Thames & Hudson 出版社 1984 年版，第 85 页。
③ I. E. S. 爱德华：《埃及的金字塔》，第 283 页。
④ 尼·伊·阿拉姆：《中东艺术史·古代》，朱威烈、郭黎译，上海：上海人民美术出版社 1985 年版，第 56 页。
⑤ 莱昂内尔·卡森（Lionel Casson）：《古代埃及》（*Ancient Egypt*），纽约：Time life 出版社 1965 年版，第 134 页。
⑥ 转引自《对大金字塔与狮身人面像之谜的新探讨》，《世界知识画报》1986 年第 9 期。
⑦ 转引自历津：《金字塔建造的新理论》，《新华文摘》1986 年第 1 期。

时间的长短有关？完工后的金字塔是否涂有颜色？凡此种种，都可列为金字塔建造之谜。有的，我们将在本书的"科学技术"一章中加以阐述；有的，埃及学家们各有说法，至今未有定论。特别是在"金字塔与外星人的宇航中心"一说流传开来之后，对学术界形成了巨大的压力，埃及学家和考古学家只能更深入地去追本溯源。

后期王陵——石窟墓

新王国的国王们显然意识到，中王国时期的金字塔已体现不出神圣感和威严，他们便转而改建石窟墓。这种凿岩成窟建成的墓，原在中王国时期地方长官中流行，通常位于山腰，另在岩壁前刨出一块平地，建造享殿。它是继金字塔之后王陵建筑的唯一形式。

图特摩斯三世首先在底比斯西岸山谷中建造石窟墓。之后，历代国王也陆续在此开山凿墓。这一带遂成了著名的"王陵谷"。著名的图坦卡蒙墓便在这里发现，它精美、繁多的随葬品曾震惊世界。王陵谷陵墓中的大量金银珠宝自古以来就使盗墓者垂涎三尺。建筑师虽想方设法，将洞口埋入沙中或建造了迷宫般的假墓室，但仍难逃接踵而至的盗墓者的洗劫。除图坦卡蒙墓外，许多王陵都曾遭到不同程度的破坏。

从建筑设计看，石窟墓吸收了前朝的特色，在墓前建有享殿和狭长的墓道。这说明新王国的国王们无意在陵墓上标新立异，他们把主要精力放在神庙建筑上，唯求自己的灵魂在幽深的山穴洞中与神同在，得到安宁。

石窟墓的最大特点是深而长，由狭长的墓道构成其主体。下斜的墓道被前厅或竖井分割成三部分。在前厅地面的中轴线上，设楼梯或垂直向下的竖井以增加陵墓的层次。石窟墓的建筑根据墓道的变化，可分为三种类型：顺时针走向，如哈特谢普苏特女王的墓；逆时针直折角走向，它明显受到中王国金字塔的墓室结构的影响，如阿门荷太普三世的墓；从阿赫那顿时代起，墓道笔直深长，无折角，成为建筑物的中轴线，第十九王朝的国王墓基本上都遵循这一法则。

石窟墓的主墓室，除一面直接与墓道连接外，其余三面均有凹进的小室或壁龛，供放神像或国王雕像。

墓室中的柱子体现了新王国建筑的风格。它用整块岩石制成，有的甚至直接在山岩中凿出，与屋顶、地面联为一体；还有的是雕成国王立像的柱子。

相比之下，后朝陵墓并无多大创新，能引起学者们关注的主要是墓室墙上丰富多彩的壁画、雕塑，以及价值连城的随葬品等。

第三节　庙宇建筑艺术

古埃及庙宇的种类及其功能

当古埃及的国王们不再注重金字塔的时候，另一种用来表达对先王的哀思或对神祇的虔诚的宏伟建筑物，便异军突起，占据了新王国的建筑领域。这就是古埃及种类繁多、气势雄伟的庙宇殿堂。在宗教活动中，庙宇建筑不仅为国王、贵族等上层显贵服务，而且也能让平民信徒们前去参拜。自新王国起，古埃及建筑史开始了第二个伟大的时代——庙宇建筑的黄金时代。在总共 500 年的时间内，建成的庙宇数量之多，是惊人的。尤其在底比斯，华美的神庙、享殿比比皆是。究其原因，一是每位国王都希望自己所建的庙宇反映出太平盛世的景象和他们的丰功伟绩；二是这一时期的祭司权势熏人，财富骤增，他们修筑庙宇的兴致是不言而喻的；三因古埃及王国多神信仰的影响，各城市都有自己的保护神，供奉不同神祇的殿堂建筑的特点也不尽相同，致使形形色色的庙宇不断涌现。

埃及庙宇建筑的功能，主要是为祭祀已故国王的亡灵，通过不断地祈祷与供奉食品，使之安稳地与冥府之神永久生活在一起。庙宇建筑形式之一是享殿，一般与陵墓紧相连接；另一形式是神庙，人们在此向神祇祈祷，以求得保护与恩惠。

对阿蒙神的崇拜，是古埃及统一王国中最主要的宗教活动，尤其在新王国时期，除阿赫那顿在位时之外，大多数庙宇都是阿蒙神神庙。这种神庙的建筑风格，是古埃及庙宇建筑的主流，它的布局与设计沿照规范的神庙建筑法则。其中，卡纳克和卢克索的两座阿蒙神神庙堪称典型。

太阳神神庙也是古埃及庙宇建筑中较重要的类型，特别是古王国第五王朝期间，对太阳神拉的崇拜盛极一时，太阳神神庙建筑大放光采，后虽被阿蒙神神庙取代，但到第十八王朝阿赫那顿发动宗教改革，大力提倡信仰一神，亦即太阳神阿顿，又留下了不少太阳神阿顿的神庙遗址。太阳神神庙在长方形的围墙中央，有一个高出地面的圆形祭坛，与我国北京天坛的设计有异曲同工之妙，开放性的殿堂设计，使其内部能充分沐浴到阳光，这与阿蒙神神庙严格的轴对称布局大相径庭。

集神庙与享殿功能为一体的，是新王国时期出现的一种新颖庙宇建筑——石窟神庙。这是一种实用型建筑，在神庙各个小密室内，并立神像与国王像，既供祭祀又可朝拜。其构思兴许是由石窟墓发展而来。最著名的有阿布辛拜勒的拉美西斯二世石窟神庙。

除此之外，中王国时十分流行的围柱式方亭，也是一种独特的庙宇建筑。它虽然没有在古埃及继续发展，但却影响了古希腊的神庙建筑风格。这是一种正方形平面布局的殿堂，东、西两面各有一斜道，国王即在此举行节日庆典。这种建筑式样后融入宫殿建筑，形成"庙堂宫殿"。

无论哪一类的神庙或享殿，均用古埃及坚固的岩石叠砌而成。其建筑不似中国古代木结构的庙堂有跳拱飞梁，曲线多变，而是宏大轩昂的形态，透出庄严肃穆的气氛。神庙是古埃及人心中的圣地，集中反映了他们的自然观和宗教信仰。在庙宇建筑中，自然界的景致常被神化，特别是古埃及的原始图腾纸草花和莲花，常绘在庙宇墙壁的下部，以示人间大地的繁盛；天花板和墙壁的上半部则描绘夜空中金灿灿的点点繁星；一只张开羽翅的鹰神，象征着神时时刻刻保护着国王的土地。

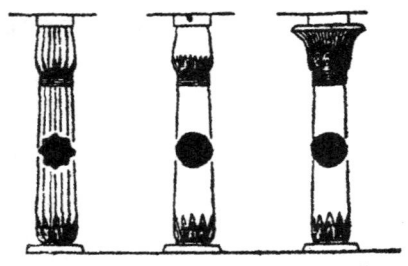

纸草花式：束茎状、花蕾状、盛开状

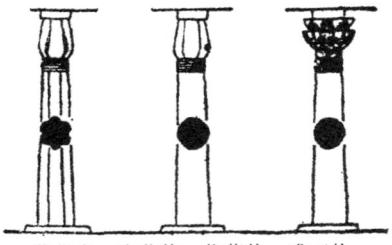

莲花式：束茎状、花蕾状、盛开状

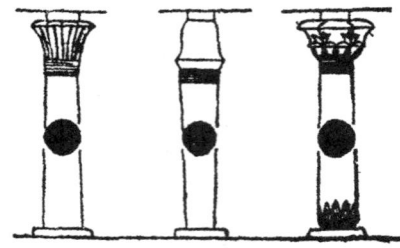

棕榈叶式、挂钟式、组合花式

图 31 古埃及柱子形式

庙宇建筑中那些数量众多的硕大圆柱十分引人注目。每一座庙堂几乎都由数十根甚至上百根大圆柱从四周或三面围绕起来，中间是露天的立柱庭院以及由对称排列的立柱形成的大厅。圆柱柱头的装饰图案，多为纸草花、荷花、棕榈叶、枣椰等，有的是含苞欲放的花蕾，有的呈盛开的花形（图 31）。新王国时期，曾一度风行用哈托尔女神头像作为柱头装饰。另外，也有由几种花合并而成的复杂柱头。现存最古的圆柱，在阿布西尔的第五王朝萨乌勒国王和奈乌塞勒国王的享殿中发现，柱头为棕榈叶和纸草花形，这也是古埃及最常见的柱头雕饰，直到托勒密王朝都没有改变。

享殿的建筑特点

古埃及人笃信亡灵复生，享殿即是顺应他们这种愿望专门举行祭祀的场所。它的雏型出现在史前时期，是用芦苇与木杆结扎而成的拱顶圆形建筑，充作死者暂厝的临时灵堂。后改为砖结构建筑，一直流行下来。在第一王朝一些马斯塔巴墓的墙垣北部，曾发现有这类建筑遗址。萨卡拉左塞王梯形金字塔旁的享殿，是迄今见到的最早的完整享殿。

左塞王享殿系正方形平面设计，紧傍梯形金字塔的北面正中，入口处仅东墙一个小门，通过环绕三面的长回廊，来到东西并列的两个矩形庭院，这是享殿的中心。两个庭院的南端都有门，与由四根连壁柱形成的门道相连，门道后面是一条长长的通向殿堂的横向走道。有的埃及学家估计，这种格局是孟菲斯王宫建筑的缩影，因此缺乏享殿的个性。不过，也应该看到，这种设计把庭院确定为享殿建筑的要素，为以后的享殿建筑指明了方向。

左塞王以后的历代君王，都在自己的金字塔或王陵前建造享殿，成为定制。在古王国时期，享殿包括三个部分：

享堂。专门用来存放供品，以飨生活在冥府的灵魂。规模很小，只是一个露天院落与金字塔相连，另有一堵围墙。院内仅一二块石碑和一张石制供桌。设一假门供灵魂出入摄食，具象征意义。第四王朝末，享堂改为有屋顶的小室。

祭堂。在下葬或每年忌辰时举行祭奠的地方。这项由专职祭司操办的活动，规模宏大，建筑物也相应在享殿中占据主要位置。它一般位于享堂的前面，中间的通道后来逐渐演变成前厅的小室。祭堂靠后墙处有一排并列小室，共五间，供有国王的雕像。小室前是一条横向走道，穿过走廊即到由两排圆柱组成的柱厅。柱厅前面是露天庭院，四周也有立柱环绕，这里是前来奉拜的各层人士的集聚处。国王可以按照自己的意愿与爱好，增添祭堂中的居室。

我们把河谷庙堂列作享殿的组成部分，但不少埃及学家把它视作独立的建筑，他们称靠近金字塔一侧的享殿为"上庙"，把接近尼罗河的河谷庙堂叫做"下庙"。河谷庙堂紧傍尼罗河，一般坐落在祭堂的中轴线上，由一条长而直的通道与享殿相连。根据金字塔铭文的记载，河谷庙堂相当于一个船坞，送葬队伍登陆后，在此斋戒，保存尸体，并制作木乃伊。吉萨的哈夫拉河谷庙堂发现较早，它用当地的石灰石砌内壁，外表用红色磨光花岗石镶嵌，平面设计呈T字形。横向大厅靠河的一面可停泊船只，中央大厅是进行斋戒的地方，存放尸体和制作木乃伊则在纵向大厅。大厅一般都有两排大圆柱支撑屋顶。

享殿建筑三大部分，形式上相互独立，功能上又相互联系。享堂和河谷庙堂在历史的进程中变化不大。建筑师力图不断改观的是祭堂。因此，人们往往把祭堂视为整座享殿。

第六王朝最后一位国王佩比二世的享殿，可以说是古王国时期这类建筑的典范。它位于佩比二世金字塔之东，三大部分错落有致地安排在东西向的轴线上；享堂在最西端，东面有一假门，里面仅设一圆形供坛，墙壁上布满彩色浮雕，描绘的是国王坐在供桌前的情景。由前厅通到祭堂后部的，是一条横向走廊，有五尊石灰石国王雕像分别被放置在与走廊连接的五间并排小室中，小室两旁是一排贮藏室。经过一条更宽的走廊，到祭堂的前半部，那是一个由18根圆柱环绕的露天庭院和一个纵向大厅。柱上雕有国王或神的轮廓，纵向大厅内的四壁也都是浮雕，内容多是反映国王生前的重大活动，其中有国王猎捕河马的图景。看来，这个大厅是缅怀国王业绩、举行祭祀的场所。再往前，是一条由横向走廊演变而成的大厅，两端有小室，有楼梯直上屋顶，祭堂前部两边也对称地安排着两排贮藏室。出祭堂，有走道通河谷庙堂。庙堂的主体是中央大厅，内有八根大圆柱，东侧濒临尼罗河，西面有两间小室连接贮藏室。

整座享殿为轴对称矩形布局。这种结构在古埃及享殿乃至其他庙宇建筑中最为常见。佩比二世享殿比以前的享殿规范，故成为后世模仿的蓝本。中王国的享殿，除门图荷太普二世的平台式建筑外，其他规模可观的享殿，几乎都继承了佩比二世享殿的形式。但中王国时期的享殿与那时的金字塔一样，也多是泥砖结构建筑，因此保留下来的不多。

相比之下，在中王国之前，神庙建筑要比享殿简陋，形制也较简单。享殿建筑启发了神庙建筑师，他们开始注意借鉴模仿。例如，神庙中的立柱庭院、立柱大厅等都是师法享殿的。到了新王国时期，神庙的建筑法则开始逐步确立。

神庙的建筑法则

典型的古埃及神庙，如阿蒙神神庙，一般都是南北向的，在中轴线上有序地排列着整座神庙的四大部分：门楼、立柱庭院、立柱大厅和祭祀殿。

门楼是古埃及神庙特有的门形，由对称的两个门楼与连接两者的天桥构成，天桥下方是神庙入口。门楼带有宗教意味，最早见于第五王朝，东西门楼分别象征东西地平面。太阳从东方升到当空，意味着太阳神驾驭太阳船由天桥穿过，这时，神庙内日祭活动进入高潮。门楼两侧，对称地竖立两对旗杆或一对（也可能二三对）国王石雕坐像（或立像）。有的大神庙门楼前还有一对高方尖碑。门楼前通常有一条两旁排列着羊头狮身石像的路直通尼罗河畔。

门楼后是立柱庭院，即三面由柱式回廊围成的方形露天院落。庭院的中轴线上有一条直道通向祭祀殿。立柱大厅在庭院之后，其屋顶要比庭院的回廊顶低，地面却要比庭院高。大厅的形制有横向的也有纵向的矩形，当然正方形的也不乏其例。大厅正中的两排圆柱要稍高于其他圆柱，形成高低不同的两层屋面，这是为了便于通风与采光。

祭祀殿的屋面比前面的建筑更低，地面也更高，四周密不透风。采光仅凭从立柱大厅通道透来的光线，故显得昏暗。祭祀殿中供放着神祇或国王的雕像。不少神庙的祭祀殿后，还有三间套室，为了给这些幽暗的密室一点光亮,屋顶上开有几扇小窗。

神庙的这种建筑结构,无疑寓有深意。从门楼进来,屋顶递次下降与地面逐渐增高,从宽敞而明亮的庭院到光线暗淡的祭祀殿密室,层次分明,给人以肃静神秘之感。它充分体现了古代埃及悬殊的等级差别。到神庙参拜,地位卑微的信徒只能麇集在庭院中匍匐礼拜,有一定身份的埃及人可进立柱大厅,而能深入祭祀殿的,唯有国王和高级祭司。

按照这种建筑法则修建的神庙,具体形制并非固定不变。神庙内居室的配置可随建造者的意愿增减。神庙的建造者似有一种不成文的习俗,他们喜欢在前人的神庙上加修,锦上添花。这在底比斯的神庙中屡见不鲜。其结果往往是在原有的门楼前增加新的庭院和门楼。著名的卡纳克神庙就有十道门楼。

神庙的建筑法则,是后人总结古埃及建筑师的实践得出的规律。对把宗教活动视为精神生活支柱的古埃及人来说,按照这种法则建造的神庙,显然能满足他们的心理需求。

卢克索神庙和卡纳克神庙

卢克索和卡纳克两大神庙,都位于上埃及的古都底比斯。古代底比斯被尼罗河切割成东西两部分。东岸分为北面的卡纳克和南面的卢克索两个地区。西岸即是王陵谷所在地。

始建于阿门荷太普三世时期的卢克索神庙是按建筑法则修建的一个范例。它总长189.89米,宽55.17米,呈长方形,包括北端由拉美西斯二世加修的一个立柱庭院与门楼。在庞大壮观的门楼前,矗立着三对国王坐像和一对方尖碑,其中一座方尖碑已运到法国,另一座仍留在原地。在拉美西斯二世的立柱庭院中,西北角有一套三间小室,用以祭祀底比斯的三位一体神祇:阿蒙神、他的妻子穆特和他们的儿子洪苏。这个庭院四面皆有门道,这在埃及神庙建筑是不多见的。阿门荷太普三世所建的原始建筑，先是14根圆柱组成的宽大走廊，圆柱高20米，柱头犹如绽开的纸草花；然后是立柱庭院、立柱大厅、带有四间耳室的后厅、祭祀殿及其后部的两间小密室。立柱大厅由32根纸草花蕾状柱头的圆柱组成。卢克索神庙建筑，共用151根柱子。这些圆柱华丽漂亮，线条优美。

卡纳克神庙则不以华美取胜，它气势宏伟，古朴浑厚，是国内官方奉祀阿蒙神的最高殿堂。为了取悦于神，每位国王都不惜重金对神庙进行扩建与装饰。他们在翻修过程中，为使自己的丰功伟绩流芳百世，竭力在神庙的壁面镌刻重大的历史事件，包括编年史、战役场景和国王名字。因此，卡纳克神庙既是一座建筑艺术的博物馆，也是历史内容丰富的石刻档案馆。

卡纳克神庙的部分建筑始建于古王国时期，扩建修葺的工作，一直持续到托勒密时代，前后绵延2000余年。其中阿门荷太普一世、图特摩斯一世、三世、拉美西斯一世、二世、三世和西提一世等国王在位期间对其的扩建工程规模较大。那些朝代的建筑师们，除扩充门楼外，还围绕阿蒙神大庙修建相应的神庙。到第十八王朝，卡纳克神庙实际上已是一个复杂的庙宇建筑群。如把阿蒙神大庙作为主体部分，那么，它的南北还各有一个小建筑群，可称为南建筑群与北建筑群。

位于中央的主体建筑群，近似正方形，它的北墙长530米，西墙长700米，东、南墙均长510米。中间的阿蒙神神庙共有10座门楼，最外侧的一座门楼前有一条林荫大道，两旁为羊头狮身卧像。东西轴线上，1至3号门楼为三位国王修建。往里，4号和5号门楼，由第一位对卡纳克神庙进行大规模改建的国王图特摩斯一世完成。坐落在较小的6号门楼后面的大殿，系著名的建筑师伊涅尼设计。庙前两座方尖碑（其一已倒塌)，以哈特谢普苏特女王的名义设立，式样仿照她在代尔巴哈利享殿前的方尖碑。

庭院深处是历史悠久的中王国时期的祭祀殿，后面紧接着图特摩斯三世的宴庆大厅。从3、4号门楼中间向南，又有7至10号门楼，这样就构成了神庙南北向的横轴。祭祀殿南侧，为一长方形的湖，称作"圣湖"。

卡纳克神庙最杰出的建筑，是2、3号门楼间的圆柱殿。它由西提一世开始建造，拉美西斯二世完成，是埃及最大的柱殿，风格与古罗马的圆柱殿相近。殿长84米，宽54米，共用石柱134根，分成16行。圆柱直径约3.5米。居中的两排圆柱稍高于两侧，以利于采光和通风。

主体建筑群的西南角，是被誉为"典型埃及神庙"的洪苏神庙，它通过门楼前的斯芬克斯像林荫道与卢克索神庙连为一体。南部建筑群是穆特女神的神庙建筑。

卡纳克神庙的建筑群，无论从严谨的设计与布局，还是浑厚朴实的装饰艺术看，无不给人以美的享受。尽管由于改建加盖过多而有些紊乱，但底比斯南部的卢克索神庙以及尼罗河西岸的享殿建筑，却使卡纳克神庙得到均衡。

哈特谢普苏特享殿及其他

从卢克索乘船渡过尼罗河，经过狭窄的绿洲地带，迎面是峰峦起伏的山岭与柔软的黄沙，在岩壁下面，一座座辉煌的享殿又一次显示出古代埃及建筑的艺术成就，其中，最有代表性的是代尔巴哈利的哈特谢普苏特女王的享殿。

这座享殿不同于一般布局，设计者是女王的宰相桑穆特。也许受到第十一王朝的门图荷太普二世享殿的启发，它也采用叠式平面布局，即由沿着地势高低分布的三层平面建筑组成。一条斜面走道把各层建筑连接起来。每层走道的两侧，都有一横排柱廊。最上一层的台面，是从岩壁凿出的宽敞露天庭院，其后为一圆柱殿。中轴线的最里端，是个小小的长方形的阿蒙神祭祀殿，它的北面是一个中央设祭坛的庭院，这可能是从古王国的享堂演变而来，供作祭祀太阳神之用；祭祀殿南边的侧室，才是祭祀哈特谢普苏特女王和图特摩斯一世的祭堂。

代尔巴哈利的哈特谢普苏特享殿与门图荷太普的享殿一样，以平面相叠的造型为特色，而且就修饰华丽而言，也是其他享殿难以企及的。桑穆特竭力用壁画和雕刻装饰享殿，仅祭祀殿一处就有200多尊雕像；享殿的地面，铺有金银砖，门扉用青铜镶嵌，极为富丽堂皇。

新王国时期，底比斯西岸所建的享殿，一般来说，都取长方形轴对称布局，面朝尼罗河。由于融入了祭祀神祇的活动，享殿的功能增加了。当时，享殿中出现了供日祭用的祭坛，以取代古王国时期的享堂，阿蒙神的祭祀殿地位突出，通常由前后两小间密室组成，位于中轴线的最里端；在祭祀殿的侧面，有专门祭祀祖先的房间。这些新出现的建筑都围绕着立柱庭院（或大厅），成为新王国时期享殿的基本结构，使享殿具有新的功能。也正因为此，阿蒙神神庙的一些建筑成分如门楼与斯芬克斯像大道，在享殿中也有反映。在底比斯西岸一些国王享殿中，甚至出现了带顶篷的回廊、金库或贮藏室等。这些都充分说明，底比斯时代的享殿建筑已掺有神庙的因素，国王与神一同受到祭祀，这是古埃及人进一步神化国王的结果，也是新王国时期的建筑师总结前人的实践经验，对埃及庙宇建筑艺术作出的贡献。

奈乌塞勒太阳神神庙

在下埃及古都孟菲斯附近的尼罗河畔，有一种独特的建筑，那就是太阳神神庙。第五王朝时，对太阳神拉的崇拜达到高潮。在古埃及文献中，曾提到过第五王朝6座太阳神神庙的名字，但迄今为止只发现了两处遗址，一是乌塞尔卡夫的太阳神神庙，因系泥砖结构，今只剩一堆沙土，难窥其原貌；一是奈乌塞勒国王的太阳神神庙，为石结构建筑，保存完好，是了解和研究古代埃及太阳神神庙的重要依据。

奈乌塞勒太阳神神庙位于阿布古拉卜，依地势起伏，建筑在高低不同的两级台面上，由一条有顶的通道连结庙坛和河畔入口处的建筑(图32)。

图32 奈乌塞勒太阳神神庙

河畔的入口处，是一长方形建筑，三面有门。中间是正门，有四根圆柱围成一方形平台，三条门道都有走廊通向建筑物的中心。后面是通道，长100多米，拾级而上，至一折角，进入主庙。

在长近100米，宽约75米的长方形围墙内，是一座方尖石塔和一个祭坛，它们组成了太阳神神庙的主体。方尖石塔具有象征意义，坐落在一个高20米的斜壁方台上，锥形的塔顶用铜片包裹，在太阳照耀下闪闪发光。方尖石塔前面，是方形祭坛，乃举行祭祀太阳神仪式之处。平台高出地面，四周各有一阶梯，外圈还有一道矮墙。平台北面的长方形广场，是宰杀祭祀牺牲的地方，后面的一排10间房屋系贮藏室，由一条横向的走廊连接。方尖石塔的东南角，有一间小室，门两旁各有一对可能用来放圣水的石盆，以及一对石碑。室内的壁浮雕刻画了太阳神神庙内举行基本仪式和筵席的场景。

太阳神神庙的外面,围墙之南,停着一艘砖舫,长30米。古埃及人认为,太阳神拉每日驾驭着这艘太阳船驰过天空。

太阳神神庙与当时的享殿建筑相近,柱子都选用红色花岗岩石,柱头的装饰,采取棕榈叶和莲花图案,以显示活泼的生命力。

拉美西斯二世及其阿布辛拜勒石窟神庙

石窟墓室始见于古王国时期末叶,但与之相仿的石窟神庙却直到第十八王朝才开始出现,是由哈特谢普苏特女王与图特摩斯三世在贝尼哈桑地区凿山壁修筑的神庙。拉美西斯二世是新王国时代一位叱咤风云的君王。他在位期间,国势强盛,疆界一直伸入叙利亚地区。埃及境内大兴土木,建造庙宇。其中,拉美西斯二世在阿斯旺以南阿布辛拜勒村山中所建的石窟神庙,最蔚为大观。

这座神庙是拉美西斯二世为奉祀底比斯的阿蒙神和赫利奥波利斯的拉·霍拉赫提神,在岩壁中凿石建成的,与拉美西斯二世修建的其他建筑物一样,目的在于颂扬他的无比威势。陡峭的岩壁立面被建造成一个宽约40米、高30米的巨大门楼。位于门楼中央的路口两侧,是在岩壁上凿成的四尊高达21米的拉美西斯二世坐像,他粗壮的大腿间还有数尊小立像,那可能是王室成员。这四尊巨像冷漠地眺望着远方,以表现一种与神同在、不可一世的气势。石窟神庙的室内装饰,更流露出拉美西斯二世企图流芳百世的心态。入口处的门楣、天花板和壁画上,都镌刻着拉美西斯二世的名字;立柱大厅中两排八根圆柱均雕成国王的立像;祭祀殿的神祇中,拉美西斯二世也当仁不让,置身其中;描绘和歌颂国王的胜利和功绩的场面和赞美词,在神庙壁上到处可见。

由岩壁立面的门楼进入石窟神庙内,可清晰地看出它是一个规则的对称建筑,包括一大一小两个立柱大厅、一个横向廊厅和安放四尊神像的祭祀殿。这些建筑均安排在纵深54.86米长的东西轴线上。厅殿与新王国时期的神庙相似。另有八间不规则的小室,分布在大立柱厅的两侧,一为三间,另一有五间,供祭祀用的器皿和家具,沿墙摆放或放在柜子的搁板上。

第十九王朝宏伟的建筑艺术,通过阿布辛拜勒的石窟神庙得到淋漓尽致的表现。这座无与伦比的艺术宫,反映了古埃及人民的非凡才能。

拉美西斯二世还在底比斯建造了一座称为拉美西姆的享殿。它集享殿、阿蒙神神庙及王宫为一体,在一个宽大的长方形围墙内,沿着中轴线先是依照典型的阿蒙神神庙形式建成的享殿,作为主体部分,后面乃是王宫。拉美西姆享殿的这种特点,使整个建筑物内为满足各种需要的居室、小屋数量众多。

古埃及的庙宇与金字塔,都属规模宏大的建筑,但各具独特风格,尽管庙宇建筑在第二十王朝之后渐趋销声匿迹,但是在人类建筑史上,它占有光辉的一页,也是今天世人述说古埃及文明的重要篇章。

第四节 城市建筑艺术

与金字塔、享殿和神庙相比,古埃及的民用建筑实例要少多了,原因是简陋的建筑材料难以在岁月的流逝中保存下来。现能见到的城市遗址,大都属于新王国时期,再早的民用建筑几无发现。但即使从那些仅存的遗址中,也仍可看出当时的民用建筑已很注重布局的合理性、设计的美观和实用性。事实上,古埃及的民用建筑有很高的建筑水平,并形成了一定的营造法则,成为后世建筑的蓝本。这些,可从后期建筑的壁画和对早期墓葬群的设计与布局的研究中得到证实。

古埃及主要城市及其布局特点

根据埃及独特的地理环境,依傍着尼罗河的狭长地带,特别是在三角洲的出海口建城,是理想的。因此,古埃及的港口城市,为数不少。在下埃及的三角洲,就发现瓦滋特、赛斯、布西瑞斯、阿里比斯、美顿斯和塔尼斯等城市遗址,它们都是依靠与内地或海外进行通商贸易而发展起来的港口城市。

在古埃及历史上,没有一个长期固定不变的都城,历代君王都按自己的需要修建或迁移首都。由于建都时间一般都不长,因而遗迹不多。最古老的首都孟菲斯规模不如底比斯,这是因为底比斯不仅是首都,也是港口和宗教艺术中心。在埃及,以宗教为纽带形成的政治、经济、文化的中心城市相对比较稳定,如以太阳神崇拜著称的宗教圣地赫拉克来俄利斯和以卡纳克和卢克索的神庙建筑而闻名的底比斯等。

另有一类叫做"金字塔的城市",完全是古埃及的产物,也属主要城市类型,在古王国与中王国时期流行。它是由国王批准为金字塔的修建者建造的城市。居住者有大批的工匠,还有管理城市的官吏和定期到金字塔主持祭祀活动的祭司。所有的居民都享受免税。

古埃及的各类城市都严格按照一定的营造法则修建而成。[①] 拉洪城就很具代表性。它是中王国时期喜兹斯多利斯二世所建的金字塔城,除东南角遭到破坏外,大部分保存完好。在边长为 370 米长的矩形泥砖墙内,有一道南北向的直墙将全城分成大小两部。西面的小城区供一般工匠居住,房屋整齐地排列在一条条平行的街道旁,由一条垂直的干道贯穿;东部是大城区,由两条相交的主干道组成立体构架,其中一条连接城门的东西干道,这样,大城区又划成南北两半。南部为有一定身份的平民的居住区及商业区,房屋呈棋盘状;北部是高级官吏的府邸;西北角用墙

---

① 保罗·兰普尔(Paul Lampl):《古代近东的城市及其布局》(*Cities and Planning in the Ancient Near East*),纽约:George Braziller 出版社 1968 年版,第 29 页。

围成,是国王的行宫。宫殿建在一个高出周围地面的台基上,宫门直接通向南北主干道。与行宫遥遥相望的是祭司云集的神庙。据估计,当时的拉洪城可容纳8000名居民。

拉洪城反映了棋盘状的城市布局。这种设计思想从古王国时期的卡卜城中就得到充分的运用并成为法则。其特点大约可归纳为以下几点:

方正直角的城垣中,以两条垂直相交的通衢构成主体,另有一排排平行的支干道,支干道又有数条纵向平行小街,经纬交错成棋盘状,民宅、府邸都整齐地坐落在街道的两旁。

城中严格按照居民等级划区,一般以主干道为界限。因此,主干道的交叉点一般不在城中央,而偏于西北角。城内专辟有宫城,具有大城套小城的建筑风格。

城门位于主干道的轴线上。城中通常设置神庙,商业区则在平民区内。

从拉洪城的布局中,可以看出古埃及城建具有严格的轴对称的特点。这在城堡或军事重镇的建设中,体现得尤为突出,如位于今苏丹境内尼罗河两岸的那些第十二王朝的要塞,就是一批典型的例子。

第十八王朝的阿赫那顿宗教改革,打破了传统意识,促生了不少新的事物,另建新都也是当时的一件大事。具有独特风格的阿玛尔纳是阿赫那顿所立的新都,它西傍尼罗河,另外三面由一条环状山麓与沙漠隔开,形成一条长9千米、宽不到1千米的狭长地带。城市布局采取不同以往的新颖设计,三条与尼罗河平行的南北向大道和两条与之垂直相交的东西大道,组成了城市的主要框架,东西大道把全城分成北、中、南三部分。中部是一个没有城垣的宫城,内有宫殿、神庙、官府衙门机构和国库。建筑物精致而华丽,规模也大。引人瞩目的是,架在王家大道上的桥亭,将路两旁的王宫与神庙连接起来,专供国王往返。高级官吏和有身份的人都居住在南部。北部为中下层平民的聚居地。整座城市按等级划分，一目了然。连城东面山壁里的石窟墓，也分成三个级别。

阿玛尔纳的布局，可以说是古埃及唯一不合城建法则的实例。它枕山面水，顺乎地理条件，不强符法则，是古埃及的城建艺术中特殊的一抹色彩。不过，传统的力量毕竟强大，阿玛尔纳城不可能完全标新立异，彻底摆脱城建法则的羁绊。如严格的等级划区和整齐地排列在垂直相交的主次干道两旁的建筑物，明显是遵守城建法则的产物。阿玛尔纳城虽不是古埃及城建的主流案例，但它融自然与人工于一体，创新与守旧并存，极具研究价值。

宫殿

中王国以前的宫殿实例今已荡然无存，即便是第十八王朝的王宫遗址也寥若晨星。在现能见到的王宫中，阿门荷太普三世与阿赫那顿的宫殿当数佼佼者。

阿门荷太普三世建在玛尔卡塔的宫殿与阿赫那顿的阿玛尔纳宫殿之所以备受今日研究者的重视，是因为它们反映了民间建筑的一般特性。典型的古埃及宫殿，通常由两部分组成，一是私人起居食宿用房，一是专供接见或处理公务的办公用房。办公用房的建筑群也取轴对称布局。大门坐落在纵轴线上，穿过带有柱式回廊的庭院，是接见或办公用的正厅，再进去是后厅。后墙处有两个假门状的壁龛，两旁为厢房，对称排列，供入宫的亲属、侍从休憩。沿庭院两侧墙边，竖有一排排石像。宫中各式各样的圆柱，以棕榈叶和纸草花状图案装饰的柱头居多。

正厅旁有一条带顶的走道，通向国王的寝宫。那也是一长方形建筑群，也取轴对称布局，即由柱廊通向中央大厅，厅内有两排圆柱，紧连大厅的左、右、后三面围有一系列房间，包括卧室、起居室等。走出大厅，后面才是国王的专用殿宇，连同他的卧室。在玛尔卡塔宫中，私人用房后面，另有一部分为浴室、厕所、膳食房等附属设施,供服务人员休息食宿的场所也在此处。

古埃及的民用建筑多半用泥砖土坯叠砌,连规模较大的王宫也不例外,然而却不显简陋。在宫内所有的卧室、闺房墙上,都绘有色彩鲜艳的壁画,反映宫中生活或宗教祭祀活动,天花板上画有飞鸟,地上绘有走兽,更添生气;室外树木葱茏,绿草如茵,并配有人工水池。这样精心建成的宫殿,在炎热的古埃及,显然充满了帝王气派。

为参加盛大的典礼和宴庆活动,建筑师们又为国王设计建造驻跸行宫,因常与神庙连在一起,故又称"庙堂宫殿"。国王因庆典偶尔御驾亲临外,庙堂宫殿平时只能闲置着。庙堂宫殿出现在第十八王朝末,其设计与一般宫殿相仿,在纵轴上,按次序安排柱廊、庭院、立柱大厅、后厅。不同之处是没有厢房一类的附属建筑。比较特别的是拉美西斯三世在哈布城所建的宫殿,前面有一个堡垒式的门楼,可能是为缅怀他击败雅利安人的战功而设计的纪念物。

总的来看,宫殿建筑的布局与神庙相去不远,虽在建筑构造上逊色不少,但它内部的壁画内容丰富,色彩斑斓,后宫内院充满园林情趣,使之超然于宗教氛围之外,这是庙宇建筑所难以媲美的。

民宅

研究至今缺乏考古实例的古埃及民宅建筑,只能依赖底比斯西岸的石窟墓中的大量壁画了。由于古埃及社会存在明显的等级差别,各类民宅建筑也有明显的差别,但只反映在规模的大小和居室的多少上。古王国早期较好的民宅,由前庭、回廊、大厅以及卧室套房等组成。到了中王国时期,有民宅出现室外楼梯,可通屋顶凉台。砖结构的两层楼房较为普遍,富豪们则以拥有三层楼房为荣。当然,下层百姓的住宅仍为单层平房。新王国时,王公显贵的寓所,居室多达30余间。现代考古学家复原了第十八王朝后期一住宅的模型,在一长方形院落中可看到三个部分,前部为大庭院,有水池、凉亭和葡萄架,经过回廊至中央部分一小一大两间厅堂,厅堂的三面由房主的卧室、客房、闺房以及浴室、祭祖的享堂等围绕。靠后墙的一排低矮小房,是仆佣们的住处。

古埃及的民用建筑,大到城建,小至民宅,其设计布局都把实用放在首位,竭力满足追求安逸舒适生活的心理。各类花草鸟兽的图案是壁画的主题,使建筑物增添了动态生气,也使方正规矩的建筑布局不显枯燥单调。因此,宗教色彩在民宅建筑中虽仍留有痕迹,但让人感受更深的乃是多彩多姿的生活画卷。

第五节　其他建筑

军事建筑

在古埃及历史上,有两个大事扩张远征异域的时期,一次在第十二王朝,另一次在第十八、第十九王朝。战争的胜利,扩大了埃及的版图,也增加了附属国数量。古埃及国王为巩固对广大领土的统治,须不时派兵出征,修建城堡要塞也就势所必需。因远离埃及本土,有些军事建筑融合了当地的一些特色。

中王国时期的城堡要塞,大都在努比亚地区,坐落在尼罗河畔,四周有干沟围绕。沟壁用砖砌得十分陡峭,必要时灌入水便成了护城河。城墙有的有内外双层,但朝外的一面都呈垂直,不让攻城之敌攀登。城墙内侧为倾斜面。城墙上面有雉堞,形状是向外凸的墙头掩体洞。墙边有一条马道,直通墙顶处设岗。

城堡一般为长方形,但也有依照地形修筑而呈不规则的形状。城内布局,遵循城建法则,十字形的两条交叉街道,与城门相连。城内有兵营、指挥部、军械库和神庙,分布在各区域,平行排列,都有堡垒守护。这表明,城堡建筑除增设防御设施外,仍然注重城市布局。

这时期的城堡多系砖木混合结构,仅城墙墙基采用石块,这可能是出于快速建城的需要。

新王国时期建造的军事要塞主要在叙利亚、巴勒斯坦地区,有的带有明显的当地建筑特征。无论是矩形还是因地势而建的不规则形城堡,都有两道巨砖砌成的砖墙,两道墙间是护城河,门道和墙基均用岩石构筑,另有瓮城和堡垒等。这样设计的城堡,与中王国时期尼罗河上游建造的城堡形制,大致相似,只是规模稍大。

城堡建筑是战争的产物。考证这类遗址,有助于了解历史的横断面;从城堡建筑的多功能性质看,更可看出古埃及建筑师除依据平台建造静穆的庙宇与陵墓外,也有能力在山岭旷野修筑实用又合乎城建法则的建筑物。

石雕建筑

综视所有古埃及建筑,尤其是陵墓与庙宇,巨石雕塑都是一个不可缺少的要素。石雕最早出现在马斯塔巴墓里,是供死者灵魂寄居而设立的石刻雕像。起初,石雕只是一件艺术品,到了中王国时期,才成为建筑设计构思中一个必需的因素,是建筑的组成部分。

石雕建筑明显带有宗教色彩,主要分为三类:神像、国王像和斯芬克斯像。神像和国王像置放在陵墓的专门小室和神庙的庭院内,斯芬克斯像一般排列在神庙前的通道两旁。这三类石雕的艺术造型,在整个历史进程中几乎一成不变,表情都显得呆滞、冷漠,它们基本上成对出现,最大的特点是巨大,如阿布辛拜勒神庙前的四尊拉美西斯二世的坐像就高达21米。普通的石像也大都在10米以上。

加工这类石雕,有两种方法。一是对整块巨大的圆柱状花岗石进行凿刻，雕毕再用滑轮杠杆将其竖起。神庙前和庭院内的石雕建筑多半这样完成。另一种是直接在岩壁上剜挖出一块，按照事先测定的比例进行连体雕刻。这类作品多见于石窟墓中的石柱与壁龛中的石像。

古埃及石雕建筑也有一些基本特点和惯例可循。例如，石像背面总是紧靠石柱或与石柱连成一体，出现在神庙的柱厅内；宫殿庭院里空地上所立国王立像是一种点缀；神庙的门楼两侧通常也需放上一对国王像；石窟神庙的洞门两侧岩壁上，一般刻有成对的连接山体的国王坐像。

石雕建筑是古埃及建筑的主要组成部分之一——事实上，要想在典型的古埃及建筑中找出一个没有石雕的实例，是极不容易的。石雕建筑也是古埃及建筑的重要特色之一，它集中反映了古埃及人的宗教思想和艺术观。

第五章　古埃及艺术

在埃及学中,"埃及艺术"通常指古埃及自王朝时代以后开始形成鲜明个性的造型艺术,包括雕塑、绘画、浮雕以及工艺美术等各种形式。至于古埃及的音乐、舞蹈、戏剧等广义的艺术门类,其音响与律动已融入时空长河一去不返,人们只能凭借残留于造型艺术中的线索,如壁画中的舞伎、浮雕上的乐师、纸草纸或石棺铭文记载的剧本片断去想象,进一步欣赏或研究极为困难。

埃及艺术是古埃及文化最引人入胜的一部分,也是古埃及文化最主要的实物形态遗产。今天世界上许多古埃及研究者和爱好者,正是在古埃及艺术的吸引下走入古埃及文化殿堂的。古埃及艺术家创作积极性极高,因而艺术遗品特别多。其原因,首先在于埃及人对复活和永生的信念。古埃及人热衷于营造陵墓、神庙,前者是来世生活的"家",后者是通往永生世界的"路"。绘画、浮雕和雕塑,正是这些建筑物的附属品。埃及的造型艺术与它的建筑艺术是密不可分的。古埃及艺术品数量惊人的另一个原因,在于古埃及文明地区所具有的得天独厚的材料优势,这方面是它同时代的文明区(如美索不达米亚)所无法企及的。采石场

第五章 古埃及艺术

提供源源不断的石料，使埃及人很早就练就了出色的石工技艺。[1] 数不胜数的石雕、石刻历经千百年日晒风蚀，依然如故。北起尼罗河三角洲，南抵努比亚，地上地下均已发现大量石质艺术品，仅开罗博物馆就收藏了其中的 30 余万件精品。据估算，已勘明、发掘到的，还未到全部文物数量的三分之一。[2] 古埃及人留下的是一座世界罕见的宏大艺术博物馆。

埃及艺术对后人具有语言难以描述的魅力。从古希腊到今天，各个时代、各个民族、各个层次的人都从埃及艺术品中领略到其独特的艺术魅力。在审美观念上最重视个性、独创、排斥功利目的的现代人，偏偏迷醉于最墨守法规、非个性化、有明确功利目的的埃及艺术。这种矛盾的现象，使埃及艺术成为研究者持续热议的课题。

诚然，了解一个古代民族的艺术，仅凭模糊的"魅力"和直觉的感受远远不够。人们对埃及艺术的鉴赏水平，是随着对这一艺术数千年持续发展过程的理解不断加深而逐步提高的。埃及艺术的一个显著特点，就在于它不是"艺术"，换言之，它不是出于"为艺术而艺术"的动机才创作的，"首先应该承认，埃及艺术只有在被视为埃及宗教的一个组成部分时，才能被理解"[3]。对生活在灵与神的世界中的古埃及人来说，现世生活只是短暂一瞬。我们在"宗教"与"建筑"两章内，已提及世俗民宅及宫殿无论数量、规模和装饰标准都远不能与冥世建筑——陵墓、神庙相比这一事

---

[1] W. S. 史密斯（W. S. Smith）：《古埃及的艺术与建筑》(*The Art and Architecture of Ancient Egypt*)，伦敦：企鹅出版集团 1958 年版，第 1 页。
[2] M. A. H. 纳比莱（M. A. H. Nabileh）：《古代埃及——历史与文明》(*Misr Al-Qadimet, Tarikh wa Hadharat*)，阿拉伯文版，开罗：埃及国家书局 1980 年版，第 7 页。
[3] W. K. 辛普森（W. K. Simpson）：《埃及艺术面面观：功能与美学》(Aspects of Egyptian Art: Function and Aesthetic)，载《永恒的埃及》(*Immortal Egypt*)，第 20 页。

实。古埃及人在陵墓、神庙内大量置放模仿死者容貌的雕像，以便灵魂能准确无误地回归其肉身；他们将墓室墙壁涂满描绘现世与来世生活的图画，如丰饶的田园、肥壮的家畜、五颜六色的供品、成群结队的仆人……像商品说明书一样详尽明了，以便死者在冥府享用；他们在墓室和甬道内堆放珍宝首饰、家具、餐具、化妆品，甚至仆役俑像，使死者在来世生活中什么都不缺。埃及的雕塑、绘画、浮雕和工艺美术，正是在这种观念的鼓励下延续发展的。从这种意义上讲，埃及艺术不是供活人欣赏，而是为死人——在来世生活的人创作的。

除宗教功能外，埃及艺术还旨在对国家、君主作宣传，具有政治、社会功利性。通俗一点说，它起着类似今天大众传播媒介如电视、报纸及广告的作用。① 由于只有神庙是允许活人进出的，这一宣传功能就集中体现在神庙中。威风凛凛的国王痛击敌寇、征服异邦、祈祷神明等形象是神庙墙面浮雕（少数情况下用绘画）的永恒主题；国王历年的功绩、国事大典、天象、向神庙捐赠的明细表等，都镌刻在墙上，作为统治者忠于职守的记录，国王依此向神请功，另一方面，也向世人展示他的能力。

研究埃及艺术的著名学者 E. 艾弗森曾就埃及艺术的上述特征下过一个定义：“埃及艺术的本质永远不想被肉眼窥视，因而具有装饰性。美学性质的表现形式无法体现这一宗旨的本质，这一宗旨无疑具有形而上学及巫术性质……结果，造型艺术首先并非为了美和欢娱，巫术实质才是决定性的。”② 创作的宗教政治功能与艺术表现本身的美学追求之间的矛盾，在埃及艺术中格外突出。不过，诚如科林伍德所说：“巫术艺术……要

---

① W. K. 辛普森：《作为宣传的埃及雕像及二维空间造型》(Egyptian Sculpture and Two-Dimeusional Representation as Fropaganda)，《埃及考古》(The Journal of Egytian Archaeology) 第 68 卷，第 266～271 页。
② E. 艾弗森(E. Iversen)：《埃及艺术中的准则与比例》(Canon and Proportions in Egyptian Art)，牛津：Aris and Phillips 出版社 1975 年版。

第五章 古埃及艺术

求它除了具有一种最起码的巫术功能之外,还具有审美价值。这种艺术具有双重动机。只要人们感到两种动机是绝对一致的,这种艺术就能维持在一个高的水平上。"①对于埃及艺术,也应作如是观。

今天的艺术欣赏者,站在一幅古墓壁画或一尊神庙石雕前,他从美学角度的评论往往多于对其宗教或巫术功能成功与否的判断。古埃及人相信也是这样。在古埃及语中,"雕像"一词与"美""理想的"诸词同源。在古埃及文献中,经常可以读到诸如"国王就像某神那样英俊","此人就像某神那样健美"这样的句子,而雕像正是这些俊美人物的永恒替身。古埃及艺人竭尽全力将国王、显贵的形象表现得符合"美"的最高典范。另外,实际上,古埃及工匠通常是以接受委托人订货的方式进行工作的。这就存在竞争。以何取胜?当然要看谁画得更"美",雕得更"美"。

那么,在古埃及人眼中,达到什么标准算"美"呢?亦即埃及人的美学观是什么?这是一个比较复杂的课题。在本章中,我们将结合具体的艺术形式、种类、风格、流派,做些作品分析,提供一些线索,看看古埃及艺术家是如何实现美学追求的。

初次接触埃及艺术的人,往往会有这样的印象:埃及艺术极端概念化、程式化,仿佛无休无止地重复某种模式,如正面肩,侧面脸,一腿前迈,双手垂肩或拥于胸前……永远不变。实际上,这正是埃及艺术独树一帜的成就:写实的外观与写意的象征性本质的对立统一。古埃及的石雕像几乎全是相同姿态,无明显个性和表情,但它恰恰显示了比个性化更有威力的性格;古埃及的绘画总是不论远近线条一律清晰,勾勒分明,似乎很

---

① 罗宾·乔治·科林伍德:《艺术原理》,王至元、陈华中译,北京:中国社会科学出版社1985年版,第75页。

自然主义，不给观者一丝一毫的想象余地，但它正是对某种信息符号的抽象传达。由于地理的、种族的、历史的以及其他因素，埃及艺术自臻于成熟的时刻起，附加的外来影响就微乎其微。写实与写意的统一，在漫长的岁月中保持了下来。当然，随着新材料的掌握，新思想的出现，各王朝不同阶段的艺术风格还是有一定变化的。

第一至第三王朝是埃及艺术的形成阶段。到第四至第六王朝，艺术的基本法规已全面确立。后人称古王国确立的正统规范为"孟菲斯风格"。在僵滞的第一中间期后出现了一股清新的气息。第十一、第十二王朝的中王国艺术以努力恢复孟菲斯传统为宗旨，不过，由于地方势力日趋活跃，也有一些新鲜活泼的新尝试。第十八王朝从第二中间期和喜克索人入侵的萧条状况中崛起，新王国前期的艺术表现出新开端的姿态，但真正反映激变的是阿赫那顿宗教改革和它的伴生物"阿玛尔纳艺术"。这是一场艺术革命。这以后，战事频仍，王朝更迭，埃及艺术几盛几衰。令人惊讶的是，埃及人始终不渝地恪守自己的古典传统，表现出他们抗拒外界冲击的力量，甚至面对希腊化的冲击也如此。从这延续几千年的一统中辨认艺术作品在年代上、风格上的差异，从不变中寻变，这是研究埃及艺术的又一出发点。

第一节　古埃及艺术的基本法则

我们面前有两件雕像作品，一是"普塔神的预言者雷诺菲雕像"，一是"总督孟顿荷特雕像"。前者创作于第五王朝，即孟菲斯风格的鼎盛时期；后者表现第二十五王朝的底比斯总督。两者之间的相似处一目了然：向前跨出的腿，下垂的双手，坚定而稍稍向上的目光，单纯洗炼的肌肉处理，起着包围脸部的边框作用的假发……人们很难相信，这两座几乎一模一样的作品之间相隔数千公里,横亘着1700年!古埃及人一定有他们严格遵守的造型法则,否则,这种在世界艺术史上找不出第二例的一统风格是不可思议的。

基本法则

古埃及人的艺术创作为什么要固守某种法则?

前已述及,埃及艺术创作的动机主要出于宗教。在古埃及艺术家看来,要他绘制、雕刻的并不仅是优美的线条和形体,而是去确定某些实体。这些实体在现世存在过,来世将继续存在,通过某种仪式或巫术,它们将衍化为真人真物,使灵魂受益。因此,线和形是不能随意变化的。其次,国王始终是艺术创作的头号主顾,艺人(实际上是工匠)的任务只是按命令的规范去创作(实际上是制造),自由创造当然是不允许的。另外,埃及人求实、保守的气质也是造成不求变化的艺术观念的重要原因。

古埃及人对几何学秩序有敏锐的感觉,对大自然怀有诚挚的感情,表现出一丝不苟记录下来的欲望。抽象的和谐匀称概念和具像的写实风格,都渗透在埃及艺术之中。古埃及人在表现事物时,常将对象的大多数特点加以概括,保留突出点,省略细部。古埃及雕像的刚劲、简炼的几何形感就源于此。对古埃及人来说,确定事物应该如此比表现它实际如此更重要。古埃及人并不重视捕捉瞬间印象。要从他们的刀笔下找出喜怒哀乐的情感记录,殊为不易。目的的神圣庄严,赋予作品以宁静凝重的外观。绘画和雕刻的人物姿势,几乎都取静态,表情几乎都显得茫然。这些,也诱发了不变法则的产生。

此外,在埃及艺术中,各种图像与其说是幻觉空间,不如说是具有信息意义的符号。"书画同源"之说,在古埃及也适用。从所有的埃及古迹都可看出文字与图画的密切联系。象形文字本身就是一幅幅小小的画,组合起来，构成一个大画面；而一幅壁画，实际上是文字符号的扩大与延伸，人们分不清那究竟是文字还是图画。这说明，形式主义的抽象化倾向早已存在于埃及艺术之中。

综上所述，可以看出，严格不变的艺术法则在古埃及产生，是有土壤条件的。不妨这样设想：在继承前王朝和早王朝时代带有先民朴素特点的某些艺术经验的基础上，在孟菲斯产生了几种典型样式，经过遴选、比较和改进，定下基本格调，最后，经国王的认可和中央集权行政势力的推行，作为强制性的法则而确立下来。

指导埃及艺术数千年的基本法则，主要内容是什么呢？

迄今为止，人们还没有找到古王国时期证明上述法则的直接文献，但稍后时期的文献间接提供了若干线索，如中王国的纳菲尔荷太普石碑，明文记载了国王为表现神的崇高形象，在制作雕像前特地"参考古书里的记载"；在著名的拉希德石碑铭刻的法令中，有如下内容：

> 本地区各主要神殿必须制作"领受胜利之剑的国王"——托勒密王雕像；必须将托勒密王的木像安置在特别形状的金制容器中；……在"领受胜利之剑的国王"雕像旁，必须同时供奉王后雕像；……

这些都说明一个事实：指导艺术创作的法则是相当严格、繁琐的。

也许，最能向我们介绍法则的具体内容的，是千百年来在其指导下创作出来的作品本身。概括起来看，散视原理、造型要素被认为是法则的关键环节，其他如色彩处理、画面构成，也体现了埃及艺术独具一格的特征。

散视原理

为了描述埃及艺术基本法则在空间造型中的特点，现代学者提出了"散视法"这一术语①。与今天人们熟悉的从一个视点出发、近大远小的透视法原则相对立，古埃及艺术家自觉（或不自觉?）地运用散视法原则，按表现对象的重要性，有选择地从若干视点出发刻画自己的创作意念。

比例的处理是散视法的重要手段。主要形象总是采用大比例加以表现，它们在作品中的位置则可以不顾。在墓葬壁画或浮雕中，墓主人的单人像常占据最醒目的部位，仿佛他正受瞻仰，或正俯视着芸芸众生。即使他与家人在一起，他的形象也要比妻子或儿女大几倍。在新王国时期的浮雕中，巨大的国王形象和他的战车要占整个画面的一半以上，剩下的空白则散乱地分给渺小的士兵及被击溃的敌阵。

散视法的另一特点是外部的逼真让步于内在的理念。表现一个盒子，将它的正面、顶部、两侧统统画出，尽管肉眼根本不可能同时看到这四个面；不仅精心绘出盒子的外壳，而且细细地描画盒内之物。这种"假想透明"的方式所造成的视觉效果，符合古埃及人详尽地展示一切的心愿。画一个堆满粮食的谷仓，将装在仓内的谷物全都画在谷仓顶上或旁边以示其多，画一张放着首饰的供桌，先从侧视画出桌子表面的水平线，然后将珠宝垂直地、互相堆叠地画在这条线上方，造成"琳琅满目"的感觉。实际上，画者和观者当然都明白，首饰是平摊在桌面上的。第十八王朝一幅表现带鱼池庭园的壁画(图33)，池塘四周画着四排朝四个方向长的树，为了把每一株树都交代清楚，就不可能有统一的透视点。古埃及艺术家也许认为，让肉眼毫不费力地看清一切是他们的工作职责，即便有不合理之处，也置之不顾。

---

① 布鲁纳-特劳特：《跋——散视法》(Epilogue—Perspective)，H. 谢弗(H. Schater)：《埃及艺术的原理》(*Principles of Egyptian Art*)，牛津：格里菲斯研究所1974年版。

图 33 带鱼池庭园的壁画

在古希腊文明之前,古代世界的艺术普遍有运用某种散视原理刻画空间的倾向,不过,"在非透视法造型体系中,埃及艺术是最接近直观形象的,它提倡客观的、数学般准确的描绘(如对人体形象),所以在表达和理解方面是容易的"[①]。掌握了埃及艺术的这一特点,去看古埃及的散视原理指导下创作的作品,就不会感到突兀和别扭。

造型要素

古埃及艺术家本着自己创作的宗旨和观念,将要表现的对象分为两类,并以不同的造型标准分别对待。一类是主要形象,如国王、神祇、贵

---

① J.贝恩斯、J.马利克:《古埃及图集》,第58页。

族、墓主人等；另一类是次要形象，如仆役、工匠、乐师、飞禽走兽等。

刻画主要人物形象，一般要遵循若干原则。首先，得体现理念，又要有现实依据，也就是说，一方面要服从宗教功能、传统法则的要求，另一方面又要与所表现人物的实际面貌特征大致吻合；其次，必须从不同角度绘制对象，在同一人物肖像中，既有正面，也有侧面；第三，人物具有位置上的独立性，人物之间严格避免重叠、遮挡。

人像造型的基本要素是得处于静止状态，或直立，或端坐。头部与下半身朝同一方向，用侧面表现。眼、眉部位则展示全正面，以体现无所不及的视野。双肩为正面，这有助于表现双手动作及手执的器物（如长杖、权笏等）。胸部也为正面，很宽阔，以便于传达服装、肩带和项链的细节，并使整个形体呈魁伟丰满之态。自乳头以下渐渐具有侧面倾向，在不少作品中，从腋下到四分之三侧面（或全侧面）的腰部画有一条过渡线，起到连接正面胸与侧面下半身的作用。肚脐在腰部附近从侧面微微凸起。腿脚与其说是造型表现，不如说是拼合。直至第十八王朝中叶以前，双脚均呈示出内掌面，有一个脚趾。脚部的描绘是考虑到了足穿隆离开地面的细节。人体形象各部位尽可能地不互相干扰，倘若人物一条腿迈出，那么步子一定很大，这样，另一条腿就不会受到影响。画手执长杖的人物，手臂总远离身体，不使长杖挡住身体的哪个部位。

刻画人物群像，一定得避免相互遮挡，每个人相隔一定的距离朝同一方向列队，有时还要用象形文字分别标明他们的名字或他们正从事的工作。这样的安排，当然是为了服从宗教功能的需要：不能让缺胳膊少腿的人留在画面上进入永生世界。

女性形象与男性形象在总的原则上相似，但在细节上，如手、腿的姿势，线条的表现等方面有明显差异。与双腿跨开的男性形象不同，女性的双腿通常是并立的。这种心平气和的姿势是生活安定、举止庄重的反映。

双肩自然下垂,常抬起一条胳臂,或置于胸前以示羞怯或轻抚丈夫的肩臂,显示她对他的爱。古埃及画家表现女性的曲线美是很大胆的。他们将衣服或者画得特别紧身,或者仅在袖口、裙裾的部位草草加几条线提示一下衣裳的"存在"。对埃及艺术中大量出现这种近乎裸体的女性形象,有的学者是这样解释的:陵墓墙上描绘的女主人应当与她在现世家居时轻松随意的形象相一致,从而使熟悉这一形象的丈夫在来世生活中感到愉快。①

儿童与妇女的造型相近。在绝大多数情况下,画面上的儿童是全裸体的,他们口中吮吸手指,鬓间垂下一条发辫,倚着父亲直立或蹲下。裸体的儿童形象早在前王朝时期就已出现,孟菲斯的艺术家继承了这种一目了然地区分成人(穿衣)与孩子(裸体)的手段。口吮手指的人像,在古埃及文字中,成为表示"年幼""天真"及其有关词汇的限定符号。

以上列举的塑造国王、王后、显贵的造型要素,为古埃及艺术家所严格遵循,只有在阿赫那顿改革时期和其他极个别的情况下,才出现例外。

如果说造型法则明显地贯穿于主要创作领域——大人物的形象塑造,那么,在古埃及艺术家的另一类表现对象——小人物和动物中,摆脱法则束缚的灵活创作就格外引人注目了。为用图画显示来世生活衣食住行的全景,艺匠们从一批已成模式的图案中选择令他主顾中意的内容。食物制作无疑是绘画的重要题材,从烤面包、酿酒、烹调,到烧火、屠宰无不详尽描绘。仆人奉上食品、饮料、香料、油脂的画面也经常中选。还有农田劳动,如播种、耕耘、收获、扬场、运谷、挤奶,狩猎活动如捕鱼、捉鸟,以及工场操作,如织布、造舟、制革、冶炼等,林林总总,蔚为大观。这些画

---

① 阿·萨利赫(A. A. Salih):《古代埃及艺术》(Al-Fann Al-Misri Al-Qadim),载《古埃及文明史》第 1 卷,阿拉伯文版,第 289 页。

面上,每个人物都专注地投入他的工作,有各种各样的姿势,形形色色的动作,充满活力。不遵守法则的例子比比皆是。有的以全侧面绘出,根本无正面的眼睛,有的整个面部为正面,有的四分之三的身体为正面,或者扭过身去露出四分之三的背部,还有的全部躯干都用正面表现。从一些作品中可以看出,古埃及艺术家对透视法并非全然无知,画画人物形象互相混杂,一有重叠处,该遮的部分就略去;处理群体,用几条水平线安置从近到远的各个个体,某些画面还做出了展示内部深度的尝试。

以上是造型要素在二维空间(绘画、浮雕)的表现及活用,至于三维空间造型(雕塑),实际上是二维空间的组合,因此,所遵循的造型法则基本相同。

从古文献的零星记载和实际作品看,古埃及雕刻家的创作至少受到以下造型因素的制约:

1. 雕像的基本轮廓须与所表现的对象相符合,这样死者的灵魂在来世才能正确识别原身;

2. 雕像的面部须有明显的埃及人特征。异族人只是作为战俘、进贡者在埃及艺术中出现;

3. 作为来世生活的身躯,雕像必须丰满健硕,没有任何疾病、衰老或畸形的痕迹;

4. 雕像须符合埃及艺术传统的人体比例关系;

5. 服饰须顺应制作年代的宗教、审美、生活方面的特点。

因此,古埃及雕刻家总是有意识地赋予他的人物挺直的躯干、一致的朝向。无论站立或坐着,头部都不偏不倚地昂起,直视前方,仿佛在凝望永恒的冥世。为了显示静穆[①]之态,一切剧烈的动作都尽量避免,四肢的

[①] 在古埃及语中,"静"(grw)一词是表达最高理想规范与价值观念的术语之一。

活动幅度受到严格限制。通常的处理方法是,站立时,左腿前跨小半步,象征步伐坚实,目标明确;双手下垂或两臂弯曲交叉于胸前,寓意威严庄重。在小型木质雕像或金属雕像中,人物往往伸出左手握住一根长杖,这也是显示德高望重的"约定"符号之一。与此相应的是,在古埃及文字中,手持长杖的人像是"长老""官吏""贵族"等含义的限定符号。

一般来说,人名、官职、国王的年号等表明雕像身份的文字,均镌刻在雕像的底座、座位两侧或背后。如果因故缺少这些表明身份的提示,那么,头部就起着显示个人特殊形态、个性特点的作用。身躯则永远当作一种完美的抽象物来处理。

夫妻双人雕像在古埃及比较普遍。典型的姿态是妻子站在丈夫身边,身材略低于丈夫,一手揽着丈夫的腰,一手轻抚丈夫的胳臂。也有的作品采用妻子跪在丈夫腿旁的姿势。总之,均以表达女性对丈夫的仰慕和依赖为宗旨。在可能的范围内,雕刻家着力刻画女性躯体的曲线美。儿童常以传统姿势置于双亲之间,男孩一般取立姿,女孩或立或蹲跪。

纵观古埃及的雕像作品,除上述最常见的立姿与坐姿外,还可以归纳出几种"法定的"姿势,它们所代表的身份也比较明确:呈狮身匍匐于地——国王;盘腿坐下,膝间置一块书写板或文件——书吏;双手前伸向神奉献祭品——贵族……

雕像人物包括国王在内,均袒胸露肩,仅在肚脐至膝间围一条短裙。短裙作为饰物,早在前王朝时期就已出现,后来的国王在宗教礼仪和国事大典中承袭了先祖的这一习惯。短裙饰物成为雕像造型的要素之一,可以理解为旨在表示对古代传统的尊重。

在古埃及历史上的某些阶段,用贵重材料如乌木、象牙、大理石、雪花石膏等雕塑侍者、乐师、舞伎等小巧玲珑的像以装点陵墓、居室,成为奢华生活的重要标志。正如在三维空间造型的情况一样,在表现这类小人物的三维空间造型中,冲破法规自由发挥的精神又一次体现出来。弯腰榨酒的工役,侧身扬谷的农人,蹲在炉前的面包师,扭打角力的斗士,双手抱瓮于胯间的女仆,轻舒手臂悠然抚弦的乐师……千姿百态,肌肉的表现和身体各部位的联接,比严格遵循法则的国王贵人的巨雕像更为丰富和自然。不过,这一类创作在埃及艺术中只是支流,它之所以得到认可,在漫长的历程中与法则共存,也许正是因为它的存在明显地区分了尊卑等级,有效地体现了埃及艺术的宗旨。

色彩运用和画面构成

古埃及人生活在一个色彩虽不丰富却很鲜明的自然环境里,他们对颜色有敏锐的感觉。在古埃及语中,"颜色"与"自然"是一个词"jwn"[①]。一件无色的艺术品在古埃及人的眼中是不完整的。他们不仅绘画着色,而且浮雕、石像也尽量涂上色彩。埃及艺术简朴、古拙的精神也体现在色彩运用中。在一个形象里,用色是统一的,没有明暗变化,更不追求光影效果,运用过渡色的例子也极为罕见。颜色是图解某种信息的手段,比如,男性雕像的身体一律涂棕红色,表明他们经常从事户外活动,女像躯体则施以黄色,暗示深居简出、养尊处优的生活特点。基本色谱很有限:红、黄、蓝、绿、黑、白。色彩一般不相互掺杂。第十八王朝以后,色调逐渐增加,但仍尚简练、明净。在壁画中,通常由黑色线条起勾勒轮廓的控制作用。

法则还包括处理画面的构成。在埃及艺术中,尤其是壁画,单个的形象并不多见,组合画面的途径大致有两种,一种称为"格层法"[②]。这是一种普遍采用的方式,将诸多形象安排在间隔成的"格层"的空挡中,内容相

---

① 艾伦·加德纳:《埃及语语法》,第552页。
② H. 谢弗:《埃及艺术的原理》,牛津:格里菲斯研究所1980年第2版,第163~166页。

关的群像在一个格层内从左向右或从右向左排列，有时是整个墙面从上至下持续连贯地层层展开。根据散视法的处理比例原则，主人公的形象一般占六个格层的高度。联系具有共时活动特点的人物间的关系一般有三种方式，一是"面对面"共同劳动或相互对视；二是"中轴线分列"，以中轴线或中心物为界，将两组人物匀称地分在两边；三是"交谈"，在新王国时期的壁画中，常可见到女乐师扭过头去与同伴喁喁私语这一类的例子。表现非共时活动的群像，如从犁地到收获全过程中的农夫，则经常采用"背靠背"的组合方式。

画面构成的另一途径是"地图法"[①]，即将各部分内容都置于平面，一如地图。这种构图方式最早见于著名的希拉贡波利斯陵墓壁画，以后只是在表现如沙漠中的房舍、地形等特定目的和在某些特殊时期才能见到同类例子。

第二节 绘画

古埃及人在史前的游牧时期就已开始创作岩画。进入农耕阶段后，他们用画笔点缀各式各样的石器、陶器。到了王朝前夜，构成后来埃及艺术法则的一些特征已初露端倪。这一时期陶器上的篦纹、齿纹、三角纹、S形纹等几何图案反复出现，反映了某些抽象化的主题，同时也具有简洁明快的造型风格，后来的埃及艺术对几何形态的偏爱，多源于此。前王朝末、早王朝初，古埃及人开始用颜料装饰他们的坟墓中抹灰泥的墙面。到第三王朝，已有相当精美的壁画出现。第四王朝时的壁画，表明古埃及人已学会使用浓淡不同的颜色画出鸟禽羽毛的质感。这时，绘画与浮雕相

[①] H.谢弗：《埃及艺术的原理》，第160页；J.贝恩斯、J.马利克：《古埃及图集》，第58页。

结合，大规模用以装饰坟墓内墙，不过，绘画始终是在浮雕无法圆满制作的情况下（如岩石质量低劣或砖墙无法雕凿），退而求其次的辅助手段。只是到了中王国时期，绘画的地位才有所上升。绘画技艺的简便之处鼓励了艺术家比制作浮雕更自由地进行创作。新王国时期，绘画逐渐成为独立的艺术门类，表现在色谱扩大，构图更复杂精细，也表现在绘画题材的种类增多上。总之，虽然"浮雕艺术的发达在一定程度上减弱了埃及人作为纯粹画家的光辉"①，但我们仍可以断言，埃及的绘画艺术，在人类早期绘画发展史上，材料最丰富，成就也最大。

技法和题材种类

古埃及人使用的颜料均为矿物，用木炭画黑色，铁矿赭石画棕色、红色或黄色，铜矿孔雀石粉画绿色，白垩或石膏画白色。他们在有色矿物粉中掺上水，用蜡或胶制成的粘结物，类似后人所说的"蛋彩"。在画壁画时，先在岩石上或墙面上精心抹一层石膏或灰泥，干结后开始作画，画面完成后再涂一层蜡或透明漆，使之长久保存，颜色不褪。②

如何保证传统法则在水平参差不齐的众多画工手下不走样呢？古埃及人借助方格、长方格和直线来把握人体比例关系。在作画前，画工们先在墙面上等距离地定好若干点，然后以淡色直线将这些点纵横连接起来，构成均匀方格或长方格组成的网面，勾草图时按规定的格数界定人体外轮廓线，草图勾出后再将格子抹去。至今在一些墙面、岩石上，尚未抹去的线痕仍清晰可见，这使我们得以窥见古埃及艺术家处理人体比例的概

---

① W. S. 史密斯：《序言》，《古埃及的艺术与建筑》，第 3 页。
② 贾克希(Jaksch)：《古埃及陵墓、神庙壁画上的颜料》(Ancient Egyptian: Pigments from Wall Paintings of Tombs and Temples)，载《第四届国际埃及学大会论文提要集》(Abstracts of Papers of Fourth International Congress of Egyptology)，慕尼黑：国际埃及学学会 1985 年版，第 101 页。

貌。格子的数目在长期发展过程中也许有过若干次调整，在最终确定下来之后，古埃及人找到了最匀称、最符合他们体形特点的比例关系：身高自脚心至前额刘海占18格[1]，面部自鼻尖至额发占1格，手臂自肘至指端为5格，拳头占1格空间，脚底踏在地面上3格[2]……这个比例作为不成文的金科玉律代代沿袭，不仅在二维空间造型（绘画、浮雕）中运用，而且在三维空间造型（雕像）的草图阶段中也认真遵循。

古埃及绘画的种类比较齐全，最重要的是壁画，此外还有纸草纸画、地板画、器物饰绘、布帛画、岩石或陶片上的速写小品、木板肖像画等。

壁画的题材与浮雕几乎相同，从创作意图来说，是为来世生活展现美景，实际上则是古埃及人现世日常生活的程式化图解，从社稷大事，如祈神仪式、各种盛典、农耕战事，到享乐生活，如狩猎、巡游、盛宴、乐舞等，无所不有。这些画面既是歌功颂德的手段，又是夸富争胜的途径。古埃及壁画的题材有了这种大一统的倾向，因而缺少叙事、抒情成分，很少具体描绘特殊的具体事件，也很少具体描绘人物的喜怒哀乐，从而给人以超越时空的感觉。对景物的描写总显得漫不经心，通常是寥寥几株树，或简洁的园林一角，或建筑物的一部分，或几丛纸草，似乎仅仅是衬托人物的道具。

其他的绘画种类基本上都是在新王国时期以后才出现的。

纸草纸最初只用于文字书写，到了新王国时期才被采纳为绘画的材料，现已发现的纸草画卷大都是"亡灵书"插图，也有拟人化的动物讽刺小品和反映世俗生活的图画。纸草纸画一般用黑线勾勒，施以淡彩，由于画面狭窄，构图远比壁画简单。

---

[1] 到了后期，人体高度规定为21格。详见J. 贝恩斯、J. 马利克：《古埃及图集》，第61页。
[2] 阿·萨利赫：《古代埃及艺术》，第298页。

地板画见于阿玛尔纳宫廷遗址。地板风景画表明古埃及画家已掌握更高的技巧和更细腻的色彩感，表现花鸟鱼虫（从古王国时期的壁画起，这些就是画家们感兴趣的题材）的质感，极为复杂精细。

画棺是古埃及绘画独有的一个门类，出现在第二十王朝之后。在石棺中放置木乃伊人形木棺，木棺内外画满对称的彩色图案，均取材于"亡灵书"中的内容——守护神、经文等。许多画棺具有很高的技艺水准。此外，各种器物如首饰盒、箱笼上的彩画也不乏佳作。

在拉美西斯时代，还出现一种颇为引人注目的绘画——画在石灰岩碎片或陶片上的速写或草图，在埃及学中称为"画片"（源于希腊文"Ostraca"）。这类画片有不少即兴的表现，透露出埃及艺术中罕见的情绪和灵感。

木板或亚麻布肖像画流行于古埃及文化的最后阶段——希腊罗马时代。因在法尤姆地区发现最多，故称"法尤姆肖像画"。这种肖像画先在木板上或亚麻布上以石膏或石灰粉打底，再以蛋彩画草稿，最后用加上树脂的蜡颜料绘制而成，放置在木乃伊头部。

古王国和中王国时期的绘画

早期壁画的杰出代表是"美杜姆的鹅群"（图 34）。它是从美杜姆地方的墓葬中发现的，其年代断为第四王朝初期。画面上有三种各具特征的鹅，左右对称排列，"二加一"的节奏组合在埃及艺术群像结构法中极为常见。色调单纯爽朗，背景轻描淡写以突出线条细腻的主题。这幅鹅群图原是一幅大壁画的组成部分，由于各个相对独立的图案的并列是古埃及艺术构图的特征之一，所以也可将鹅群图视为独立的作品。古王国时期壁画一般与浮雕配合使用，类似这样的纯绘画作品可谓寥若晨星。

中王国时期，绘画逐渐成为一种重要的造型手段。随着中央集权的衰微和地方贵族势力的壮大，地方首领的墓葬无论规模和装潢均不逊于

图 34　美杜姆的鹅群

王陵。古埃及中部尼罗河东岸贝尼哈桑陡峭山崖上的 39 座岩洞墓窟内，布满了华丽的壁画，它们是了解中王国时期绘画的窗口。第十一王朝的赫提墓窟内，除"角斗者"是一件十分吸引人的作品外，在墙上的若干格层间还绘有角斗士的各种姿势，类似动画片制作阶段的分解图。懂得古埃及人喜欢用一个画面同时展示不同时间内的各种动作的技法，有助于我们理解他们的不少绘画作品。第十二王朝地方显宦赫努姆荷太普三世墓窟内的大壁画在构图上比以往复杂得多。在主墓室东墙用门洞隔开的两堵墙面上，描绘着主人公携妻子在纸草丛生的沼泽地狩猎的图景，一为掷棍棒打猎物，一为用叉捕鱼，门洞上方画着用捕鸟器捉鸟的过程。墙顶端与天花板连接处，用后来埃及壁画中常见的称为"hkr"的♀形花纹饰带点缀。这幅壁画构图完整，色彩雅致，大片的粉绿色尤为清新。同一墓窟内还发现了用鲜亮颜色、细致笔触绘制的"群鸟图"，这幅作品历来为美术史著作引用，是中王国时期生动活泼画风的典型例子。

中王国时期绘画值得一提的还有迪埃尔-伯歇发现的木棺饰画。那是在杉木底子上用柔和的色彩描绘的中埃及一州长杰胡梯纳赫特，他端坐着，周围都是供品，仆人手捧香料侍奉左右，画家甚至照顾到了香炉中袅袅轻烟这样的细节。

新王国时期的绘画

新王国时期是古埃及帝国的全盛时期，也是埃及艺术的黄金年代。包括绘画在内的各种艺术样式在新气派、新风格、新手法之下揭开了新的一页。经济繁荣、风气宽松、生活奢侈的时代氛围在艺术中得到淋漓尽致的反映。古王国时期的简朴，经过中王国时期的过渡，发展为新王国时期的富丽典雅。

底比斯作为重要的都城，自然而然地成为埃及艺术的荟萃之地。壁画，除少数精品已移至博物馆，绝大多数仍存留在尼罗河西岸的王陵谷、王后谷和底比斯大墓地这三个地域，组成一条条纵横的地下画廊。

王陵谷和王后谷的壁画体现了帝王陵墓的气派，在内容方面，是严格划一的诸神、国王和王后形象，称为《冥府之书》(古埃及语为"Am Duat")的来世生活图景、天体星辰等宗教意味很浓的画面也是必不可少的主题。色彩艳丽、线条精密，气氛严肃是其艺本上的特色。王陵谷公认的最杰出的壁画群出自第十八王朝最后一位国王哈列姆黑布和第十九王朝西提一世陵。这两座陵墓虽然都在全面革新的阿玛尔纳艺术后问世，但没有留下大革命的痕迹，仍可视作是新王国时期艺术的第一阶段——第十八王朝初期风格的代表。

从新王国时期开始，随着俄赛利斯神地位的上升，绘画题材强调冥世图景的内容。哈列姆黑布墓室壁画，以淡蓝色背景衬托出色彩鲜明的神像、人像，给观者以冥世氛围的震慑力。大壁画以东墙"哈列姆黑布与众神同在"为中心，严格对称地沿墙铺展。北墙的伊西丝女神像展示了圆熟精湛的技巧。前所未见的明显的鼻孔、喉部肌肉的细线条等新手法，为后来的西提一世陵壁画提供了新范例，也为拉美西斯时期埃及艺术的最后一次繁荣期坚实精炼的宫廷画风提供了基础。①

第十九王朝西提一世陵是王陵谷最引人入胜的陵墓之一。墓内浮雕与壁画均属新王国时期的上乘之作。墓室四壁和天花板上琳琅满目的画,以明亮的色彩和奇特的形象再现了一个灵的世界。与第十八王朝《冥府之书》单线单色书法式的描述相比,西提一世陵内的冥府景象既丰富又具体,但缺乏第十八王朝同类题材抽象玄妙的神秘韵味。西提一世陵壁画另一个值得注意之处,是大色块和谐统一的布局处理,以蓝、白色为主,虽线条复杂纷呈,但总的效果简约明了,给观赏者以深刻的印象。

与王陵谷、王后谷的"仙气"相反,第十八王朝以后陆续建于底比斯的贵族墓地的壁画,富有激情地表现了一个充满世俗生活意味的世界。这些壁画刻画古埃及人的生活、劳作和娱乐,带着人类在其历史进程中共有的喜怒哀乐。无论多少年以后,观赏者对此都不会有隔阂感。

拉赫米拉墓壁画是其中的佼佼者。作为第十八王朝图特摩斯三世和阿门荷太普二世的宫廷大臣,拉赫米拉肩负接待各国朝贡使节、监修宫廷建筑和管理金属工业、木工工场等职,他的墓壁画里有许多饶有兴味的题材,如"努比亚人牵长颈鹿""雕像制作者""冶炼工""匠人打制金器"等。在"冶炼工"(图35)中,画家为传达冶炼工艺规模之大、过程之繁杂,将主要的格层再用一条附加地平线分隔为二,这样,每一格层内就能同时展示若干组人物不同时态的各种动作。拉赫米拉墓壁画的风格在一定程度上突破了惯例,人物形象改为侧面表现为主,传统法则的基本要素——正面宽大胸部的处理,则很草率,躯体宽度变狭了,从而对手臂动作的描写就具有更多的新意,透露出向自然写实方向发展的趋势。

---

① 拉法格(La Farge)等:《埃及的博物馆》(*Museums of Egypt*),东京:Newsweek/Kodansha 出版社 1980 年版,第 60 页。

第五章 古埃及艺术

图35 拉赫米拉墓壁画"冶炼工"

除四面壁上的画外,墓室的柱子也用来绘画。第十八王朝森努弗尔墓中的"画柱大厅"就是一例,森努弗尔身兼底比斯市长和阿蒙神花园总管,他的坐像被画在厅内每根方柱的每一面,这些画柱上有不少作品,构思和笔法都很精湛,如"森努弗尔坐于高座",主人公嗅着一枝莲花。自中王国以来,莲花便被借来表示生命的"安克"⚱形符号,因此,这一画面寓意着主人公长寿的生命。他的后面是一株奉献给生命女神哈托尔的无花果树,他的妻子倚着他的小腿而跪。这幅画色彩清雅,主要形象与周围装饰图案协调,可以看出新王国时期的画家已有较多的创作自由。

酷爱大自然的埃及人历来把捕鱼捉鸟当作绘画的好题材,这一源远流长的主题在气氛宽松的新王国时期更得到了发展。第十八王朝门纳墓的壁画,在这方面有出色的表现。在画面上,呈镜像对称的主人公门纳脚踏纸草形小舟,从两侧夹击纸草丛生的沼泽地的游鱼飞鸟(图36)。画家有意让舟下的河水在船头处涌起一条小山般的垂直水柱,"共时态并列"

表现原则①在此处夸张到了登峰造极的程度。尼罗河水像一条蓝色的带子,稍见暗深的锯齿形为涟漪,各种水生植物和鳄鱼、鸭、鱼仿佛剪影缀在蓝带上。壁画最精彩的部分,是顶端的水鸟、蝴蝶、猫、鼠,这些装饰性的即兴图画虽系传统手法的延伸,但表现得更为意趣横生。

图36 捕捉沼泽地的游鱼飞鸟

门纳可能是图特摩斯四世年间的田庄监工,他陵墓中壁画的主人公无疑分享了他的农业生产经验。"丈量庄稼地""挑麦""打谷""耙麦""扬场""估算收成"等一系列画面,不但记录了当时农业生产的真实状况,而且生动地描绘了人们在这些活动中的社会关系。"欠税人"和"惩罚欠租者"中的戏剧性场面(图37),人物的动作表情所表示的对收税者的不满和无可奈何,在古往今来任何时间和地点都不难引起共鸣。

---

① 这里说的"共时态并列"表现原则,即前面已提及的在一个画面同时表现不同时态的动作和状态。这是埃及艺术的主要特点之一。

图 37 "惩罚欠租者"中的戏剧性场面

第十八王朝最杰出的壁画作品出自纳赫特墓。纳赫特可能是阿门荷太普二世或图特摩斯四世统治年间的书吏、星相家和高僧。他的陵墓内厅西墙南侧的"盛宴图"惟妙惟肖地描绘一群坐着聆听竖琴手吟唱的贵妇,这一格层的下方,有一组坐在安乐椅上的男子在欣赏三位女乐师的演奏。这幅著名的"女乐师图"(图 38)是古埃及艺术遗产中的珍品之一。三位少女,一吹双管长笛,一弄琵琶,一抚竖琴,姿态优美曼妙。特别值得玩味的是画家对女乐师轻柔的手臂和随乐曲起落的手指的精心刻画。女笛手和女琴师身穿半透明亚麻布薄纱衣

图 38 著名的"女乐师图"

裳，与中央全裸体的女琵琶手相互映衬，显然意在给观者以感官上的刺激。这幅大师手笔的壁画，构思极为精巧，人物总的行为方向是由左向右，但这一流动感被中间那位女乐师扭头与身后伙伴喁喁私语的姿势所阻断，这就在造型组合上增添了紧凑感和多变的韵律。

新王国时期绘画发展史的第二阶段是"阿玛尔纳风格"的兴起。第十八王朝末期阿赫那顿改革的一个重要方面，是文学艺术观念与手法的全面更新。无论在雕塑、浮雕还是在绘画方面，都有许多史无前例的新事物涌现。改革精神在艺术世界最突出的反映是自然的、写实的风格——阿玛尔纳风格登上舞台，它不仅赋予艺术家观察表现真实世界的权利和灵感，而且为以后埃及艺术的发展播下了种子。

在阿玛尔纳时期，绘画的样式进一步丰富，除传统的墓壁画，还有地板画、墓碑画、布画、纸草纸画和各种器皿饰画，而且，手法有革新，题材也拓宽了。如阿玛尔纳王宫地板上描绘自然风光的彩画（图39），不拘泥于陈规旧习，放弃古埃及绘画中常见勾勒轮廓线的传统，笔触极为轻松洒脱，色彩搭配和光影效果都安排周到，虽然右方的纸草和左方的莲花带有政治寓意，但仍可看出该画的真实意图在于装饰性和实用性：使居住在沙

图39 阿玛尔纳王宫的地板彩画

漠边缘王宫中的人们领略漫步大自然的情趣。

著名的图坦卡蒙国王,他的随葬品中有一只彩绘箱柜(图 40),在木板表面敷一层石膏,用极精细的手法描绘国王驾长车与亚洲人鏖战的场面。[①] 战马身披的闪光衣裳的飘动和战车上装饰羽毛的摇曳,给有限的画面以动态与生气。溃不成军的敌阵的细细描画,也引人注意。

图 40　图坦卡蒙国王墓中的彩绘箱柜

前已述及,捕捉人物瞬间神情在埃及艺术中是很罕见的,但在阿玛尔纳时代,画家明显地具有此种意向。这一时期的一块着色木制墓碑,上面以柔和自由的笔触刻画一位在哈马基斯神前弹竖琴的艺人,紧凑的线条和似在翕动的嘴再现了曲已终而意未尽的刹那间,实在妙不可言。

现代研究者通常将阿玛尔纳艺术风格归纳为"自然主义"或"写实主义",这种概括可能有助于现代人粗略地了解那时代的风格特征,但就当时的艺匠来说,如此有纲领有目的有章法地与过去决裂,不仅要有勇气,而且要有对艺术发展客观规律的某种感知,这就是为什么阿赫那顿改革

[①] 古埃及文献中找不到有关此场战争的记载。一般认为是假想的情景,意在炫耀国王的武功。

很快遭挫，但那时大力提倡的艺术风尚对后世的影响却长久不衰的原因。

拉美西斯时代的艺术风尚，从整体看是宏伟厚重，主要表现在巨石雕像和浮雕方面，但那时期的绘画却与阿玛尔纳风格一脉相承。目前已发现的大批"画片"，即是明证。从第十九王朝至第二十王朝之间的"拉美西斯王族某国王头像"上，可以看出阿玛尔纳造型风格的明显影响，侧面的凸鼻梁线条很有个性，眼睛尤其美丽。据认为，这类"画片"一般是为制作大型浮雕、雕像，对招来的模特儿所画的速写草图。同样的例子还见诸纸草画卷。新王国以后，古埃及人常把写有咒语和祈祷文的纸草文书——"亡灵书"放入墓中。"亡灵书"常配有色彩缤纷的插图，常见的题材有五谷丰收，流水清纯的天堂图（图41）；虔诚地伏在地上的人物；作为大地神该伯化身的鳄鱼……纸草纸画则还有不少与"画片"小品同样的世俗主题，如在一幅纸草纸画中有人身动物头的奇怪图画：老鼠趾高气扬，俨然是贵妇主人，猫却沦为侍女，这完全将现实世界颠倒了过来。这类纸草纸画为数甚多，寓意迄今仍不完全清楚，有人认为与失传的口述文学寓言故事有关，也有人认为是讽刺现实之作。

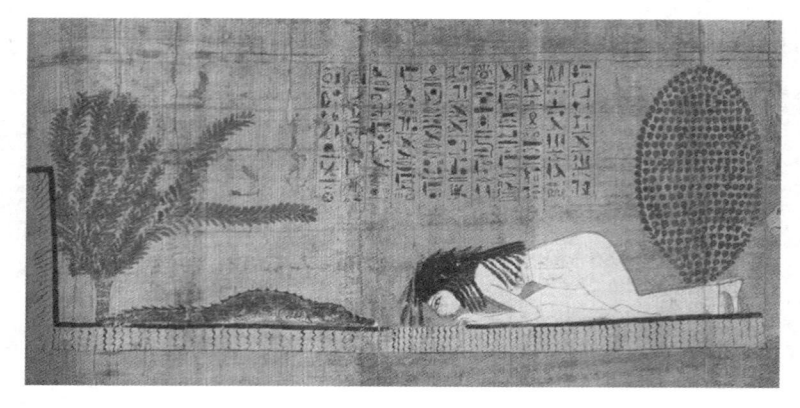

图41 亡灵书描绘"天堂"的插图

后王朝时期,埃及政治动乱,经济凋敝,艺术创作受阻,但宗教依然存在,仍保留着对艺术的需求。这一时期的艺术,模仿之风盛行,压倒了创造欲望,而且宗教气味很浓。绘画方面较有特色的是"画棺",即在石棺中再放入木制或石膏、骨胶和植物纤维混合制成的棺材,其内外两侧均布满彩色图画,内容与"亡灵书"的插图大致相同,艺术特点是用图案花纹划分框架,均衡对称地将各部分内容画入框中,并大量运用鲜黄色,显得非常华丽。

希腊罗马时代的绘画遗物多为"法尤姆肖像画",即放置在木乃伊头部的木板或亚麻布上彩绘的死者生前肖像。法尤姆肖像画有两种样式,一种是继承希腊传统,重视个人特征的写实;一种是重返古王国时期的图解表现体系,但这已是古埃及绘画旧模式的回光返照了。

第三节 浮雕

埃及浮雕艺术的雏形可以追溯到尼罗河流域的史前岩刻。[①] 前王朝末期,精雕细琢的调色板浮雕突然达到很高水准,迄今尚未发现过渡性作品,也许还有待发掘,也许根本没有。其中,那尔迈王调色板是与埃及王朝时代开端有关的凭据,也是埃及浮雕起步阶段的证明,到古王国时期,浮雕与绘画用于平顶石墓(马斯塔巴)装饰。浮雕因比绘画更具立体效果,存留也更持久,因而成为古王国和中王国时期重要的宗教建筑和墓葬的主要装饰手段。及至新王国时期,更有发展,宏伟的陵墓和神庙墙上镌刻着巨大的国王或神祇的形象,十分壮观。古埃及浮雕艺术的成就显然

---

① W. 迈克尔(W. Michael):《世界考古图集》(*The World Atlas of Archaeology*),波士顿:G. K. Hall & Co. 出版社 1985 年版,第 199 页。

给后人以强烈印象，希罗多德在其《历史》第2卷中曾数十次提及，有详尽的描述。

制作过程、技法和题材

　　遗存至今的一些未完成的浮雕，给我们提供了追踪古埃及人制作浮雕全过程的机会。试以古王国时期平顶石墓祭室的浮雕创作为例。按照主顾的需要从若干固定的样式中遴选图案，在墙上做大致的安排，还要确定主题画面外必不可少的辅助内容，如为死者歌功颂德的祭文，对拜谒者的祝福，对胆敢扰乱祭室之徒的咒语，法律条文等，这是工作的第一阶段。第二步工作是由专画轮廓线的艺人在磨光的岩石表面用红色勾出图案和文字的底稿，有的在此前还用黄色画一个草图。第三步，由雕刻艺人沿轮廓线凿刻，使墙面显露出浮雕。接着，用湿沙细磨凸出的图像，以除去刀斧痕，使雕像显得圆润。最后，由专门着色的匠人涂抹各种色彩，并点缀若干细节，如项链上的珠子、衣服的花纹、木器石器的纹理、鸟翅上的羽毛等。整幅浮雕是集体劳动的结晶。

　　古埃及人用什么工具处理大小石料，是令人感兴趣的问题。从考古发现中可以得知，制作浮雕和圆雕的主要工具是铜或青铜制的锯、锥和凿子。在吉萨大金字塔，发现过一柄网球大小的槌子，可以推测是用来凿击坚硬石料的。

　　与绘画一样，浮雕的基本技法也始于王朝时代之初。浮雕艺术以后的发展，主要体现在题材和风格的变异上。古埃及浮雕分凸雕和凹雕（又称陷雕）两大类，又可细分为一般凸雕、多层凸雕、垂直切口凹雕和倾斜切口凹雕四种样式。凸雕一般用于室内，技法是将图像周围的表面凿去约5毫米，使图像突出。制作凹雕时，沿图像轮廓线切入表面若干深度，形成以凿成底面为基础的凹形图像。凹雕在阳光下效果较好，且不易剥落损坏，故多用于室外，新王国时期尤盛。

浮雕的题材与绘画基本一致,即为死者再现生活。古王国和中王国时期墓室壁浮雕常见的画面是墓主坐在一张供桌前准备享用佳肴,凡是为来世供应食品,因而参加田庄劳作、烹调、酿造、呈奉的人员,在画面上都有一席之地。在绝大多数情况下,主人公只是静静地观看眼前的种种活动,既不投入,也不与其他人像接触。主人公形象的这种"不参与性"是埃及艺术特有的。

与消极的主人公形象相映成趣,小人物形象却充满生气。在一些作品中还可发现某些个性化的表现,如捶胸顿足、号啕大哭的送葬者,粗犷的牧人,乐呵呵的舞伎,面貌怪异的外国人,痛苦挣扎的受伤动物……不过即使在这种情况下,对姿势的重视仍胜于对面部特征和表情的渲染。许多浮雕,还采用文字提供背景材料,很像今天连环画的文字说明。这些象形文字,或是监工下达的指令,或是农夫的应答,或是一句俏皮话,或是争吵中的戏谑语,极为风趣,很难想象这竟然是墓葬内的装饰。①

到了新王国时期,尤其是第十九王朝后期,浮雕的题材依然是为死者的复活服务,但表现内容从再现阳间生活转移到了想象中的阳曹。浮雕画面充斥着丧葬仪式、木乃伊制作、在阴间对灵魂的审判等场景。题材变了,风格也随之改变,孟菲斯时期的浮雕洋溢着的朴实、欢乐和明朗,让位给了新王国后期的典雅、阴沉和森严。

在种类方面,除壁浮雕和前面提到的调色板浮雕外,石棺雕饰、方尖碑及圆柱雕饰也可视为浮雕艺术,它们的制作过程、技法与壁浮雕大同小异。

---

① A. 厄尔曼(A. Erman):《古王国墓室画面上的对话、呼唤语及歌谣》(*Reden, Rufe, und Lieder auf Gräberbildern des Alten Reiches*),柏林:der Akademie der Wissenschaften 出版社 1919 年版。

古王国时期的浮雕

在回顾埃及浮雕艺术的历程时,几乎所有的艺术史著作都从那尔迈王调色板谈起。对这块调色板,这里只想强调两点。第一,从这块调色板上已可窥见后来成为埃及艺术法则某些要素的萌芽,如正面肩和眼,侧面头和下半身,主人公所占的夸张的比例等;第二,调色板正面下部长颈作8字形相缠的动物是美索不达米亚圆筒印章上常见的图案,这说明埃及与两河流域的文化很早就存在相互交流和影响。

真正显示埃及浮雕艺术滥觞的,应推第二王朝萨卡拉马斯塔巴墓中的浮雕木像。在大臣赫西拉墓中,有若干个砖垒壁龛,上面镶有木质浮雕人像。这批浮雕木像清楚地表明埃及造型艺术诸要素业已确立,头发的样式、腰布的系法,正面与侧面的程式化等都为以后的时代所沿袭。"赫西拉像"采取删繁就简的手法,人体各部分的关连甚为明快,外部线条也较洗炼,人物四周的空间空而不虚,不仅有象形文字,还错落有致地点缀上表示主人公职务的标志,如笏、笔、墨水瓶等物件。这说明,浮雕技法已进入比较严格的规范化阶段。

古王国时期艺术有两大流派。[①] 一是第三王朝以萨卡拉为基地的孟菲斯流派,在浮雕方面表现出洗炼精致的特点,人物外形瘦削,肌肉结实,假发和衣饰刻画细腻,以浅凸雕居多;一是第四王朝以吉萨为中心的吉萨流派,顺应浩大的金字塔、巨型石雕造像的时代精神,浮雕面积扩大,出现了新技法——凹雕,第四王朝中期,粗犷的高凸雕取代凹雕,成为与宏伟建筑风格相吻合的浮雕主导。不过,第四王朝留下的浮雕不多,到第五王朝,出现了埃及浮雕艺术史上的一个高潮。中央集权这时已趋衰微,地方

---

① 阿·萨利赫:《古代埃及艺术》,第331页。

长官的自我意识日益增强，第五、第六王朝的大臣和贵族把他们的马斯塔巴墓建在毗邻国王金字塔的地方。萨卡拉、吉萨等金字塔周围的大臣、贵族墓，都以极华美的着色浮雕作为主要装饰手段。古埃及人坚信镌刻描绘出来的物体通过巫术能成为现实。因此，古王国后期马斯塔巴墓内的浮雕充满乐观精神，反复表现日常生活中明亮、欢乐的一面。浮雕中的人物个个粗壮有力，与古王国前期庄重僵冷的人像相比，开始给人以活生生的感觉。

第五王朝的"舞伎、竖琴师与歌手"（图42），是古埃及陵墓与神庙壁浮雕最早的高潮阶段的作品。画面上，各个主题有机地集中在一起，有若干格层，上部是琴师与歌手，下部为舞伎和击掌者。整个墙面镌满了动作相似的人物，可以感到艺匠们很注意通过动作准确地表现人物，画面上方还配有象形文字，刻上"唱歌""弹琴"等简要提示。埃及艺术从一开始，重视内容说明的倾向就强过人物的正确描画。图像与文字结合这一特色在古王国浮雕中十分突出。第六王朝的"船夫打架"更进一步增添了这种手段的生动性，这是萨卡拉一陵墓内着色壁浮雕的一部分，它

图42 浮雕："舞伎、竖琴师与歌手"

不同于前面提到的体现"孟菲斯风格"雏形的"大臣赫西拉像"，也不同于把描述作为结构的决定要素，因而以连续同一动作来展开的"舞伎、竖琴

师与歌手",而是带有戏剧性倾向,有一些超越孟菲斯传统的新构思。图中两个船夫在打架,其中一人已落水,伙伴为营救他拉住了他的脚脖子,上方象形文字可译读为"这小子的脊梁断啦!"这种狂放不羁的意趣,对古朴庄重的孟菲斯宫廷风格,不啻是一种挑战。不过即使如此,扭打在一起的群像在结构上仍保持着传统的"二加一"组合。

准备和呈奉食品,自古王国时期起便是墓壁画、壁浮雕的主题。第五王朝某显宦的墓室浮雕"宴会的准备",气势磅礴地描绘了这一过程。上部是宰牲场面,以牛腿为中轴,两个壮汉面对面同砍一条牛腿(图43),充满跃动感,紧张的表情更渲染了现场气氛。下部是女人搬运食品,对女子的胸部全作正面处理,而不是像对男子那样,取其侧面胸部。这也许是为了区别男性的动和女性的静吧。

图43 浮雕:"宴会的准备"

以上数例皆是已被后人取出,移至世界著名博物馆的精品。但如要了解古王国时期浮雕艺术的全貌,还必须观看无论数量和质量都占压倒优势地位的仍存留在原陵墓中的作品。如在古王国后期大臣提、努弗尔、大臣普塔荷太普、梅拉鲁卡等人的墓中,都有极出色的浮雕。

努弗尔墓紧邻乌纳斯国王的金字塔之南,左方墙面分为五个格层,人物动作的空间分配协调,最下面一层是一场船伕逗趣性的打斗,上面几层分别是农耕、工场和舞乐场面。

普塔荷太普墓内的浮雕,被公认是古王国时期最优秀的作品之一。墓主人是第五王朝炙手可热的权势人物。浮雕描述他的田庄生活和日常活动,整个画面不仅布局复杂、内容繁多,而且以细节的缜密见长。如西墙北半部最下一层的"亚麻布管理人伊希"[①](图44),用一根扁担挑着两只笼子,笼内有几只野禽。古埃及人喜欢一目了然的视觉效果。因此,笼子前头一面被略去,可以毫不费力地看到里面的禽鸟。笼子的重量通过微微弯曲的扁担得到证实,但人物大步迈腿的弹性动作冲淡了沉重感,他仅以脚趾部位与地面接触,走得轻松自

图 44 "亚麻布管理人伊希"

在。极其周到的细节还包括后梳的分头发式、割去包皮的阴茎等。古王国艺匠对生活的观察是十分仔细的。今天的学者利用这座墓内的浮雕所展现的人物形象,来研究古埃及人的体质特点和当时存在的若干病例,这

---

① 埃及艺术作品一般根据原作中的文字材料命名。"亚麻布管理人伊希"的象形文字说明,镌刻在扁担与笼子间的空隙里。

决非荒诞之想。①

古王国时期,尤其是第五王朝以后的浮雕人物形象有些明显的特点:肩膀格外宽,手臂又粗又长,正面表现占绝对优势,形成的总基调是:粗犷、壮实、有力,这也是古王国时期所有艺术形式的总基调。

前面曾论及浮雕的几种技法,上述例子则说明,古王国时期的绝大多数作品是普通凸浮雕,但也有其他技法的例子,如"持莲花的少女"(图45),将少女阴刻在石块中,浮现出丰腴的肌肤,并以剪影式刻线包围,造成一种非现实的抽象感。由此可见,古埃及浮雕技法确属早熟,自古王国起已非单一。古王国时期又以巨石艺术著称,石棺的浮雕装饰也达到相当水准,如吉萨的"拉乌尔石棺",表面复杂的单线刻纹带有光影与线条交错的几何美感。

图45 "执莲花的少女"

中王国时期的浮雕

中王国时期的壁浮雕不十分发达,而在石棺浮雕饰方面却有显著进步。第十一王朝的"卡薇特王后石棺"(图46)是一件名作,从代尔巴哈利

---

① Paul Ghaliougui:《两座古代帝国墓葬中描绘的肿瘤症状以及它们与 âaâ 的可能关系》(Some Body Swellings Illustrated in Two Tombs of the Ancient Empire and Their Possiible Relation to âaâ),《埃及语言与古代历史学报》(*Zeitschrift für Ägyptische Sprache und Altertumskunde*)第87卷,1962年。

出土。石棺上刻着王后端坐宝座，右手握杯，左手执镜的形象。她身后有一仆人为她梳理假发，面前是一仆人在为她倒饮料。人物轮廓异常灵巧，画面空间开阔、豁朗，足证作者非泛泛之辈。这件作品的显著特点是具有侧面造型的强烈倾向。这表明，中王国时期的艺匠已开始对孟菲斯正面造型的传统规范进行革新。

图46 石棺浮雕："卡薇特王后"

从第十二王朝的图特荷太普墓中出土的"图特荷太普的女儿"着色浮雕，与"卡薇特王后石棺"有某种呼应关系，群像人物间隔很宽，姿态准确、整齐，有一种严谨、精确的紧迫感。这也是中王国时期浮雕的特色之一。

古埃及的各种美术样式包括浮雕在内，在中王国时期都有作品水平高低悬殊的现象。这是由于地方势力与中央王权分庭抗礼，更多的人有了建造陵墓、享受来世的资格。艺术的需求面广了，作品也就难免有良莠之分。

新王国时期的浮雕

刚刚挣脱喜克索人统治的埃及新王国初期，浮雕作品比起严峻的巨石雕像来，更多地流露出松了一口气的意味，圆润、流畅、华美之风渐兴。新王国时期的浮雕主要见于神庙墙壁，位于代尔巴哈利的哈特谢普苏特女王享殿墙上，有一幅雅赫摩斯太后头像，刀法流畅，线条美妙，刻画的笑容格外明朗欢快，很能说明这一时期浮雕的风尚。同一享殿的壁浮雕还描绘了一个引人入胜的主题：各国来埃及朝贡的使者以及异国风物。最著名的一个片断是"庞特女王"，作品夸张地表现异国贵妇肥胖臃肿的臀部，旁边的男子更显得怪模怪样。古埃及人对他们认为新鲜、怪异的事物，常用一种幽默调皮的风格来表达。

图特摩斯三世至阿门荷太普三世期间是太平盛世，浮雕更为华丽、精美，是最能体现阿玛尔纳新王国初期典型风格的阶段。在以奢华著称的阿门荷太普三世与妻子合葬的陵墓内，浮雕画面展示的盛宴、舞乐、鲜花、芳草、骏马、高车……淋漓尽致地描绘了盛世的奢华气氛与畅快心情。这些浮雕在造型上有明显突破，如舞女四分之三正面或背面的写法，仆人扭头或弯腰的生动姿势。有的画面十分接近透视法原理。体现这一时期特点的还有陵墓壁浮雕"阿门美斯和他的妻子"，构图韵律的微妙变化、装饰手段的自如运用和线条的圆润优美，均不落俗套。

就古埃及浮雕而言，阿玛尔纳风格在它的整个发展史上具有划时代的意义。因已有新王国初期的某些准备，阿玛尔纳精神提倡的按本来面目摹写自然的主张很快付诸实施。艺匠们将这新时代的号召理解为：从传统的造型法则中解放出来，表现现实生活中普通人的本来面目，不粉饰生活，不把人物（包括帝王）理想化。于是，描绘国王与妻子手拉手肩并肩亲昵地依偎在一起，小公主狼吞虎咽大嚼鹅肉，国王与妻子儿女嬉戏玩乐等过去根本不可思议的主题，成了时尚。

第五章　古埃及艺术

改革初期的作品，神庙壁浮雕"崇拜阿顿神的阿赫那顿王和妻子"（图47）构图严谨，人物镶在作为顶点的太阳神阿顿射出的光线组成的三角框中，国王阿赫那顿、王后尼弗尔提提向太阳献花。阿顿神射出的光线一端呈手状。曲折起伏的轮廓线勾勒出人物硕大的头颅、纤细的脖子、腹部圆鼓鼓的女性身躯、瘦削的腿等。刻画一系列病态形象，反映了典型的阿玛尔纳风格。

图47　阿赫那顿王和他的妻子尼弗尔提提

在陵墓浮雕方面，大臣拉摩斯墓很值得一提。墓主人是一个跨朝代人物，先后出任阿门荷太普三世和四世（也就是阿赫那顿）的宰相。在他的墓室里，宽广墙面上的精美浮雕糅合了新王国初期优美柔和的线条和阿玛尔纳重写实、富于生活气息的风格。[①] 画面上的拉摩斯，周围满是供品，正得意地接受下属的欢呼。人群中有埃及人，也有外国人，各具特征，气韵生动，洋溢着朝气。

虽然阿赫那顿的改革很快夭折，但阿玛尔纳艺术的精神并没有立即销声匿迹，而是一直延续到以后几位国王的统治时期。例如，图坦卡蒙随葬品中许多以浮雕装饰的器物，其充满生机和亲情的写实画面，比起阿玛

---

① N. G. 戴维斯（N. G. Davies）：《序言》，《大臣拉摩斯陵墓》(*The Tomb of the Vizier Ramose*)，伦敦：埃及探索协会1947年版。

尔纳时代有过之无不及。"图坦卡蒙王与王后的御座"靠背雕饰（图48），在描写这位年轻国君与王后之间的细腻感情，以及王冠、首饰、衣裙、发带的写实方面，堪称杰作。

图48　图坦卡蒙王与王后的御座　　　图49　墓壁浮雕："盲琴师"

阿玛尔纳艺术的影响，在南方较大，在北方则程度上有差异。如孟菲斯的帕阿顿姆荷太普墓中的石灰石浮雕板，墓主名字中嵌有"阿顿"，证明他具有阿赫那顿新宗教的倾向，但从墓中的浮雕却看不到多少直接受阿玛尔纳画风影响的痕迹，如"僧侣图"，拉长的头部、僵硬的手都是传统样式。同一墓中的"盲琴师"（图49）浮雕嵌板则透露出阿玛尔纳风格的韵味，盲人悲苦哀戚的表情感人至深。

前曾提及，哈列姆黑布王在底比斯的墓壁画，是第十八王朝末第十九王朝初又一次改朝换代——重回阿玛尔纳以前的新王国初期风格——的代表，因为正是在他执政期间，旧宗教得到全面恢复。有趣的是，也就是这个哈列姆黑布,在图坦卡蒙王执政年间他虽任军队总司令之职,但却是个非王族的平民,在孟菲斯他为自己营建的陵墓内,浮雕完全吸收了阿玛尔纳精神,内容之丰富,技艺之完美,都将阿玛尔纳艺术推向了一个新高峰。

哈列姆黑布以武功著称,在他陵墓第二进庭院东墙上有一幅"努比亚战俘"阴刻浮雕(图50),令人信服地表现了一群捆在一起的俘虏的拥挤喧闹的场景。为了避免构图的单调,左方一队的两个战俘扭头向后眺望,目光射向画外,画面因而延伸拓宽。这些南部的有色人种,虽然身扎一样的腰巾,束一式的头巾,但每个人的脸部都有明显的个性化特征,可以容易地从各人脸部皱纹的差别上辨认出青年、壮年和老年人。"埃及卫士拉努比亚战俘"(图51)是表达人物心理状态的佳作。身量矮小的埃及卫士紧紧抓住比他高出许多的俘虏,由于个子太矮,不得不把腿也抬高以助臂力拽住对方,看来,身高体壮的战俘以逸待劳,存心与骂骂咧咧、手舞足蹈的卫士过不去。从这些画面中,还可看出艺匠们已有了设置若干重迭的平面以产生空间感的新意识。

图50 浮雕:"努比亚战俘"

图 51　浮雕:"埃及卫士拉努比亚战俘"

第十九王朝以后至拉美西斯王族统治结束,新王国初期尤其是阿门荷太普三世年间精巧、优雅的格调和细致、圆润的线条美,又重现于浮雕之中,而提倡真实、充满情感和动态的阿玛尔纳风格,也盛行起来。

拉美西斯时期古埃及建筑、艺术以大兴土木、大规模制作巨型石雕为特点,浮雕也顺应这一潮流。拉美西斯二世年代的拉美西斯享殿、拉美西斯三世年代的哈布享殿,以及陆续建于这两个朝代的卢克索神庙、卡纳克神庙等,那高大的墙壁、圆柱、门廊、列柱和塔楼,到处都有大面积浮雕,主题多为战争场面:营帐、士兵进攻或后撤、战车相撞、战马嘶鸣、刀来剑往、围攻城堡,还有溃乱的敌阵、成队的俘虏……这些内容都各自成章地出现在画面上,没有间隔线分开,也看不出多少相互关连,给人的总印象是:轰轰烈烈。细节的处理也未被忽视,如敌兵慌乱的姿势、无望的沮丧表情、战场的荒凉景象,均历历在目。拉美西斯三世时期,埃及海军十分活跃,浮雕中反映舰船、海战的内容明显增多。此外,狩猎场面仍是好炫耀英雄气概的国王们钟爱的题材。哈布享殿"拉美西斯三世猎捕野牛"浮雕中,野牛狂奔的姿态充满动感,蹄下摇曳起伏的灌木丛的纵深感也刻画得很成功。

拉美西斯年代的神庙、享殿内不仅大量刻有国王的战争画面,而且热衷于显示国王对俄赛利斯神的忠诚。在卡纳克神庙浮雕上,西提一世敬神的各种姿势多达21种。此外,保存最完好的第十九王朝建筑之一——阿拜多斯的西提一世享殿内,浮雕画面赋予这位父王——拉美西斯二世之父以神灵性。在著名的"拉美西斯二世与儿子捕捉公牛"阴刻浮雕(图52)中,国王还是本身形象,而供奉西提一世的享殿的西墙上,西提一世却以俄赛利斯神的装束出现,诸神陪伴左右。享殿东墙是"图特神给予西提一世生命"(图53)的场景,西提一世全副俄赛利斯神打扮,手执连枷和弯柄杖,头戴冠冕。图特神把象征生命的"安克架"伸向神化的国王鼻子前。值得注意的是,这幅浮雕采用若干平面相叠以表现深度的空间关系:西提一世手执的连枷从他的假胡须下通过,安克架又叠于它之前,执安克架的图特神的手臂又被他另一只手握住的权杖叠盖。

图52 拉美西斯二世与儿子捕捉公牛

图 53　图特神赐予西提一世生命

拉美西斯年代的国王们不惜工本地装饰自己的陵墓,在底比斯的王陵谷、王后谷的不少陵墓中,着色浮雕的精妙构图、圆熟刀法、鲜亮色彩和生动细节,在埃及浮雕发展史上都是比较突出的。

底比斯尼罗河西岸的王陵浮雕,恐怕没有一幅能与王后谷的尼弗尔提提墓的浮雕媲美。尼弗尔提提是拉美西斯二世的宠妃,她的墓在一处石质粗劣的悬崖上凿成。艺人们在墓的内壁面上厚厚地抹上一层石膏,干后在上面雕绘。软质的石膏比岩石容易驾驭,因此整个墓内的浮雕在风格上极为和谐统一,艳丽的色彩也只有在白石膏层上才能如此细腻地反映出光谱效果。细观作品"正在敬神的尼弗尔提提"细部(图 54),华美莹

图 54　正在敬神的尼弗尔提提

润的女性形象光彩照人,张开的手指也许受后期阿玛尔纳风格的影响,双手皆为右手,这种重复配置只有以埃及艺术的观念去看才易于理解;半透明的薄纱衣裳、健康红润的肤色、喉头和面颊的色彩渲染,都经过精心安排,几乎与绘画无异,其余如颈部的折皱线条、笔直的鼻梁、抿得很紧呈黑孔状的嘴角,都是这一时代的造型特点。

同一墓内的其他精彩浮雕,以及第二十王朝拉美西斯三世时期的阿门荷尔赫帕西夫墓浮雕"拉美西斯三世与伊姆塞提握手""拉美西斯三世面对伊西丝"等,也是这类在石膏层上着色浮雕的佳作。

到了后王朝阶段,埃及艺术虽经历了第二十五王朝、利比亚·赛斯统治时期、第二十八和第三十王朝的若干次复兴,但很少有创新,唯画棺和青铜像领域有一定特色,浮雕艺术几乎没有什么值得一提的佳作。收藏在亚历山大博物馆被称为"蒂格拉纳帕夏所赠浮雕"的作品,是托勒密时代较突出的一例。它袭用古典希腊的样式来表现埃及的主题。公元1世纪创作的丹达赖的哈托尔神庙的高浮雕"巴斯神像"(图55)颇具特色,狮头、侏儒身材,一眼看去与两河流域的图案雷同,但实际上,巴斯神是古埃及难以计数的小神中的一个,专司保护生育之职,它的形象常刻在人们日常接触的物品如椅子或床头上。这件高浮雕作品的

图55 哈托尔神庙的巴斯神像

技法和样式，都有许多与以往截然不同的因素。严格说来，它已不属于法老文明的遗物，而是两个纪元过渡期的即兴之作了。

第四节 雕塑

二维空间造型（绘画、浮雕）和三维空间造型（雕塑）的发展在古埃及基本上是平行的。就雕塑领域细分，"塑"可能先于"雕"。在史前时代，尼罗河畔的艺人已能用泥土捏塑粗拙的女性偶像和动物、器物的形状。奈卡代文化Ⅱ期表现鸟神形象的"女舞俑"彩塑，其秀丽飘逸已达很高境界。随着工具的进一步发明和完善，渴望永生的古埃及人很快找到了最适合自己目的的材料——岩石来雕琢人像和神像。"埃及人是在岩石上砍凿出他的艺术的。"[1]在研究古埃及文化时，不能忽视这一基本点。

石雕像的唯一目的是为死者的灵魂提供归宿。绘画、浮雕描绘的是冥世生活的环境，而雕像才是享受这一切的肉身替代。使雕像具有"生命"，是艺匠的神圣职责。古埃及石雕像的发轫之作——第三王朝初左塞王雕像（图56），即是一例证：头部雕琢格外用心，用水晶镶嵌眼珠（已脱落），以产生栩

图56 国王左塞雕像

---

[1] W. S. 史密斯：《古埃及的艺术与建筑》，第2页。

栩如生之感,雕像大小也与真人相仿。第四王朝以后,古埃及雕像的基础已大致确立。从这一时期大量的国王、贵族威严冷峻的雕像中可以看出,理想化的造型诸要素已趋固定。古王国后期,用较软的石料(如石灰石)制作活泼自由的着色小型雕像比较普遍,主人公多是仆人及其他劳动者。大人物与小人物在雕像领域和在绘画、浮雕中一样,是明显加以区分的。中王国时期的雕刻家虽然追求孟菲斯古典传统,但他们的作品已有个性化倾向,即通过人物表情透露帝王的内心世界,直逼他们的灵魂深处,在形式、技法上也有一些新成就。新王国时期雕塑艺术的历程,漫长而复杂,可细分为四个阶段。[1] 第十七王朝末至图特摩斯三世年代中期为第一阶段,是恢复、开端期;图特摩斯三世年代后期至阿门荷太普三世年代末是第二阶段,也是新王国时期底比斯流派的鼎盛期;阿赫那顿改革和阿玛尔纳艺术为第三阶段,石雕的风格、气派有重大变化;第四阶段自第十九王朝初至拉美西斯王族统治结束,尤其在拉美西斯二世年间,石雕的数量和规模在整个埃及艺术史上可谓空前,古典传统再次被承袭,只是更加崇尚宏大和优雅,后人称这一阶段为"埃及的巴洛克"时代。

种类、题材和技法

总的来说,古埃及的石雕像可分为三类。[2]

第一类是墓葬雕像。这些重现死者形相的雕像放置在陵墓内,有的安放在四面紧封的祭室中,面对前墙一个狭小的唯一与阳间相连的入口,接受从这里送入的供品和熏香,聆听祭司的咒语和拜谒者的祈祷。也有的墓葬雕像安放在敞开的壁龛内。

第二类是神庙和享殿的雕像,以神祇像和国王像为主。这些供人膜

---

[1] 阿·萨利赫:《古代埃及艺术》,第343页。
[2] W. K. 辛普森:《埃及艺术画面观:功能与美学》,第19~20页。

拜的偶像又分两种，一种是让人看的，以纪念碑型的规模矗立在宏伟壮观的神庙、享殿的入口，巍峨的圆柱或立柱前；一种不让人看，较小，祭司们将它放入密室秘不示人，只有少数人在极难得的情况下得以观瞻。此外，在神庙、享殿内，还有一些死者形象的石雕，这是表明他们死后仍参与盛典。

第三类称为"信物"。它是捐赠者为履行某种誓约、向神表示虔敬的奉献品，通常表现神或与神有关的崇拜内容。雕像底座上铭刻捐者姓名、职务。到后王朝时期（尤其是第二十六王朝）和托勒密时期，这种信物常用青铜雕制。

制作雕像的工具应与石工的工具相同，也许体积更大些。美国波士顿美术馆有一组第四王朝的未完成石雕，展示了雕像的制作过程[①]：在石块上稍事凿削，先定下大致的外形轮廓，再在四面打上线格确定比例关系，重点是划出关键部位如眉尖、下巴、颈部、脚的位置。这以后开始正式雕琢。塑造大型雕像，难点可能更多些，制作的初步阶段不是难在艺术问题，而是难在技术，因为许多巨石雕像是在采石场制成半成品或接近成品后再运往目的地做最后加工的。新王国时期的拉赫米拉墓壁画为后人再现了雕像制作的现场：脚手架上的两个工匠正在为一座巨雕作最后处理——磨光和着色。

典型的古埃及石像保留了长方体或立方体岩石块朴素严峻的特点，具有笔直的、几何形的效果，这与古埃及的采石资源有关。而美索不达米亚的石雕以圆柱体、圆锥体为主，因为那里的制作材料多为卵石和小型石块。

---

① G. A. 赖斯纳（G. A. Reisner）：《孟卡拉：吉萨第三金字塔的庙堂》(Mycerinus: The Temples of the Third Pyramid at Giza)，剑桥：哈佛大学出版社1931年版，图版第62~63页。

为增强雕像的生命感，古埃及人常对岩石雕像做点缀，如用水晶、玻璃材料镶嵌眼珠，给雕像的身体、头发、眉毛、胡须涂上颜色，精心镂刻厚厚的假发套等。古埃及人相信，名字是灵魂回归的依据，因此给每座雕像铭刻名字是不可少的，名字一般刻在底座上。

除石雕像外，木雕在古埃及也有悠久历史。早在前王朝时期就有木制的人形和动物俑。古王国时期的木雕以表现平民为主，与专门反映国王威仪的石雕分工明确。木材容易加工，造型就较为轻灵、自由，第五王朝大臣卡珀的木雕像，俗称"村长像"，即是例证。新王国时期尤其是阿玛尔纳的艺术家，也喜欢用木材制像，但表现对象则是帝王。柔美细腻的"莲花座上的图坦卡蒙""王妃尼弗尔提提胸像"，都是专家们熟知的代表作。古埃及的人物木雕像用整块木头刻成的不多，手脚往往需另外加工制作，然后与身躯拼接，眼睛是镶嵌上去的，木雕表面着色或贴上金银箔。

铜像的历史可追溯到古王国时期。第六王朝的佩比一世像身体的各部分，系用金属皮敲打成形，后用钉子固定于木心上，脸部用铸造法，但奇怪的是，这样的大型金属雕像在埃及艺术史上再也不曾出现。在阿玛尔纳，金属用作装点石雕像的头部和衣饰的辅助材料。第二十六王朝后，小型青铜像大批问世。

用动物骨、象牙、各种金属雕制的小型作品，以及上釉彩陶塑像，只是些小玩意儿，以小人物、小动物为表现对象，偶尔也有出色之作。

古王国时期的雕像

古埃及绘画发展的历程，是以"美杜姆的鹅群"起步的，无独有偶，在回顾雕像艺术的成就时，也要从美杜姆的遗物谈起，这就是"拉阿荷太普及妻诺弗尔特"彩雕坐像（图57）。这两件作品都产自第四王朝，也非偶然，因为埃及艺术的基本法则是在第三王朝奠定下来的。"拉阿荷太普及妻诺弗尔特"是在两块立方体石灰石上雕刻着色而成的。艺术家极重视人物的脸部,玉石镶嵌的眼睛显得活灵活现。1887年,埃及学专家马利埃特指挥民工打开平顶石墓祭室发现此像时,那双眼睛因外面光线射入而闪闪发亮,吓得民工们夺路而逃。这件著名的轶事,为古王国艺人高超的模仿技艺提供了例证。诺弗尔特外罩薄衣的柔和线条,简直遮不住她那丰满、灵巧的身肢。上身挺直的坐像形式,源于左塞王雕像,但椅子和靠背的非写实手法却为前所未见。有血有肉的写实人像与大块直方体抽象背景的结合,在以后的石雕像中逐渐成习。

图 57 拉阿荷太普及妻诺弗尔特彩雕坐像

人类学的研究表明,从古埃及王朝建立之初起,古埃及人的身高与体重都大大增加。到了古王国时期,已形成典型的埃及人种:头骨和面部较宽，下颚较大，头颅直径增加，形成大大的圆脑袋。① 古王国时期雕像中的人物无疑都是这种正统的"埃及人"。

吉萨三大金字塔之一的哈夫拉金字塔，有一座附属于它的河谷享殿，其中发现八座哈夫拉的雕像，代表了古王国时期雕像的高水平。国王像雕在白色条纹的黑色闪长岩上，威严的脸部和凛然的姿态，充分显示了王权的尊严。右手握拳前伸放在膝上，手中握的也许是金字塔设计图。无论从正面或从侧面看，处理手法都很自然，这批雕像的几何形构成感，是除阿玛尔纳时期外古埃及石雕像所共有的。古王国时期雕像还常有一些象征王权的附加内容，如正面两旁的狮子，侧面的莲花、纸草徽章浮雕、张开双翼护卫在国王脑后的鹰神等。

古王国时期雕像与其说表现的是特定的个人，毋宁说是王权的抽象化图解。与此相对应的是，在吉萨的胡夫大金字塔和哈夫拉金字塔通道中发现的"替身之头"，表现的是这两位国王及其家人，试图说明的是对象的某些特征。迄今已发现此类作品20余个，作用尚不十分清楚，可能与祭祀有关。头像不施色彩，保留原石灰石的白色，往往在头顶部刮出刀痕，头发紧贴头皮；平坦的底座也许是为了在举行仪式时便于放在地上。"替身之头"具有抽象形态和人物个性化特征相糅合的效果，如其中"公主的替身头像"，纤细的鼻梁是高额头与深眼窝的结合点，给人以才思敏捷的印象。

除立像、坐像和头像外，胸像作品也屡有佳作。吉萨出土的"安克哈夫王子胸像"甚至暗示出皮肤与肌肉之下的骨骼走向。眼睛、嘴角等处无不体现出人物的个性，这在古王国时期王族雕像中是不多见的。

到这时为止，古埃及雕像仍以个人像为主。即便是"拉阿荷太普及妻

---

① 塞格利曼:《非洲的种族》，费孝通译，北京:商务印书馆1982年版，第77页。

图58 孟卡拉王与女神哈托尔、米克拉的立像

诺弗尔特"双人像,实际也是并无关联的两件雕像的简单组合。吉萨第三座金字塔主人孟卡拉与两位女神的立像（图58），反映出创造更加复杂的空间关系的尝试。这座片岩上着色的三人像,是在葬礼上奉献的四件系列碑石中的一件。国王左边是哈托尔女神,右边是戴有狄奥斯波利斯州标帜的州女神米克拉。孟菲斯派雕像的写实特色得到体现：身体各部分连接流畅,起伏的曲线柔和、精确,女神丰满的胸部和开朗的表情颇富有人间情趣。

"孟卡拉王与王后雕像"是最早的国王夫妻立像,这种立像后来很流行。背面的板状支撑物强硬厚重,强调王权的稳定性。人物形象的细节全都略去,透出简约冷峻的气派。这是古王国时期又一流派——吉萨派直线条抽象风格的作品。从第四王朝的雕像可以看出,古埃及人喜欢将各部分集中放在大块的基本几何形态中,这与巍峨的金字塔、浩瀚的大沙漠是相一致的。到第五王朝,这一倾向仍得以保持。"乌塞尔卡夫王雕像"是继狮身人面像后现存的最古老的纪念碑式巨型雕像,用淡红色花岗岩雕成,五官的细部被大团块所包围,极端简略的外表给人以粗犷严厉的感觉。

第五章 古埃及艺术

第五王朝是一个各方面气氛都较宽松的时期，绘画、浮雕等艺术形式，都涌现出大量有新意的作品，雕像也不例外。埃及艺术史上不朽之作"村长像""书吏像"都出自这一时期。木雕"村长像"（图 59）的主人公卡珀，是第五王朝官吏，并非一村之长。1860 年萨卡拉发掘现场的民工见到该像时都异口同声地说："这不活脱脱是咱们的村长吗？"这一称呼后来在埃及学界得到沿用。这是古王国时期雕像写实化和样式化相结合而产生的魅力所致。与石雕像双臂紧贴身体不同，木雕"村长像"左手前伸握长杖，右手可能执笏（已脱落，留一圆洞），大腹便便的躯干和肥头大耳的面部，都很富有表现力。但从整体看，仍以孟菲斯传统为核心。

图 59　卡珀的木雕像

图 60　书吏雕像

类似这样生动的写实主义与严格的样式化相结合的例子，还有"书吏像"（图 60）。古埃及文化的形成与延续，与其说依靠军事征战，不如说依赖行政管理，"书吏"在古王国及以后的时期都享有很高的威望和权势。自第四王朝起，贵族墓葬就有将死者塑造成书吏形象的倾向，因此，已发现的古王国书吏像，主人公的身份并不一定是书吏。这些"书吏像"大都在石灰石上着色，镶玉石眼，制造者的手法比较一致，技艺较出色。在这以前的国王雕像都取静止停滞状，而书吏像却蕴含动感，手拿墨水瓶的姿势和紧张的眼神，似乎随时准备走笔疾书。

在第五王朝后期的墓室中发现的仆人、劳动者小型雕像，其风格与古王国前期故作矜持的基调相悖。这些较为随意、稚拙的着色石灰石雕像，担任着为死者制作、搬运供品，碾磨谷物或揉泡大麦酿酒的任务。他们忙忙碌碌，手臂、腿脚、腰背等姿势平常而亲切，富有情趣。埃及艺术史上最令人发笑的作品可能要数第六王朝的"侏儒辛纳布和家人"（图61）。艺匠感到棘手的，是如何把身居高位但个头不高的丈夫与他身材修长的妻子放在一起而又不显得尴尬，于是想出了一个令人叫绝的构思：在传统的夫妻坐像男方应放脚的部位放上两个孩子，让主人公盘腿而坐，与妻子高度相配，乐滋滋地倚在一起。这件作品的新意，在于保持了整体上的传统的几何结构，但以丈夫加上孩子为一半，妻子为另一半的两部分，已非左右对称，妻子的头部与躯体略为倾斜的动态和傻呵呵的表情，也是前所未见的。这件作品的技法比较粗糙，有笨拙感，与孟菲斯时期的精美洗炼已相去甚远。

图61 侏儒辛纳布和家人

古王国末期，中央王权的权威性与神圣性已大大淡化，雕刻艺人也感受到了这些变化。第六王朝的国王雕像出现了一些与传统大相径庭的格局，如佩比一世的系列雕像，有赤裸的婴儿，坐在母亲怀中的幼儿，双膝着地向神作奉献的青年，直到左手持长杖的老人。对于习惯于表现年富力强、体态健壮丰满的国王形象的石工来说，这样的构思在过去是不敢想象的。他们显然已开始考虑自己刀下的国王不妨是个现世中的人物。

中王国时期的雕像

中王国时期的雕像艺术有两个显著特点，一是木雕的数量居多；二是帝王石雕像开始有表现内心情感的迹象。

古王国末期，表现平民、劳动者的小型石雕、木雕的创作逐渐活跃，到中王国时期，就更呈发展之势。中王国初期的着色木雕"士兵行列"（图62），乃四列纵队，浩浩荡荡，士兵们佩戴铜头盔，持矛执盾。可以看出，艺人们还不习惯从二维空间造型的观念中摆脱出来，群像应有怎样的空间关系，似乎还不明确，仍是单个立像的简单并合。到了第十一王朝，代尔巴哈利的梅克特拉陵墓中的"奉

图62　着色木雕："士兵行列"

呈家畜"（图63）木雕群像，透露出脱离传统的几何形结构，表现有机的空间联系的端倪。这些放在墓内的小雕像与古王国末的仆人俑像作用相似：为冥世生活供应物品。人和牲畜如服从舞台调度一般，各有其位，各行其是。传统的二维空间造型强调的仔细表现每一细节的"共时性并列"

原则，在此遭到轻视，局部的单个形象均以粗略手法草草带过，总体效果的筹划已占首位，形成了比较复杂的空间关系。

图 63　木雕群像："奉呈家畜"

至于单个形象，"运供品的少女"是中王国时期木雕像中有口皆碑之作（图 64）。少女的姿势与古王国末期的仆役俑大同小异，但扶住头上篮筐的手臂，线条更加自然流畅。少女衣裳的细密花纹，为研究中王国时期的纺织业提供了资料。

中王国时期雕刻虽出现一些新的构思和尝试，但传统形态仍很流行。第十二王朝的"大法官纳克特像"手部的垂直线似乎预示即将

图 64　木雕像："运供品的少女"

举起的动作，但整个形体仍是传统的几何形，像是为了与石柱或方尖碑取得某种平衡。再如第十二王朝著名的木雕"荷尔王的'卡'"，整座雕像可以说完全雷同于古王国时期的作品。

中王国时期的国王们是从底比斯起家发迹的，到第十二王朝才移都至孟菲斯以南的列什特，因此，中王国时期的帝王雕像受到孟菲斯和底比斯北南两个流派的影响。孟菲斯流派是古王国传统，样式化与写实性的结合，不仅表现出国王事实上的面目，而且以概括的理想化处理赋予国王无上的威严和永恒的青春；底比斯流派则重视人物的特征，通过脸部细节刻画国王们不同的性格、气质。

第十一王朝的"穿祭服的门图荷太普像"（图65）还保留较多的传统几何形态，以表现厚重、坚实感。国王身穿的白色上衣，是祭祀大典的正式礼服。再如列什特发现的10座同样的雕像"喜兹斯多利斯一世像"，传统样式又经过精心处理，也是古典形态略加新意的例子。

底比斯流派在第十二王朝中叶达到成功的高峰。当时的总气氛是对个性的重视大为增加，在文学方面，表现为教谕文学让位给传奇故事；在艺术上，真正摆脱了"理想化处理个人容貌"的古王国样式，倾向于再现特定人物的个性。从"喜兹斯多利斯二世头像"可以看出在坚硬的黑色花岗岩上完美的肌肉写实表现，这位以尚武著称的国

图65　穿祭服的门图荷太普像

王沉重、粗暴的严厉表情，令人望而生畏。相形之下，执政宽柔，热衷于建筑和艺术的阿美涅姆黑特三世的坐像，则以质软的石灰石雕成，突出的下颚、深陷的眼窝、宽阔的鼻子、若有所思的神态，构成了人物的特征。表面轻微凹凸以产生光影效果，是中王国时期雕像的新突破，衬托出了人物谨慎、温和的个性。从脖子上垂下的护身符及饰物，安排得错落有致。

与古王国时期盛行的夫妻双人像相反，中王国时期的帝王、大臣雕像极少有妻子陪伴左右。

中王国时期雕塑的表现样式很丰富。如"箱形雕像"，虽源于早王朝年代，但"财物管理员荷特普"（图66）这样复杂的箱形雕像作品，却是到中王国第十二王朝才有的。坐像的两侧与背面均为立方体的一面，头部从这箱形立方体伸出，似乎一个小块状立在一个大块状之上，身体采用抽象手法处理，但又隐约露出一些肌肉，形成奇妙的对比。此外，象牙雕、青釉陶塑也是当时受欢迎的样式。如"矮舞俑"（图67），站在缠有细线的小转盘上，一拉线，矮人便起舞，面部表情有各种变化；又如"蓝色陶塑河马"（图68），臃肿的躯干上画有水生的花朵、草叶，寓意河马栖息于河滨。这些灵巧的构思，都是强调地方性的中王国艺术特有的。

图66　财物管理员荷特普的"箱形雕像"

第五章 古埃及艺术

图 67 矮舞俑小雕像

图 68 蓝色陶塑河马

新王国时期的雕像

第十八王朝初的石雕艺人为表达新王国初期的时代精神,选择了简洁、明朗的基调。帝王雕像采取直截了当的线条和单纯化的块状,衣饰的细部统予省减。这与当时最重要的建筑——高大的神庙是相一致的。稳健的理想化样式和精巧的技艺，都是为了表达帝王的庄严、崇高、和蔼、健康等各种美好特征。在"哈特谢普苏特女王雕像"中，女性的姣美并未受到王室尊严的干扰，但这具精美的头像却配以匍匐于地的狮子身躯。立在卡纳克神庙柱廊内的"图特摩斯一世巨像"，身体部分利用长袍作中介全部虚化，只留下具体的头部和手。头部处理采用大比例，令人想起孟菲斯时期的几何形态，中王国时期常见的细节描写或感情刻画在这里一概不见了。

充分体现新王国初期石雕艺人造诣的，是图特摩斯三世的一系列雕像。在大臣拉赫米拉陵墓浮雕中，陈列着这位国王各种姿势的雕像草图，或挺身直立，或跪地祈祷，或取狮身人面像，或采用夫妻双人像形式，着力刻画这位少年国王的英武、虔诚、和善和健美。在卡纳克神庙内的"图特摩斯三世立像"上，这位战功赫赫的国王，脚踩象征敌人的9张弓，保持了传统的单脚跨出的姿态，但细长的身材和机敏的脸庞为前所未见，颇具新意。一般说来，图特摩斯三世的雕像都是这种容貌俊秀、身材矫健的形象，显示了他特有的气质。

第十八王朝中期，各种各样的艺术形式与手法纷呈，所追求的是赏心悦目的效果。这种取悦视觉的审美倾向在阿门荷太普三世年间达到高潮。底比斯西岸一神庙中发现的"阿门荷太普三世头像"，很能代表这一时期底比斯艺术的风尚。长长的脸型，杏仁形的双眼，丰满柔软的嘴唇，笔直的鼻梁以及起伏有致的面颊，莫不以精细的感觉加以把握。这里，王者的尊严已糅入亲切敦厚、明朗智慧，与歌舞升平的盛世景象和谐一致。

"哈布之子阿门荷太普"（图69），也是颇不寻常的作品，它的创作技法与这一阶段的时尚明显不同，因为盘足而坐是古王国时期的姿势，箱形立体雕塑是中王国时期采用的，假发、衣服以及肥胖起褶的肚皮等细节，也是中王国的手法，严肃而略带感伤的情绪也接近中王国时期的作品。因此，作者模仿传统样式的倾向，是显而易见的。

阿赫那顿宗教改革伴随产生的是艺术革命。在开头阶段，这场革命表现出与过去断然决裂的挑战姿态。在卡纳克神庙内，有30余具新风格的巨石雕像，国王或身披宽松内衣，或裸露上身。肉体表现尤为惊人，一切在传统中视为缺陷、丑陋的，都用到阿赫那顿身上：枯瘦的躯干、松弛下垂的腹部、女性化的臀部和大腿。身体各部分

图69　阿门荷太普雕像

的有机关联较为复杂，夸张地拉长的脸部却带有某种抽象感，下巴格外长，粗唇，细颈等都不合常规。这尊阿赫那顿巨像是反映艺术革命初期艺术观的代表作之一。

迁都阿玛尔纳后，改革初期那种挑战情绪逐渐缓和，新思想提出的写实口号在各方面逐渐得到响应，底比斯时期渲染病态的倾向在阿玛尔纳工作室内被矫正。从现存遗品留下的印记得知，阿玛尔纳最著名的雕刻艺人有巴克、乌提和图特摩斯等人。在考古学家发现的图特摩斯的工作室遗址内，有大批阿赫那顿王、尼弗尔提提王后和他们女儿的全身像、头像的成品和半成品。艺术史上脍炙人口的"尼弗尔提提胸像"（图70）可能就是在这个工作室里创作的。从胸像上残留的草稿线获知，这胸像是各部分分开制作后组合拼接的雕像的一部分。这座胸像不仅展现了制作者对精美绝伦容貌的雕塑能力，而且体现了制作者对雕像表面微妙变化和光线效果的高超追求，而这恰恰体现了阿玛尔纳雕刻的创新主旨。一般

艺术史著作都举"尼弗尔提提胸像"为阿玛尔纳艺术的最佳作品之一,但是,有的埃及学专家在深入研究这一艺术的风格特征、创新精神后,认为刻画她婆婆、阿赫那顿之母泰伊王太后的雕像(图71)似乎更能说明问题。据史料记载,泰伊是一位努比亚血统的平民女子,深受阿门荷太普三世宠爱,但一直遭到王室其他成员的攻击,生活在这种境况中的王太后以性格倔强著称。从法尤姆出土的这件木雕像令人诚服地揭示了人物的性格气质,甚至血统渊源。如将尼弗尔提提像与之相比,尼弗尔提提像明显保留着相当程度的样式化痕迹和因此而产生的超然冷漠感,而泰伊像抿紧的嘴角、扁平的鼻子、半张半闭的杏形眼睛,尤其面颊斜面的刻画,使人窥见这位曾要求阿赫那顿放弃改革的女性强有力的个性力量和逼人的威严。

图70　尼弗尔提提胸像　　　　图71　阿赫那顿之母泰伊王太后雕像

在图特摩斯工作室曾发现一具造型新颖的作品,学者们众说纷纭:一说是女神抱着阿赫那顿,表示他是女神之子;一说是阿赫那顿抱吻小公主,这种说法比较流行;也有人解释为阿赫那顿膝上坐着他晚年的"共治者"塞门克卡拉,意味着"共治者"这时已被视为王族成员。这种用圆雕来表现某王(或某人)被某神(或某王)抱于膝头的群像,乃始于阿玛尔纳时期。

阿玛尔纳艺术常以天真娇媚的小公主作为题材。无论壁画、浮雕或雕像,无拘无束的小公主的形象,总是创作者喜爱的表现对象。浅红色石英石"公主头像"(图72)是许许多多的同类题材作品之一。比起尼弗尔提提胸像来,对光线的表现更为娴熟,微妙起伏的侧面、柔软的嘴唇,也给人以深刻印象。古埃及雕像中免冠的帝王及其子女的后脑,均异乎寻常的大,暗喻为戴高冠之头颅,这在公主头像上表现得尤为夸张。

图72 用浅红色石英石雕塑的公主头像

除了刻画面部出现若干新因素外,新的造型构思还对传统的"圆柱形体"进行了清算。"女性胴体"(图73)是阿玛尔纳人体表现的典型作品。衣褶的线状花纹的各种变化古已有之,但到重视装饰趣味的第十八王朝则广泛流行,而腰与臂的膨胀曲线显然是阿玛尔纳时期特有的情调。

图 73　女性胴体石雕　　　　图 74　图坦卡蒙王上身木雕像

图 75　投掷鱼叉的图坦卡蒙王

阿玛尔纳艺术精致、巧妙、从真实中寻找灵感的风格，在阿赫那顿以后的一个长时期内仍得以延续。图坦卡蒙国王的随葬品中，纯金面罩、木雕像、蓝玻璃烧制的头像等都具有阿玛尔纳特色，如面部的光影效果、眼角微微吊起的杏形眼、柔软而鼓出的唇等，都很典型。"图坦卡蒙王木雕像"（图 74）。无脚，无臂，无衣着或肌肉表现，可能是为膜拜死者而制作的供私人收藏的雕像，也可能是试衣或试装饰挂件的模特儿。"投掷鱼叉的图坦卡蒙王"（图 75）上，那胖腹部和穿凉鞋的脚，使人想起阿赫那顿王的小雕像。站在小舟上向河马投掷鱼叉，具有宗教意义，也许是象征太阳神追捕化为河马的恶神——塞特。透过腰间衣服的凹下起伏暗示的一种动势，引人注目，可以看出艺人对阿玛尔纳新要素的灵活掌握和对阿门荷太普三世年代流畅优美风格的怀念。

从阿玛尔纳时期到拉美西斯时期之间，似乎有一个安下心来重新研究、恢复被阿玛尔纳流派屏弃的传统的过渡期，时间当在第十九王朝前后。这一时期的许多雕像，都具有古王国时期石雕传统的几何形态、雷同的夫妇脸型等特征，其沉重、正规的风格已完全失却了第十八王朝以来的精致、灵巧。

雕塑石雕像活动在拉美西斯二世在位期间空前活跃。拉美西斯二世是古埃及最热衷于为自己树立雕像的国君。从真人大小的雕像到阿布辛拜勒大庙倚山而立气势磅礴的巨像，他的雕像遍及埃及全境。从原立于卡纳克神庙，现为大英博物馆收藏的一尊拉美西斯像可以看出，阿玛尔纳的写实性已基本被屏弃，面部与姿态明显样式化。拉美西斯二世的雕像大致相同，像是大批量"生产"出来似的。

这一时期的建筑和雕塑被称为"埃及的巴洛克"，不仅是因为它们的宏大、豪放，而且还由于它们讲究形态的起伏变化和装饰细节的丰富多群。底比斯拉美西斯享殿内的"贵妇半身像"（图76），是一个例证。丰满的身段和安逸的风采是这一时期女性雕像的共同点，复杂华丽的装饰物琳琅满目，

图76 贵妇半身像

衣裳的皱褶，首饰的细部，头发的样式，都一丝不苟，连乳头都饰以圆形花纹，可谓面面俱到。假发上盘旋着头顶太阳的圣蛇，形成冠带，而在这以前，王后的头上一般戴哈托尔神的标志——神牛角或两根羽毛。复杂的装饰还与清秀简洁的脸部形成对照。

这一时期的雕刻艺人还运用一些新样式，如用象征手法暗喻国王形象，把太阳圆盘(音"ra")初生婴儿(音"ms")和上埃及的菅茅草(音"su")和谐搭配成的形象来表示国王拉美西斯，而将国王本身的形象隐去。

一向长于表现非王族平民的木雕，在这一时期也屡有佳作。"僧侣荷里小雕像"是一种块体组合，上部衣服系于腰部形成三角形，下身围裙作扇形张开，形成倒三角，再加上线条圆润的头部，这种块体的有机组合，反映了雕刻空间感的新意识。

屏弃阿玛尔纳的写实精神，恢复新王国初期优雅华美的理想化样式，不仅是拉美西斯时期雕像的主流，而且在利比亚人统治时期的第二十一至第二十四王朝持续发展，甚至出现了一些矫揉造作的雕像。到了第二十五至第二十六王朝，忠于纯粹埃及文化的利比亚·赛斯王朝再次抵制这种过分追求华丽的风格。本章开始时曾引"总督孟顿荷特雕像"为例，这尊雕像和该总督的胸像，都是这种抗衡的代表作。雕像双手下垂、左脚踏出一步的姿态和胸像以浓缩的几何形厚重块体所表达出的粗犷力度，都是对古王国以来形成的法则传统的忠实继承。这种视优雅为弃履的另一例，是第二十五王朝显官"伊利加迪加宁立像"。肥胖松弛，软堆在一起的肉体，臃肿得不可收拾的臀部和胸部，女人的长袍和女性化的滚圆头颅，似乎又有阿赫那顿改革初期那种故意丑化肉体，以期矫枉过正，一扫华美优雅之风的挑战气味。

自第六王朝佩比一世铜像以后，铜像在古埃及几成绝响，第二十二王朝后，出现了青铜像，到第二十五王朝臻于成熟。"向鹰神献酒的国王塔哈卡"，用片岩、木材镶嵌青铜制成，台座镀银，鹰身涂金，相当精致。这一时期的青铜像，还有"王后卡鲁玛玛像""努比亚贵妇塔卡西娅像"等，均玲珑可爱。这一时期，有一种称为"绿色头像"的石雕作品，因多以绿色片岩雕成而得名，在艺术上也很有成就。

驱逐波斯人统治后的第二十八至第三十王朝期间，埃及艺术又经历了一次复兴。从第二十九王朝的雕像作品中可以看出，亚历山大入侵前的埃及雕塑仍保持着高水准，亚历山大征服埃及后，埃及与希腊文明发生密切关系。托勒密王室为巩固统治，在社会、宗教和艺术方面大力推行埃及化政策。希腊化时期的埃及雕刻经赛斯期为中介，仍保留着浓郁的传统风格，但也不可避免地反映出希腊趣味的渗透。那时的一尊某王后雕像，弧形的眉间线，水平并列的双眼，光滑的下颚，抿紧的嘴角，均是传统样式的体现。但球形乳房，球形倾向的腰腹部，伸长的右手和执小树枝的左手，都强调创作上的轻松自如和结构上的光影效果。孟菲斯出土的公元前2世纪的"彼托西利斯肖像"，则说明埃及与希腊风格的相互混合：姿势是典型的古埃及样式，但脸部与头发的写实手法显然是受希腊、罗马艺术的影响。此后，埃及艺术充其量只是希腊罗马美术中某种点缀，贝尼马萨尔发现的酷肖宙斯神像的"塞拉匹斯神头像"和本赫出土的一尊与罗马雕像完全一致的皇帝的胸像，都是证明。

第六章　古埃及科技

科学，在今天的定义上，"是指反映自然、社会、思维等的客观规律的分科的知识体系"①，即不仅包括自然科学，而且包括历史学、语言学和哲学的有条理的知识。但是，这种意义上的科学发展，是从古希腊才开始的。在那以前的古代世界，在各个早期文明地区，科学仅"是由一系列使用于商业、手工业、工程、税务或预言天文现象、制定历法或宗教节日的计算规则和方法所构成"②，它只是人们实践知识的积累和运用，本身还没有形成体系。我们探讨的古埃及人的科学，指的是后一种意义上的科学。

古埃及文明发展了数千年，在科学和技术领域建树颇丰。古希腊时期泰利斯等古典作家，曾怀着了解陌生国度的强烈兴趣来到埃及。在那里，他们发现了极其丰富的实用而有益的知识。这些知识应该说是人类科学发展的第一步，它们被介绍到希腊，得到了进一步的发展，并流传给了后世。因此，我们可以确认，古希腊人贡献给人类的知识并非全由他们独创，而是有相当部分得益于古代埃及。

科学起源于生产劳动实践，但在早期，它与巫术、占星术、宗教的产生

---

① 《现代汉语词典》，北京：商务印书馆1979年版，第631页。
② R.J.弗伯斯等：《科学技术史》，刘珺珺等译，北京：求实出版社1985年版，第5页。

和发展是紧相联系的。原始人类在与大自然的斗争中，逐步地发展简单工具，懂得了取火和利用火，从而奠定了科学最早的基础。然而，人们对于许多他们无法控制的自然现象却感到难以理解。这种敬畏和神秘的感觉，导致了巫术和宗教的产生。在旧石器时代的洞穴壁画和雕刻中，已发现有魔鬼和巫师的形象，有对丰产崇拜和丰产巫术的描绘。巫术的发展通常始于交感巫术，即为促使某过程的实现，就采取现身说法，竭力模拟的方式，或对这个过程加以描写，希望能控制自然。原始人类用许多方式表演季节循环的戏剧，祈求谷物丰收，家畜兴旺。以后，出现了祭祀和对奇迹的崇拜，以及用来解释祭祀的教条和神话。那时的交感巫术则认为，事物一旦接触，便会产生永久的交感联系。比如，占有某人身上的一片布并占有其身体的一部分如头发和手指，他就永远处在你的掌握之中；如果你烧掉他的头发，他便会枯萎而死。这样的巫术，有时因为巧合，好像是灵验的，但失败的次数必然更多，这时，巫师就把失败说成是某恶魔的捣乱。人们逐渐相信，各种自然现象都是由神控制的。在古埃及人看来，尼罗河的泛滥，季节的轮换，都是由神的意志决定的。人们想象出各种神祇和魔鬼，用祭祀和符咒讨好神灵，或借某神的威力驱除魔鬼。这样，施展巫术便是祭祀或念咒仪式的组成部分。

在古埃及，巫术和宗教在日常生活中占有非常重要的地位，自始至终渗透于古埃及文化的各个领域。因此，古埃及的科学活动也带有很强的巫术-宗教的性质。巫术对于古埃及人来说，是借以达到一切目标的可靠手段。他们认为，各种疾病都是由于恶魔作祟，要抵抗疾病的侵袭和伤害，就得靠巫术。古埃及的理性医学正是在这种带有浓厚巫术成分的医疗实践中才产生的。出于宗教意识的制作木乃伊的实践，对医学的发展也有重要的影响。古埃及高度发展的专门化医学始终未能摆脱巫术和宗教的束缚。

古埃及有众多的各种形态的神，他们大都对人类怀有善意，随时准备在现世和来世中指导和保护人类。古埃及人把一切知识都视作神的启示，尤其是图特神和他的盟友真理女神玛奥特的启示。一切知识的总结、整理和传授都由神的祭司所掌握。颁布历法、观测天象，也是祭司在神庙中进行的。历法的重要作用之一是确定宗教节日。天文知识与宗教、神话、占星术紧密相连。教育只限于上层阶级和有钱人的后代。学校设在神庙，教授算术、几何、语言、天文和医学等科目，培养为统治阶级服务的书吏和官员，以及医师、建筑师等专门人才。教育偏重向年轻的书吏灌输文字、书卷的崇高和神圣，鄙薄目不识丁的农民和工匠。教育为学生们进入文职阶层和逃避劳役提供了途径，因而带有阶级和宗教色彩。

古埃及人在科技上取得的最重要的成就是在实用技术方面。数学产生于对尼罗河一年一度泛滥后土地的重新丈量；几何学是在建筑活动中发展起来的；天文学知识的发展是因为制定历法、计时以及建筑定向等方面的需要；医学知识也是在实践中不断积累起来的。古埃及人严格地按照实用目的，凭经验来探讨和发展他们的科学和技术知识。他们的一切知识都是经验的结晶。他们对于理论没有特别的兴趣，只要一种知识或技术能够适应他们眼前的需要，他们便满足了，并且世代沿用下去，很少会想到去改变和提高，以致很多知识和工艺在王朝时代早期便已具备，但直到后期仍无甚改变。这种停滞性在生产技术方面反映尤其明显。早期埃及人只是依赖尼罗河的恩赐，那些用以维持生计的简单生产工具和技术，在整个王朝时代颇少进展。他们在早期的天文观察和工具的发明中初步显露的物理学的萌芽，在冶金、制陶以及木乃伊制作过程中掌握的化学知识，在动植物观察、医学和外科实践中积累起来的生物科学等，都没有发展成系统科学。在代数和几何学中，我们也没有发现古埃及人有分析、综合与推理的能力。因此，古埃及的科学技术，既缺乏理论体系，也没有严格的分科,某些方面的知识虽有一定的条理性,但总的看,还只是方法和规则的堆砌。

然而,面对古埃及文明的实际成就,人们仍然惊叹他们的聪明才智。古埃及人凭着他们所掌握的科学和技术知识,创造了古代世界无与伦比的奇迹,给后世留下了丰富的遗产,为人类知识的发展做出了杰出的贡献。

第一节 医学

在古代埃及的科学中,医学成就十分引人瞩目。在古典时代,埃及人曾因他们的医学知识而享有盛誉。在《奥德赛》中,埃及的医生被认为是最熟练的。希罗多德曾几次提到埃及的医师,说他们每个人都是一个专家,专门研究某一专科;他还说到居鲁士派人到埃及去请一个眼科医生;大流士也坚信埃及人的医术是最高明的。近现代学者的看法,却不尽相同。多数学者认为古埃及人确具有很高水平的医学知识,但另一些学者却不同意,甚至断言根本不存在这样的知识。真实的情况往往处于两极之间。所幸的是,业已发现的数量丰富的原始文献,即所谓的埃及医学纸草,为了解古埃及医学的真实状况提供了极有力的佐证。

医学纸草卷

流传至今的医学纸草,按内容可分为两类。一种可以称为医书,是真正意义上的医学纸草;另一种具有巫术性质,内容晦涩难解,或者是当时流行的秘方,现一般称为医-巫纸草,以区别于第一种纸草。各种传说都把这些医学文献说成是出自神灵、某位先王或诸如伊姆荷太普这样的圣贤之手。也许可以肯定,至少确实存在有一二部这样的医学论著,它们被摘录在某些纸草上而流传下来。

在所有的医学文献中，"埃伯斯纸草"最长，也最有名。它于1862年与"埃德温·史密斯纸草"一起被发现，几年后为埃及学家埃伯斯获得，即以其名字命名。这部纸草保存完整，正面从头到尾记述的都是医学和巫术，反面则是一部历法，与正面的内容风马牛不相及，但对研究古埃及的年代具有重要的价值。"埃伯斯纸草"一般认为约写于第十八王朝初，从语言学和其他方面看，它也许是比那时期早几百年问世的一部书的摹本。严格地说，它并不是一部书，而是各种摘录的汇编，包括了从至少40种不同书籍中搜集和摘录下来的秘方和笔记。原纸草卷的正文，有110个栏目，后人把它分成长短不一的877章，标上数码。它的主要内容是治疗各种疾病的药方。绝大多数的医学纸草文献，都只罗列疾病名称，而没有诊断记录，例外的是"埃伯斯纸草"有一段关于胃病的描述，"拉洪纸草"中记录了有关妇科疾病诊断的一段。

"埃伯斯纸草"中的药方，载明了药名、剂量和服用方法。有几章涉及胃病、心血管运动，以及囊肿和疔疮的外科诊治等内容，其中穿插着巫咒和口头禅。这些显然摘自该纸草提及的一部医学总论。这部医学总论的其他部分保存在"史密斯纸草"和"拉洪纸草"中。这是根据文字结构和里面的处方辨认出来的。绝大部分内容从上述医学总论中摘录的"史密斯纸草"，专门讲述创伤和骨折的外科诊治，共有48个长节，每节论述一个身体部位或器官的疾病。"拉洪纸草"摘录的全是妇科学的内容。该纸草卷于1889年发现于下埃及法尤姆地区的拉洪，是迄今见到的最古老的医学纸草卷，属第十二或第十三王朝，现仅剩三四节。摘自那部医学总论的部分，构成了上述三部纸草的医书内容，它们的其余部分都是属于医-巫类的秘方和咒语。

与"埃伯斯纸草"内容相似的另外两卷纸草卷，是"柏林医学纸草"和"赫斯特纸草"。三者的资料似乎源于同一出处，某些章节几乎完全相同。

"柏林医学纸草"属于第十九王朝,共有 204 节。"赫斯特纸草"于 1899 年发现,最外层已残损不全,但其他部分却相当完好,保存了 15 个栏目,共有 250 个药方。它较"埃伯斯纸草"问世为晚,可能属于第十八王朝的图特摩斯三世时代。

属于第十八王朝的还有一份"伦敦医学纸草",全是医-巫内容,写在一张刮去原有字迹的纸草纸上,字迹拙劣。稍后,还有一卷较重要的纸草纸是"切斯特·贝蒂医疗纸草",其中第 6 张属第十九王朝。纸草卷正面是一系列药方,还有对肛门和直肠疾病的治疗方法,可以称为关于直肠病的早期专论;反面则满是那时流行的咒语和口头禅。"切斯特·贝蒂医疗纸草"中还有一些内容属医-巫类,第 10 号纸草纸全与壮阳剂(春药)有关。此外,还有相当数量的医学纸草卷,散藏于世界各地的博物馆中。

上述医学纸草均属法老时代。王朝时代以后的医学文献主要是收藏在各博物馆和图书馆中的医学纸草和医学残篇,也包含两种性质的内容,分别用世俗体文字、科普特语或希腊语写成,时间属于公元 3~10 世纪,虽然含有一些希腊或阿拉伯因素,但在不同程度上反映了古代埃及的医学成就。其中,公元 3 世纪以世俗体文字写成的"伦敦-莱顿纸草"是一部重要的医学纸草,它记载了许多医学问题,尽管不无医—巫性质。

古埃及留存下来的医学纸草,是世界医学文献宝库中最古老、最重要的组成部分。对这些医学纸草进行分析、研究,对我们了解古埃及医学是极为重要的。

巫与医

巫术在古埃及人的社会和宗教生活中,具有非常突出的作用,它不仅影响现世人与人间的关系,而且影响着生者与死者、神灵的关系。对古埃及人来说,巫术是实现一切需要和愿望的可靠手段,日常生活一般进程做不到的,巫术能够做到。使用巫术的目的不一,巫师的日常活动是防治疾病、伤害、有毒动物的咬螫，禳解其他影响个人的不幸和灾难。在保存下来的众多医-巫文献中，疾病常被说成是恶魔附体，疼痛是恶魔将毒物或邪恶带入了人身。巫师口中念念有词，对病魔或高声咒骂，或低声细语，以达到驱魔避邪的功效。治疗疾病的最简单程序，是背诵一段咒语，命令病魔赶快离去，或命令毒物立即流出。这些长短、详略各异的符咒，频频提到各种神灵，包含着有趣的神话片断。有些较详尽的符咒，还收有某位勇敢人物的恫吓语和伏魔咒。对最简单的病情，巫师仅张张嘴；大多数的符咒，念时都伴带某种仪式，即运用手势，或使用驱邪符和其他物件。巫师法术的这两个基本成分，埃及学家艾伦·加德纳分别称之为"口头仪式"和"手操仪式"①。在医-巫文献中，经常可在口头仪式的结尾读到一句习语，从而引出相伴随的手操仪式动作。通常的手操仪式形式是对着一件实物背诵咒语，这实物可以是木像、泥像，或一串念珠，一根多结的细绳，一块题献的亚麻布，一张驱邪符，也可以是一块石头或其他物件。这些巫术仪式使用过的物件，一般要放在病人身上。如遇疾病或伤害，进行手操仪式时，要对着一件由多种物质混合的东西诵读咒语，然后把这一混合物让病人口服或外敷。内容大都是有关药方的医学纸草，也穿插有符咒，目的是让附在其后的药方发挥效力。这样的咒语，是每组药方的口头仪式，而药剂及其服用，则构成了相应的手操仪式。许多药剂都包含有害的或攻击性的成分，目的在于尽可能地使附在病人身体上的恶魔感到不快。

巫师每次作"诊治"之前，应作多种准备，以便一种治疗方法失败即改用另一种方法来补救。他须不惜一切代价保持自己的声誉。在医学纸草

---

① 原文为"oral rite"和"manual rite"，见 S. R. K. 格兰维尔(S. R. K. Glanville)编：《埃及的遗产》(The Legacy of Egypt)，牛津：牛津大学出版社 1947 年版，第 185 页。

中,治疗一种疾病往往有几种可选择的药方。在医-巫文献中,对付每一种疾病和灾难,也有许多供选择的符咒。这些药剂含有确实有益而且适用的药物,这实际上达到了治疗的目的,较之那些不合理的药方,它的流传既广且久。由于药物奏效,人们就越来越相信巫师的手操仪式,亦即药物本身,而越来越少地相信作为口头仪式的口诵咒语了。人们患病,首先去求那些熟悉药物知识、精于调配和施用药剂的人。这样的人自然不是概念中的巫师,而是逐渐地变成为巫师身份的医生。因此,医学是通过巫术发展起来的。

然而,医学的发展并没有使巫术寿终正寝。新事物完全取代旧事物,这在人类历史上极为罕见。古埃及的医生仍然把巫术作为一种必要的备用手段,正如法老时代的医学纸草所显示的,巫术治疗与较合理的治疗手段同时并存,继续使用。许多后期医-巫纸草的发现,也证明在科学治疗产生之后,为治病而进行的巫术活动在相当长的时期内仍然十分活跃。

医学科学在古希腊得到了发扬,但进入公元后的几百年内,甚至在整个中世纪,巫术依旧具有强大影响,一直持续到16～18世纪。今天,即使在文明国家,巫术也未泯灭。巫师没有绝迹,只是时常在变换扮演的角色:骗子,小丑,江湖医生和药贩子……五花八门,不一而足。

古代的巫师,尽管已成为医生,却仍不愿屏弃职业的神秘性,而常常要把正常的治疗伪装起来。这种做法一直为他们后世的继承者所效法。

古埃及药方数量极多,这说明了它们的随意性,距科学配方相去甚远。向每一个患者提供各种各样的药方,如一个药方不灵,就试另一个。大多数的医学纸草,处方都是:试用药方 A,或者 B,或者 C,只有"切斯特·贝蒂纸草"中的第 6 号纸草所列药方,才有所发展,即使用药方 A,(如果不行)用 B,(再不行)再用 C。这就是说,处方要按顺序使用,而不是随心所欲地从提供的药方中选用。因此，第6号纸草有可能是真正的医学纸草文献。

解剖学和生理学

在古埃及，对尸体进行防腐处理，包括对内脏的移动和处置的习俗，对医学的发展极有影响。制作木乃伊的实践，使古埃及人熟悉了人体内部器官的形状、特性和位置，认识到了盐、树脂等物质的防腐性。这种习俗第一次为比较解剖学提供了观察机会，施行者得以辨认人体内脏与动物内脏的相似处。对动物，人们在屠宰动物作为食物或祭品的过程中，是早已熟识了的。值得注意的是，用来表示身体各部位，特别是内部器官的各种象形文字符号，描画的都是哺乳动物的器官，而不是人体器官。这说明，古埃及人关于哺乳动物的解剖学知识，要比他们掌握人体解剖学知识要早。而且，他们根据动物器官发明文字符号，而在指示人体的相应器官时依然使用这些符号，这表明他们已看出了两者的相同点。

一个民族掌握一门学科知识的程度，可以根据该民族对该学科所拥有的术语丰富程度来估量。在古埃及象形文字中，有100多个解剖学名词。古埃及人无疑已经能够辨别并称呼许多器官和器官的结构，当然，这并不足以表明他们已从整体上理解了这些名词所表示的器官的作用。古埃及人用于人体解剖学上的术语相当准确，但他们还没能理解什么是神经、肌肉、动脉和静脉，他们只用一个词来表示所有这些结构。他们认识到，有许多分支和放射状的管线形成了遍布人体各个部位的网状组织，上述神经、血管等结构都是这网状组织的组成部分。他们用以称呼与心脏相通的血管的词，与在治疗关节炎和风湿病的处方中用来指肌肉的词是一样的。我们只能从上下文中去理解它究竟指什么。

关于生理学，已掌握的最重要文献是"埃伯斯纸草"中的一段文字，它述及心脏及其"脉管"。这段文字的标题是："内科医生科学的开端；了解心脏的运动和了解心脏;有脉管连接着它与身体的每一个组成部分。"①文字后面附有一段注释,大意是如果把手指放在心脏部位,放在头上或四肢上,心脏的跳动便能通过每个部位的脉管感觉到。这就是说,靠着从心脏辐射出的脉管,脉搏在身体的各个部位都能被感觉到。不过,古埃及人似乎从未提及血液和血液循环。这说明他们还没有掌握血液循环的知识。他们感受到的,只是脉搏与心脏本身的跳动。②

上述文字在对标题作注解之后,接着列举了连通身体各个部位的脉管,说明它输送什么,再接下去是对心脏在各种情况下的活动状态的一般描述。

要根据这段晦涩难懂而且屡经篡改的文字,理清古埃及人的生理学体系,显然没有可能。只是,我们应当从中看清以下一些事实。首先是心脏作为脉管中心的重要性。与古代中国一样,古埃及人也把心脏视为身体最重要的器官。他们不重视脑,而把心脏当作才智和情感的源泉。心脏在身体中的存在是如此重要,以至在制作木乃伊时都不得移出体外,心脏及大脉管一起被小心翼翼地保留在胸腔的原位上,而其他的内脏,包括大脑在内,都要取出体外。

其次,脉管不光与血液有关,而且也是空气、水、粘液、精液及其他分泌物的传递媒介。这个结论肯定是木乃伊制作者在作尸体解剖时,从所见到的脉管的非正常情形得出的,而不可能是根据在活着的躯体中正常发挥功能的脉管归纳出来的。双耳除是听觉的器官外,还被认为是肺脏系统的一部分。因为按宗教传说,生和死的气息是分别从右边和左边进入耳朵的。

---

① S. R. K. 格兰维尔:《埃及的遗产》,第189页。
② 也有人认为,古埃及人关于田地灌溉渠道的地理概念,启发了他们对于人体内血液"渠道""干旱"与"泛滥"的病理学认识。

这段长达几页的纸草纸的记载虽然存在许多谬误，但却包含着一个正确观察的内核。它证明，古埃及人早就进行过一系列的尝试，力求了解人体及其器官的结构和功能，以及伤害对它们的影响。例如，从"史密斯纸草"可以看出，人们已观察到脑是包在一层薄膜之中的；对脑的伤害会引起身体各部分的控制失调，引起面部肌肉紧张或其他现象；对脊柱的伤害会导致阴茎的反常勃起和无意识的泄精，也可能引起气臌。该纸草中记载的伤害有几种情况，有的完全有把握治愈，有的能否治愈难以预料，还有的则肯定无望治愈。作出这些判断，需要长期观察，经过大量的医疗实践。正是这样的观察和实践积累，构成了古埃及人的生理学知识。

病理学

前已述及，古埃及医学系由巫术发展而来。古埃及处方中提到的许多药物，即使是有益的、合理的，首先也是因为巫术的原因而被采用的，药物的使用只是巫师手操仪式的发展。医学纸草文献清楚地表明，那时，所有的疾病都被认为是由恶魔附体造成的，医疗技术的缘起，是试图哄劝、迷悦或强行驱逐恶魔，使之离开它偶然的寄主。起初，在疾病或伤害有明显起因的情况下，理性的治疗方法才被采用。因此，人为的创伤或多或少都采用理性的治疗方法；而疾病和疼痛，即使有明显的外部症状，如痛处、疖子或肿瘤，也更多地受到巫术的而不是医学的治疗。在医学纸草文献中，每个药方都冠有标题，那不是简单地点明系治某病的药方，而是写着这是"逐出""驱走""恐吓"或"杀除"某疾病的药方，甚至在进行比较合理的外科创伤治疗中，治疗巫师（医生）的口头禅也是："这种情况我将与之斗争（或搏斗）"。这类措辞，显然蕴涵着恶魔附体的观念。治疗方法总是将服用液态或固态的药物，与外用药膏或洗剂结合起来。

要依据古埃及的医学纸草文献，探明当时的病理学研究，困难重重。在那些文献中，许多词汇难以译出，又经常缺乏诊断与症状的记载。像解剖学一样，病理学中也有大量的术语，其中有些术语，经过反复研究，已经清楚，另有一些可以设法辨认。古埃及病理学的研究告诉我们，几乎所有主要的疾病都是与人类共生的，甚至比人类更古老。一般说来，医学纸草文献中提到的相当数量的疾病在今天仍侵袭着埃及的农民。眼病，包括眼炎和其他许多眼科疾病最多，约占所有疾病的十分之一。其次是寄生虫引起的肠道疾病和妇科疾病。肠道疾病往往是由于饮用了不清洁的水。医学纸草文献提到的，还有风湿症、痛风、天花、疔疖、疮、虫蝎咬伤、皮炎、血吸虫病、蛔虫、乳头突起和鼻咽疾病等，这些都在古埃及行医者治疗的范围之内。我们还可以从各种药方看出当时流行的疾病。这些药方用来治疗肺、肝、胃、肠、膀胱、头部、头皮（包括专治秃毛症和预防毛发脱落或变白的药膏）、嘴、舌、牙、鼻、喉等病痛，以及风湿症、关节炎和妇科病。此外，还有一些家常药，那是为了驱除跳蚤、苍蝇、蛇和其他害虫。

外科学

既然疾病对人类的侵袭是与人类共生的，那么，外科疾病治疗必然先于文字的发明，最早的外科手术也不可能见诸文字记载。史前时代的头盖骨证明，许多民族在原始社会便已进行过环锯手术或部分头盖骨的移动。不过，这种手术是否以治疗为目的，却难以确定，因为很可能仅是巫术-宗教仪式的一部分。

"史密斯纸草"提到过头部和胸部的创伤，"埃伯斯纸草"的结尾部分涉及疔疖、囊肿及其他类似的病症，"拉洪纸草"讲到妇科疾病，所有这些都摘自同一部书。从形式和安排看，这部书要比其他绝大部分仅由药方构成的医学纸草文献先进得多。有关外科的纸草文献，有某些特殊的习惯用语，由五部分组成：(1) 标题；(2) 检查结果（症状）；(3) 诊断；(4) 意见（能否治愈）；(5) 治疗方法。其中往往夹有注释，以帮助理解原文中的术语和习惯用语的意义。这种记录方法颇具合理性，甚至是有条不紊的。

有人曾据此否认古埃及医学起源于巫术的看法，把"史密斯纸草"当作古埃及人研究解剖学的证据。的确，"史密斯纸草"是一部专门阐述外科学的文献，它的叙述含有精确而客观的解剖学知识，但是，它毕竟只是大量医学纸草文献中的一部，而且，很大程度上还掺入了巫术内容。"史密斯纸草"可以证明古埃及人曾试图理解解剖学和生理学的有关因素，但它仅仅涉及创伤和骨折——可触诊的和起因明了的伤害，而没有提到那些对古人来说，起因看不见摸不着的疾病。由摔倒或其他偶然事故，或者武器或工具所致的伤害，容易理解，一般用合理的方法治疗。但是，头痛、发烧、皮疹、肿胀和其他许多疾病的起因，却无法一目了然，故显得神秘，于是被归因于超自然的力量。不妨设想，在孟菲斯或底比斯，有两兄弟同一天来找巫师治病，一个是胸部受了剑伤，另一个则要治疗身体同一部位的过敏性皮疹。剑伤的起因是不言而喻的，而引起过敏性皮炎的原因却令人不可思议。处置这样两种病情，办法就截然不同。医学和巫术并存，同一时代产生了内容相异的"史密斯纸草"和"埃伯斯纸草"。"史密斯纸草"文献中的外科部分中有一段咒语，而它的背面写满符咒和药方。显然，"史密斯纸草"的抄录者，在把我们今天看来性质和内容都完全相反的东西放入同一个笔记本中时，并没有感到有什么不协调。

古埃及医学的专业化程度很高，在外科学中分工也很细。一位巫师（医生）或精于治疗创伤或骨折，或擅长治疗人体某一部位或器官的外科疾病。

牙科学早在公元前 3700 年便作为一个医学分支发展起来，有许多医生专门治疗牙科疾病。"埃伯斯纸草"中记载有许多治疗牙齿病痛，包括对断颚和嘴部创伤的方法。

制药学

英语中制药学"pharmacy"一词起源于希腊语的"$\phi d\rho\mu d\chi o\upsilon$"，这个希

腊语词的原意为"药物的使用"或"巫术的施行"。后一词义符合药物在古埃及作为医—巫手操仪式这一事实。早期有关制药学的记载，一般总与药物的使用联系在一起，两者的发展不可分割。在古埃及，制药的实践无疑是作为巫术的一种补充手段，始于人们抵抗疾病和医治伤害的努力之中。制药学的发展，则取决于各种药物成分的实际效用。

古埃及人所用的不少药物，至今尚无法认定。医学纸草文献的药方中提到的几百种成分，分别取自动物、植物和矿物。动物成分，通常是指它们的脂肪或血液，如是小动物，往往整个都用。取药用的动物，有牛、驴、狮子、河马、老鼠、蝙蝠、蜥蜴、蛇以及鸟类和无脊椎动物。鹿茸、龟板、经过焙烘的兽角、兽皮、骨头和蹄骨，也可入药。药用植物中相当一部分名称至今不能确定。已发现整株的植物，或者叶子、果实、种子、汁液、木髓或根茎，被当作药用。流质药的赋形剂，一般是水、奶、蜂蜜、葡萄酒或啤酒。古埃及的铭文，描述过蒸馏法，可见蒸馏水已充作医用。润肤剂和药膏的主药是蜂蜜或各种脂肪。药用鹅脂尤为常用。干药要压破或碾碎，有的须煮过，或加热或冷却，视情况而定。外用药一般用来涂擦、绑扎或敷贴。各种药的用量在药方中均详细列明，并有精确的极小计量单位。

古埃及的医学遗产

古埃及的医学对后世的影响，深远而且明显。可以说，欧洲和中东国家的大众医学都源于埃及，且长期完整地保留了古埃及的医学形式。许多有名的常用药物，首先是古埃及人采用的，如鹿茸、蓖麻油、曼陀罗花、小茴香、莳萝、葫荽等。出现在蒲林尼、伽林、希波克拉底等古典作家的著作中的，不少药物名称明显借自古埃及，甚至还保留着古埃及人赋予它们的属性和传说。这些古典作家的著作，是后来欧洲植物志及流行医书的主要资料来源。一种药如果真有效力，它自然能流传到现在。但事实上，许多无用的药物在不少国家的流行医书中奇怪地沿用了许多世纪。这是古埃及那种全盘照抄前人著作的传统不断延续的一个证明。古埃及药方的书写方式，甚至医学纸草文献上的套话和书尾题记，希腊人都照单全收，由此再进入其他国家的医学文献。在希腊、拉丁、阿拉伯、叙利亚和波斯的医书中，以及直到中世纪以后的西欧医书中，古埃及医学的影响都是显而易见的。

总之，古埃及不仅把大量巫术知识传给了后世，而且留下了最早的医书，记录了最早的人体解剖学和比较解剖学的观察，最早的外科学和制药学实践，而且创造了丰富的解剖学和医学词汇。古埃及人是最先使用夹板、绷带、敷布等器具的民族，更重要的是他们制作木乃伊的特殊习俗，对人类医学科学的研究和发展做出了不朽的贡献。

第二节 天文、历法与计时

天文观测

最早的星象观察和历法是天文学的起点。在新石器时代，随着农业的兴起，对气候的研究日显重要。人类开始注意到日出日落的位置和季节性变化，月亮有规律的亏而复盈和行星运动。为帮助测定时间，他们制定了各种简单的历法，他们还辨认出了一些星座。宇宙论由此得到了发展。

宗教在古埃及人的日常生活中，占有极重要的地位，影响了文化的各个领域，天文学也不例外。因需要准确地规定宗教典礼和节日时间，天文观测的职责便由宗教人士担负起来，经常进行观测的地方遂修筑起神庙。如卡纳克神庙，就是应天文观察之需修建的。人们相信，天象决定了政治、经济生活中的许多事件，对农业和商业贸易，更是至关紧要。例如，从幽暗的殿宇内看到明亮的天狼星经过神庙主轴时，那便意味着尼罗河泛溢季节的开始和农业丰收时期的到来。古代天象观测者关于天体运动的知识,在神庙的定向问题上有明显反映。底比斯神庙的主轴曾数次改变方向,以求与由岁差现象引起的星体升落点每年变化的位置一致。许多早期的埃及太阳神庙,如卡纳克的阿蒙-拉神庙,其定向是为了利用照射到内殿黑暗墙壁上的一线阳光,以确定夏至的精确时间。

星体的运动是最早的天文观察者所注意的重点。实际的观测与那时的宗教和神话传说相结合,加上古人有限的地理概念,形成了各民族古老的宇宙观。在古埃及人的心目中,宇宙是一个方盒,南北较长,底面略呈凹形,埃及就处在凹面的中心。天是一块平坦的或穹窿形的天花板,四方有四根天柱亦即山峰(或想象为女神诺特的四肢)支撑着。星星是用链连接着悬在天上的灯。方盒的边沿,围着一条大河,一条船载着太阳在河上行驶。尼罗河是这河的一条支流。①

古埃及人很早就绘制了星座图。人们按照想象,用某种动物或非动物的形象来给星体命名,并分成星座。这些星座与我们今天的并不一致。有几幅星座图因绘在神庙、陵墓的天花板上和棺盖的内面而保存下来。这种星座图,可用来确定夜间时刻,被认为对作阴间旅行的死者有用,还用作占星术的天宫图。星座图大体都按同一标准形式绘制。

太阳和月亮,是最先观测的对象,在祭司的宇宙论和神学中占有重要地位。文献中提到的"永不静止的星",是指行星,较突出的有金星(称"晨星"或"长庚星"——两者在早期可能有区别)、木星(叫"灿烂夺目的星")、土星(称"荷拉斯星",即公牛座)、火星(叫"红色荷拉斯"),可能还有水星。公元前 3500 年一张标明在孟菲斯见到的主要星体位置的太空图,可以从中辨认出古代天体图上的某些星座:大熊星座明显地绕天极

---

① W.C. 丹皮尔:《科学史》,李珩译,商务印书馆 1975 年版,第 7 页。

运行,被命名为"公牛腿";另有牧夫座(画成鳄鱼和河马)、天鹅座(呈伸开双臂的男人形)、猎户星座(是一个边跑边向后看的男人)、仙后座(一个伸出双臂的人)、天龙座,或许还有金牛宫之七星或昴星团、天蝎座和白羊座。有关图特神和太阳神受伤的眼睛的神话,证明古埃及人对月亮与蚀的关系已有认识,围绕天极运转的星体(即永远高于地平线者)被看得特别神圣,这些星体是长年可见的,被称为"永不消失的星""永恒的星"。

在法老时代埃及的天文学中,没有黄道十二宫,人们使用"德坎"来划分年份。一年由 36 个为期 10 天的连续星期构成,德坎是每个星期内在特定的"夜间时刻"升起的星群或一颗醒目的星。它们被置于一条广阔的赤道带内,并以年份的支配者天狼星为起始。每个德坎都有一个名称。

每个为期 10 天的星期都以下一个"德坎"在东方地平线上的升起告终。根据预备好的德坎表,知道了日历的日期便可确定夜间时刻,进而可以确定德坎星的位置。这种德坎表是古埃及人用以测定夜间时刻的方法之一。在第十一王朝的棺盖上,就有德坎表。在第二十王朝的陵墓壁画中,有几幅星座图,旨在指明每隔 15 天夜间 12 小时星体的位置。

36 个德坎构成的 360 天一年,尚缺少附加的 5 天。因此,每隔若干年,每星期德坎出现的时间就会后移。表格中绘出昏暗的中天,亦即相应的德坎星在黄昏降落或黎明升起时的日期和月份。德坎表可以由人通过观察星座在夜空中的位置,用来确定日期、季节和夜间时刻。另有一种附加的表格,用以表明这种日历在怎样的程度上移动了季节。

这种德坎表体系至少可以追溯到第三王朝或更早。自那以后,诸星神的名称渐被忘却,变得残缺不全,几不可辨。直到希腊人引进了源于巴比伦天文学的黄道十二宫,才重新引起人们对它们的兴趣,十二宫融合了德坎星座的图象。后来,德坎在占星术中占有重要地位。

观测星体使用的是一种简单的瞄准器,称为梅尔喀特(图 77)。这是一根木棒,一端带有缝隙,另有两个悬锤。观察者及其助手面对面坐在神庙的屋顶上(图 78),以他的眼睛对起点,通过瞄准器的缝隙和两个悬锤——他自己的和助手的——形成一条通向北极星的线,即当地的子午线,然后用它来测定各种星体的位置,标在画有线格和与助手身影人像的纸草纸上,同时记上观察的时刻和星座的名称,这样便形成了一张星座图。

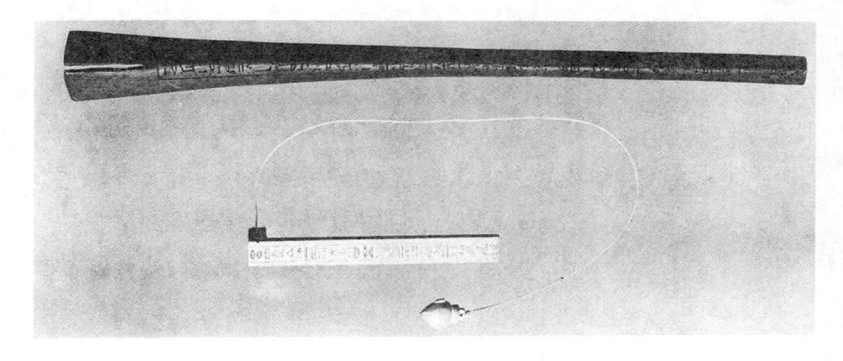

图 77 梅尔喀特瞄准器

梅尔喀特也用来在神庙奠基仪式上测定神庙的中轴线。表现这种仪式的壁画上,绘有所使用的细绳、木钉和锤,旁边的铭文注明是通过观察星座在确定神庙的中轴线。

历法

历法的形成也是以星象观察为基础的。人们最早注意到的是日出和日落之间形成的"天"和"天"作为季节的度量单位的循环往复。月亮的圆缺给了天的计数一个自然的倍数;月亮由圆到亏,再回复圆状的一个周

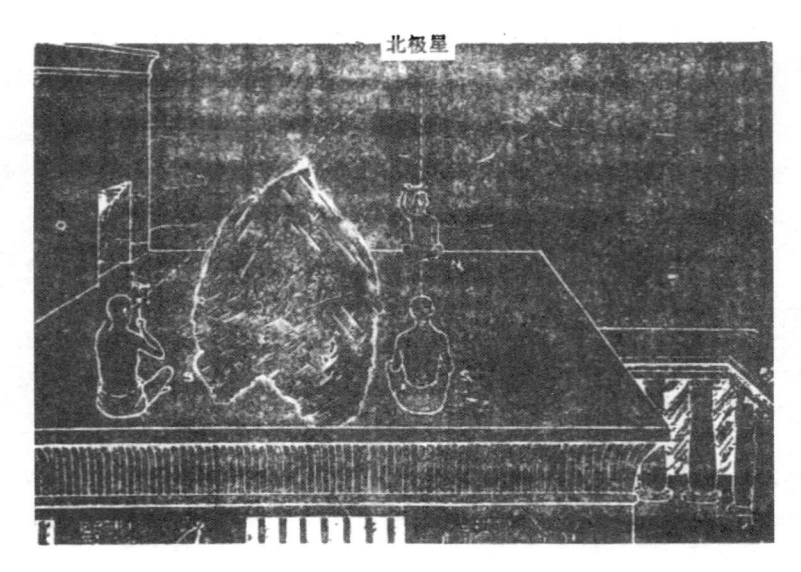

图 78　观测星象

期，便是一个月。人们通过长期观测确定了一年的天数和月数，并把一年分成若干季节，这样便形成了最初的历法。

古埃及的天文学家出于宗教或实用目的，逐步完善历法。第十八王朝之前分散在许多世纪中的各种记录表明，古埃及曾同时使用几种历法。

古埃及文明的最初阶段，距今已一万多年了，那时，埃及使用的初级历法，规定一年 12 个月，每月 30 天，共 360 天。到公元前 4000 年左右，每年的岁末加上 5 个附加日，使每年成为 365 天。这 5 个附加日是分别献给俄赛利斯家族诸神的。相传，俄赛利斯给埃及带来了五谷。这种说法可能是随着传入谷类的拜达里人对俄赛利斯的崇拜而流入埃及的。这种固定的以 365 天为一年的历法[1]没有置闰，它每四年要比太阳年落后一天。

---

[1] 这种历法被称为 Vague year 或 Wandering year。

在这一历法的基础上，古埃及人又根据尼罗河一年中的变化和农业活动，把一年分成三季，每季四个月。这后来成为古埃及钦定的官方历法。人们很早就注意到，尼罗河每年的泛滥，从天狼星偕日升的那一天开始。他们把天狼星(象形文字中的读音为"spdt"，即尖星)尊为伊西丝女神，认为尼罗河的泛滥是由她的眼泪引起的。古埃及官方历法最早确定的新年必是在尼罗河泛滥与天狼星偕日升同时发生的那一天。由于这一历法每四年要比太阳年落后一天，根据它确定的节日，包括新年在内，每四年也要比太阳年后退一天，因此，实际上颁布历法后的第五个新年便不可能同尼罗河开始泛滥与天狼星偕日升那一天相重合。只有经过一个天狼星周期①之后，所有的节日才能回复到原先的位置。换言之，尼罗河开始泛滥、天狼星偕日升同新年那天的重合，也只有在一个天狼星周期之后才会再次发生。古埃及人在长期的观测中，算出了天狼星偕日升的周期亦即天狼星年的长度为 365.2507 天。他们以此为根据来预测下一个三合一新年的到来，届时，须举行盛大的庆祝活动。公元前 238 年，托勒密三世曾颁布诏书，企图每四年增加一个附加日，以纠正这种不精确年的误差。然而，这一规定没有被埃及人接受。公元 139 年第三个天狼星周期结束后，古埃及人仍继续使用他们的历法。

古埃及也有阴历，它由月亮月(29.53 天)来确定。12 个月总共只有 354.36 天，一年要短 10.88 天；通常是每三年加一个 13 月来补上。月亮有规律地由亏而圆，使人们觉得使用阴历很便利。阴历在古埃及是常用历法之一。

---

① 天狼星周期长为 4×365.25 年，即 1461 年。由于天极的移动，这一周期的长度实际上也是变化的。

几种历法同时并存,各有用途,如阴历主要用于确定宗教节日;由尼罗河的泛滥周期而诞生的自然历法主要用于农业;而以自然历法为基础的钦定历法是通用的官方历法。在第十二王朝,各种不同历法的新年节日都举行庆祝活动。几种历法并行不悖,未造成麻烦,而是出于实际的需要,正如今天的埃及还同时使用着三种历法一样。①

　　然而,这样几种不同的历法,却使后人在利用遗留至今的有关纪年的有限史料方面,遇到了相当大的困难,因为书吏记录月份只用数字而不用月份名称,学者们很难辨明是哪一种历法,如果理解错了,就必然会造成年代上的失误。

　　古埃及人根据不同历法确定不同的节日。在第十二王朝,祭祀月神按阴历每隔30天或29天举行一次。一年中节日很多,今天的科普特历法继承了古埃及历法,它的节日表上,列有各种历法的岁首和岁末、天狼星偕日升、河水初涨和大涨、决堤放水,以及狂欢节等各种节日。② 这些节日在法老时代的各个时期,变动很大,有的时期没有某些节日,有的先后顺序不一。从这种节日表上,可以看出钦定年(365天)和天狼星年最为重要。大年(360天)和小年(354天的阴历年)次之。大年和小年的岁首,不像钦定年和天狼星年那样几乎一直被当作节日。

　　古埃及的历法,都把一年分成12个月。钦定季节年把一年分成三季,每季四个月,乃根据尼罗河流域的自然变化和农业生产的节奏而定。第一节叫"阿赫特",其间,尼罗河水逐渐上升,淹没两岸的土地,约持续四个月。接下来的季节叫"佩雷特",即冬季,河水退去,土地露出水面,

---

① 埃及至今通用三部历法:公历、伊斯兰历(或阴历,主要用于宗教)、科普特历(或古埃及历,用于农业)。
② 弗林德斯·皮特里(Flinders Petrie):《埃及人的智慧》(Wisdom of the Egyptians),伦敦:英国埃及考古学社1940年版,第7页。

是播种和农作物生长的季节。第三季叫"夏矛",即夏季,古埃及人在这个季节里收割并贮藏谷物,然后整理土地,以待下一个泛滥季的到来。

仔细分析一下这三个季节名称的象形文字符号,会发现一个明显的矛盾,那就是阿赫特季用长有荷花的池塘表示,佩雷特季的图形是一座房子,夏矛季画的则是水的符号。这些季节的符号,应该分别指11～2月的植物生长期,3～6月作物收获后生活在家中,以及7～10月的泛滥季节。而实际上,植物生长的符号指的却是泛滥季,房屋指的是在户外种植庄稼和植物生长的季节,水的符号又用来指最干旱的季节。钦定年的季节与自然历的季节不符,是因为钦定年与太阳年的差异引起的。这种差异使后人能够推测知道埃及人于何时采用了钦定历法。公元139年,曾发生过钦定年的头一日同河水开始泛滥与天狼星偕日升相重合。据此,可以推断出这种重合在公元前的5000年中仅发生过三次的年代,其中一次是在公元前2785～前2782年之间。古埃及人极可能是在那时以自然季节年为依据制定了钦定历法。季节的名称,应该在文字得到充分发展的第一王朝以前,便已被确定并沿用下来。由于忽视了岁差,钦定年与太阳年的差距逐渐扩大,钦定年季节与自然季节的错位也更加严重,由最初的每四年落后一天逐渐增至相差一周、一月、两月,这样,季节的名称终于与实际不相符合,而仅成为一种称号。这种差异为古埃及书吏所觉察,他们指出过天狼星偕日升的实际时间与钦定年岁首的差距。后人根据记录这种差距的资料,推算以国王在位作为标准的纪年,弥补了流传下来的历史纪年的缺陷,列出了古埃及王朝时代的历史年表。

计时

古埃及人把一天分成24小时,即12个"白天小时"和12个"夜间小时"。夜间从日落开始到日出结束。划分白天或夜晚的时刻,方法各种各样。白天，利用埃及连续的晴天，采用最简单明了的影钟（或称日晷）进行粗略的测定。这种仪器有一个弯尾部，投下日影，水平棍上有划分时刻的6个标记。有的影钟用悬锤线使标志时刻的基底保持水平（图79-A、B、C）。以后，通过刻度面的倾斜，影钟得到了改进（图79-D、E、F、G）。斜面上按不同的月份刻上不同的刻度，是又一进步，因为日间时刻的长度是随季节变化的。影钟的日影是由伸出斜面正前方、与斜面上底线处在同一水平面上的一个点投下的，它可能是固定在顶部的雕像所指的指针。以上各种形式的影钟，都是通过观察太阳高度来测定时刻的，早上把弯曲的一端或刻度斜面朝东，到正午则须掉过头来朝西。后来发明了一种双面梯形日晷，这样就无需掉转方向了。另一种方法是观察太阳的方位角，即看太阳照射直立棍子所投下的日影方向，或看墙上凸出物投在墙上的影子来辨别时刻。日晷的极点上插一根直立的棍子，刻度是从极点呈放射状刻在石块或木板上。在农业上，日晷用来测量灌溉时间，以求得水量的公平分配。

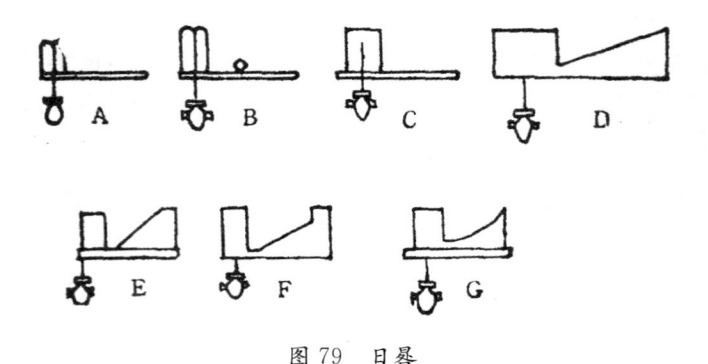

图 79 日晷

测定夜间时刻，除观察星象外，主要使用水钟，特别是在德坎星不能观察到的时候。这种水钟，据说是新王国第十八王朝时一个名叫阿明叶姆海脱的人发明的。他在叙述这项发明时说："我发觉河水泛滥时节的夜长达 14 小时,可是在收庄稼时节的夜长只有 12 小时……我发觉夜的长度逐月增长,而又逐月缩减……"①古埃及人虽然已经发现昼夜长度的季节性变化,但还是把日夜都分成 12 小时。因此,他们发明的水钟,在不同的月份就必须采取不同的刻度。

水钟是一形如花盆状的容器。使用时,将水灌至一个特定记号处,然后让水从底部附近的一个小孔逐渐滴出。水平面降至某一刻度,即表示夜间某一时刻。由于夜间小时的长度随月份变化,所以容器的内壁上刻有相应的 12 个月的 12 串刻度。滴水的频率受盆中水压的影响,故容器一般为上大下小;至于圆柱形容器,则下部刻度的间隔逐渐减小,以测得近似的时间。还可在圆柱形容器中放入一个固体圆锥体,以保持水压不变。古埃及人也许考虑到了季节温差给滴水频率带来的影响,他们的弥补办法,是采用不同的刻度。除流出型水钟外,还有流入型水钟,即让水从一个贮水器滴入容器,通过看水平面位于内壁上的刻度来计时。在神庙中,根据水钟分配值班者的责任时间,观察星象时记录时间。

观察白天的日影方法和夜空星象,使人们产生了方向感,他们记下了把白昼分为上下午的子午线。② 大金字塔四面正对罗盘的基本方位定位,达到很高的精确度,这证明古埃及人对天体经过子午线的观察细微而准确。

古埃及人在实际观察中,应该已能测定夏至日、冬至日和二分点,但迄今未找到这方面的确切证据。此外,古埃及人虽然很早就使用了锤线,

---

① 司徒卢威:《古代的东方》,陈文林译,北京:人民教育出版社 1955 年版,第 106 页。
② 面北站立的观察者,位于子午面上,太阳每天运转经过这条子午线时达到最高点,投下的日影为最短。

但没有资料表明他们曾把这种锤线当作钟摆使用。

古埃及人的时间概念，除"年"（读音为"rnpt"，后说明略）、"季"（tr）、"月"（jbd）、"日"（hrw）和"小时"（wnnwt）外，见诸象形文字的，还有"30年"（sd）、"60年"（hn）、"120年"（hntj），以及"十万年"（nhh）、"百万年"（hh）、"千万年"（sn）、"永恒"（dtt3）。分钟用一个河马头（3t）来表示，因为河马隔几分钟就要伸出水面呼吸一次。"一滴"（h3t）用来表示几秒的时间，还有"一声叫喊"或"一瞥"等更小的时间概念，可能表示一秒或一眨眼的工夫。

占星术

古埃及人的占星术是应用天文学的一种形式，并推动着天文学的发展。占星术是根据一个人的"算命天宫图"，也就是他诞生（或被怀胎）时太阳、月亮、行星、恒星的位置，来预测他的性格和将来的行为。最早的占星术源于美索不达米亚，巴比伦的天文学即是为支持占星术士的计算而形成的。古埃及人把星座和神话中的神视为一体。他们相信地面上的事件，个人甚至民族的命运，都与星辰的运转紧密相关。通过观察星象，可以预知收成的好坏、个人的凶吉祸福和国事的盛衰等。古埃及留存至今的一些天体图，全是用于占星术的天宫图。祭司们编制特别的历书，标明"吉利"和"不吉利"的日子，甚至时辰。常有一些日子，什么都不能做，甚至不利于行，否则就要遭遇不测。占星术贯穿了古埃及历史的全过程，后为中世纪其他民族的占星术所吸收。

第三节 数学

古埃及人在应用数学方面成就卓著。完成巨大的建筑和雕塑，进行天象观测，都离不开计算。但是，像在其他领域一样，古埃及人也没有对数学进行过理论上的探讨。他们的成就仅是经验的积累,缺乏理论基础,缺乏概括和演绎推理。因此,数学在古埃及,不能列作真正的科学。

数学纸草卷

了解古埃及数学,资料十分贫乏。除从发掘到的文物去推想古埃及人可能掌握的数学知识之外,能见到的古埃及数学文献,只有两部纸草卷。一是 1858 年英国人亨利·莱茵德发现的,现存大英博物馆,叫"莱茵德数学纸草"或"阿赫默斯纸草"。它的作者阿赫默斯,在纸草卷的开头题词:"获知一切奥秘的指南"[1]。有人揣测,这是一部完整的初级数学教科书或例题集。不过,从它以分数开始并在所有例题中都采用了分数这一点看,它更可能是一部关于分数的论著。书中有些部分明显有错,因而又可能是一部更早的著作的抄本。这样一部论著,肯定是某一繁荣时期的作品。书中角锥所占地位突出,使人感到其中的一部分应在古王国或第十二王朝时期撰成。这部纸草卷的最后完成年代约在公元前 1700 年左右,亦即喜克索人统治的第十五王朝时期。另一部是存于莫斯科博物馆的"莫斯科数学纸草",由俄国学者郭列尼舍夫于 1893 年获得。成书可能也在公元前 1700 年左右。此外,还有一些那时或后期的纸草文献片断。数学纸草的作者都是书吏,内容主要是数学问题和解答。"莱茵德纸草"收有 85 个问题,"莫斯科纸草"有 25 个问题(图 80)。

---

[1] M. 克莱因:《古今数学思想》,张理京译,上海:上海科学技术出版社 1979 年版,第 17 页。

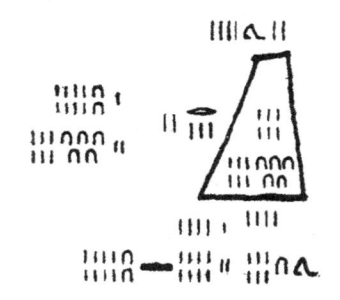

图 80 "莫斯科数学纸草"中例题 14

算术

古埃及数学知识的发展，首先得益于它有一套较完美的数字符号。早在第一王朝初期那尔迈王的权杖头标上，就记载了 10 进位制的大到百万的数字，从 1 到 100 万的 10 的各个不同次方，都有一个特殊的符号来表示。1 常写成一竖，但它实际上和 10、100 的符号一样，都起源于一段或一卷绳子；1000 的符号也是一种测量绳的起端（图 81）。由此可见，古埃及人基本的计数概念是绳子的长度。手指头表示 1 万；蝌蚪表示 10 万，是取其众多之意。举起双手的人，是个表示巨大或永恒的符号，代表 100 万。介于这些数字之间的数，由上述符号组合而成。在第一王朝一个书

第六章　古埃及科技

吏的墓中发现的一块燧石调色板(图82),上面刻的数字分别是 40、320、88、60、44 和 3。一个大数字常常要有几十个符号才能构成。在僧侣体文中,数字采用了简写方式。古埃及的数学中没有表示零的符号。

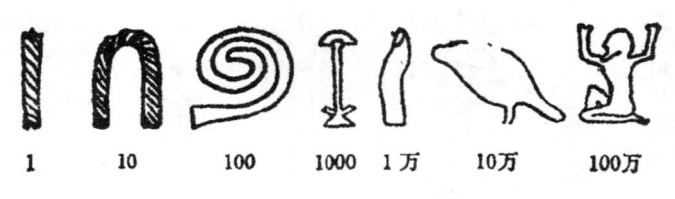

图 81　10 进位制的象形文字符号

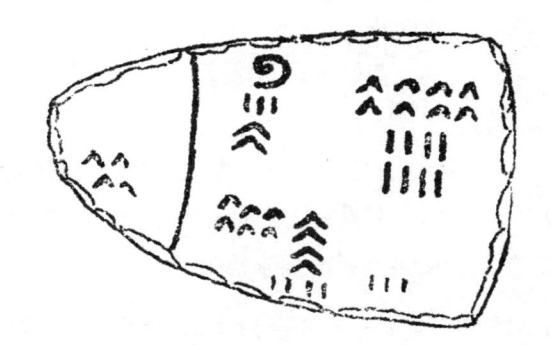

图 82　燧石调色板上的数字符号

这套数字符号,决走了古埃及人的一切算术过程,最终都建立在计数的基础之上。原始的人们像今天的孩童,常常需要借助手或手指的交感运动来计算。在古埃及语中,"计算"一词便是点头计数的意思。古埃及人的加法是简单的计数,乘法是一种特殊的计数形式,减法是倒数,而除法则是乘法的逆运算。对埃及人来说,四则运算都可以简化为计数形式。凭着这套特殊的符号和构数方法,四则运算是很方便的。9 乘以 6 就是 6 个 9 相加;88 除以 11 就是找出几个 11 相加等于 88。平方是乘法的一种特殊形式,平方根是除法的一种。他们可以正确地求出 $6\frac{1}{4}$、$1\frac{1}{2}$ 和 $\frac{1}{16}$ 的平方根，但没有一个求平方根的公式。

古埃及人没有乘法表，但他们能够不用计算就得出任何数的 2 倍值，还能简单地用 10 的符号替换 1 的符号，用 100 的符号替换 10 的符号等方式来做某数与 10 的乘法。这样，每个算式往往包含一连串的加倍或等分。例如，如果要计算 13×15，古埃及人便采用如下方法：

/1×15＝15
 2×15＝30
/4×15＝60
/8×15＝120

把加起来等于 13 的乘数(1＋4＋8)前标上记号"/"，然后把对应的乘积相加，合起来，就是 13×15＝195。

除法是反过来，取除数的倍数和部分数，使之合并成被除数。

上述方法虽然常用，但并没有明确的公式。有一个典型的方法，是先假设一个结果，然后看满足问题的要求需做什么变更。例如，"什么数加上它的 $\frac{1}{7}$ 得 19？" 7 加上它的 $\frac{1}{7}$ 得 8，然后用 19 除以 8，再用其商乘以 7，得出正确的答案是 $16\frac{1}{2}\frac{1}{8}$（即 $16\frac{1}{2}+\frac{1}{8}$，今应写成 $16\frac{5}{8}$）。这实际上是一种试位法。

古埃及数系中分数的书写方法，使计算大为复杂。分数符号是在解决有关食物或其他物品的分配时产生的。$\frac{1}{2}$、$\frac{2}{3}$、$\frac{3}{4}$ 有特别的符号。$\frac{2}{3}$ 是一个基本概念，埃及人毋须计算便能写下一个数与 $\frac{2}{3}$ 的乘积；$\frac{1}{3}$ 是由 $\frac{2}{3}$ 二等分得来的。$\frac{2}{3}$ 被认为是一个分成三等分的长度的前"两部分"，而 $\frac{1}{3}$ 则是"第三部分"，亦即最后一部分。在计量和分配谷物时，使用的是一种约合一蒲式耳的单位哈卡特，它的分数单位，有 $\frac{1}{2}$、$\frac{1}{4}$、$\frac{1}{8}$、$\frac{1}{16}$、$\frac{1}{32}$、$\frac{1}{64}$；每个分数都有自己的名称，有一个时期是用荷拉斯魔眼的各部分来表示的（图 83）。$\frac{1}{64}$ 以下的分数则以嘴的符号（◯，读作 r3，等于哈卡特的 $\frac{1}{320}$）来表示。这个符号也用作分数的标志，如 ⍥ 表示 $\frac{1}{10}$。

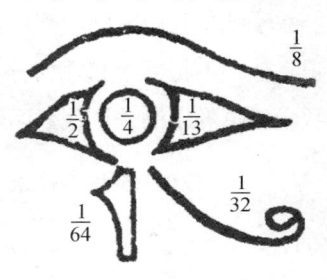

图 83　荷拉斯的魔眼

除 $\frac{2}{3}$ 和 $\frac{3}{4}$ 外，别的分数都是以 1 为分子的所谓单位分数。$\frac{1}{5}$ 写成"5份"（第五份），但 $\frac{2}{5}$ 就是无稽之谈，因为只有一个"第五份"。$\frac{7}{12}$ 必须用并写的两个单位分数表示，即 $\frac{1}{3}\ \frac{1}{4}$，意思是两者相加。因此，古埃及人需要借助特殊的表格才能把 $\frac{2}{5}$、$\frac{7}{12}$ 这样的分数分解成几个单位分数。在莱茵德纸草卷中便有个数表，把分子为 2，而分母为 5 到 101 的奇数的这类分数，表示成分子为 1 的分数之和。例如，如果要计算 $\frac{1}{89}$ 的 2 倍值，他们便可以查这个表中的 $\frac{2}{89}$ 这一栏，并把它用下列分数表达出来：$\frac{1}{60}\ \frac{1}{356}\ \frac{1}{534}\ \frac{1}{890}$。他们知道 $\frac{2}{3}+\frac{1}{15}$ 得出 11 个 $\frac{1}{15}$，但并没有设法想出用 $\frac{11}{15}$ 这样一种符号来把它表达出来。

古埃及人用这套繁杂的分数符号，虽然可以进行分数的四则运算，但往往过程冗长，且常会引出极小的分数来。这套分数符号无疑限制了埃及数学的进一步发展，只是对他们当时的实际需要而言，已经够用了。

代数和几何

数学纸草卷中提到的问题，证明古埃及人已掌握代数和几何方面的知识。他们不把算术和几何分开，而是用算术和代数来解几何问题。试看数学纸草卷中的几个代数问题。

1."一个数（古埃及人称未知数为'堆'），它的 $\frac{2}{3}$、$\frac{1}{2}$ 和 $\frac{1}{7}$ 及其全部，共为 33，求这个数。"

2."10 个人分 10 份大麦，怎样才能使每个人都比他旁边的人多 $\frac{1}{8}$？"

纸草卷中的问题都是用文字表达的。人们不难看出，第一个问题仅是一个简单的一元一次方程，用古埃及人最简单的算术就能解出。第二个问题是要找到 10 个和为 10、公差为 $\frac{1}{8}$ 的成等差级数的数字，解决这样的问题采用的仍是试位法。

古埃及人懂得计算土地面积，这表明他们会解一元二次方程。至于二元二次方程则是通过消去一个未知数，使之变成一元二次方程来求解的。在"卢克索纸草"中有一个问题，表明古埃及人对于几何级数的性质已有清楚的概念，然而，他们的代数没有成套的符号，也没有一般的公式。

计算圆的面积，采用的方法是从正方形的面积计算方法引申出来的。古埃及人首先从一个直径为 9 的圆的面积等于一个边长为 8 的正方形面积这一点出发，总结出一个计算圆的面积的一般方法，即直径减去直径的 $\frac{1}{9}$，再使结果自乘，便得出圆的面积，这就等于取 π 值为 3.1605。

从金字塔的设计，可以看出古埃及人熟谙等腰三角形的性质，但他们是否已经会求直角三角形的面积，即懂得勾股定理，这一点历来争论颇多。按常理，他们似应无问题，只是，除了发现有不带说明的 $3^2 + 4^2 = 5^2$

这样的等式之外，再没有其他资料能做深入的证明。

在计算体积方面，古埃及人比较先进。他们明白圆柱体的体积等于底面积乘以高。角锥和截角锥是金字塔建筑过程中常见的几何图形，须计算有关的工作量和原料问题。求角锥体积的方法可能是通过模型试验发现的，即先用块料或泥土造一个角锥，再用这些材料造一个易于求得体积的立体棱柱，从而可以得出角锥的体积。他们或许是在实验过程中发现了角锥的体积是同样底面和高度的棱柱体体积的 $\frac{1}{3}$。在求得角锥体积之后，截角锥的体积作为两个角锥的体积之差是不难发现的。莫斯科数学纸草文献中对两端为正方形的截锥体体积的计算方法有一段叙述，清楚地表明古埃及人已了解我们今天的求积公式所表达的方法。他们还可能懂得求半球面积的公式，不过，因缺乏证据，尚不敢断言。

综上所述，古埃及数学的基本特点是实用，是在解决日常生活的实际问题过程中产生和发展起来的。如土地的测量，谷物和其他食物的计算和分配，贸易和租税上的计量，以及建筑设计和施工中的测量等，都构成了古埃及数学的起源和归宿。纸草文献中的例题，大都是指具体实物，很少是抽象的数字，即使使用数字，也很简单。因此，这些例题只能是方法的说明或典型问题的解答；它们很容易记住，运用到其他类似的问题上去。古埃及人使用的计算方法，是在特殊情形中通过试验总结出来的，并经过实际的检验而得到普遍的应用。

在第四王朝亦即金字塔时代，埃及数学可能已完成它的发展过程，达到了第十二王朝的纸草卷记录下来的水平。自那以后，埃及的数学便停滞不前。但是，应当充分肯定的是，古埃及人的数学知识是独自发展起来的，还没有证据表明他们在这方面曾受到外界影响。在公元前 2000 年以前，他们已掌握了一套实用的记数法，并且能够简便准确地进行算术计算,包括复杂的分数式的计算。他们发展了解题方法,其中的一些,直到近代仍为教科书所采用,特别是那些按一定比例分配的问题和解答实际工作问题的方法。他们能够解决包含两个未知数的问题,已具有用分数表示不等差级数和等比级数的基本概念,而且熟悉长方形、三角形、圆形和角锥体的基本性质,这一切,使得古埃及文化更加多彩多姿,引人深思。

第四节 度量衡

古埃及的度量单位极其复杂,几乎每一种事物都使用特殊的度量标准。

长度单位

古埃及最重要的长度单位是钦定的腕尺,长度是从肘至中指尖的长,约合 20.62 英寸。在象形文字中用前臂和手表示( ),读做迈赫。腕尺又被分成 7 掌或 28 指,每掌等于 4 指。边长为一腕尺的正方形,它对角线(长 29.16 英寸)的一半,叫做雷曼①,可分成 20 指,是第二个长度单位,也是丈量土地的主要单位。还有一种较短的腕尺,只有 17.72 英寸,分为 6 掌。

腕尺乘以 100 的积,叫哈特,是丈量土地的基本单位。这一长度的平方,即 10000 平方腕尺,也是一个表示耕地面积的单位。

"步"也是长度单位之一,北方的步长 12.2 英寸。后来从叙利亚和波斯传入的"步",则长度各异。

用于测量长度的腕尺,虽然在王朝时代初期就已非常精确,但当时的

---

① "迈赫"一词,除腕尺外,还指绷带、腰带或王冠。它的长度约等于一根束发带,因此有人认为最早的长度单位是以头上的束发带命名的。"雷曼"意为手臂或树枝。

测量仪器却没有留存下实物。现在见到的，是第十八王朝的木制腕尺，标有很深的刻度。另有一些同时或晚期的石制腕尺，惜刻度不很精确。石制腕尺主要用于典礼仪式，属神庙所有，上面刻满铭文，表明所含"指"的宗教性质，并要与神庙所在地的神和州的标志联系起来。

竿尺为长方形，一侧呈斜面，像现在尺的薄边。竿尺上除标有"指"的刻度外，还将"指"部分等分，标上刻度，即把第一指二等分，第二指三等分，如此类推，直到十六等分。用于测量的工具，还有测绳和测链等。

容量单位

古埃人主要的容量单位是合努，合 29.0 ± 0.3 立方英寸，10 合努为一合加特。以此为基础再进行各种倍加，形成更大的谷物容量单位。另一容量单位是哈尔，等于一立方腕尺的 $\frac{2}{3}$，或相当于一个直径为 9 掌、深为一腕尺的容器容量。容量与水存在某种近似关系，因为一合努的水重 5 德本。看来，容量单位乃源于水的重量单位。德本是一种同名的踝饰的重量，它的 $\frac{1}{10}$ 叫加德特，即戒指的重量。古埃及人把容量单位与重量单位联系起来，证明了他们的创造精神。

容量的实际测量，至迟在阿姆拉时代就开始了。当时的一件黑陶瓶上标有"一半"字样，亦即可盛 10 德本水的一半。应当指出，这记号有可能是在以后有文字记载的时期标上的，因为除此之外，在王朝时代以前再没有发现有关液体计量或使用德本单位的其他证据。

古埃及各时期的量器形状大致相同，主要为圆筒状。第三王朝哈西的墓室画中，绘有一连串简单的圆筒，其中铜制的用于量液体，箍成的桶板用于量谷物（图 84 - A、B）。第十二王朝的量器也是带箍的桶状物（图 84 - C），第十八王朝的量筒，只是顶部有些收缩（图 84 - D）。也有青铜铸造的量器(图85-A、B、C、D)和陶制或木制的带把手的量器(图85-E、F)。这些量器没有刻度,也没有限制线,大概都以盛满计算。到罗马统治时期,量器的内壁出现圆圈刻度,将容量四等分。已发现的一个量筒带脚和把手,是铸造而成的整件(图85-G)。从波斯入侵到罗马人执政,古埃及人上釉的蓝色陶制量器都是下细上粗,口上有一圈边沿。此外,偶尔也使用其他形状的量器。各种量器大小各异,但想必有一种通用的标准量器。根据当时宗教习俗,在俄赛利斯的审判庭上受审的死者,都须证明他既没有"缩小腕尺的尺寸",也没有"改动谷物量器",便是明证。

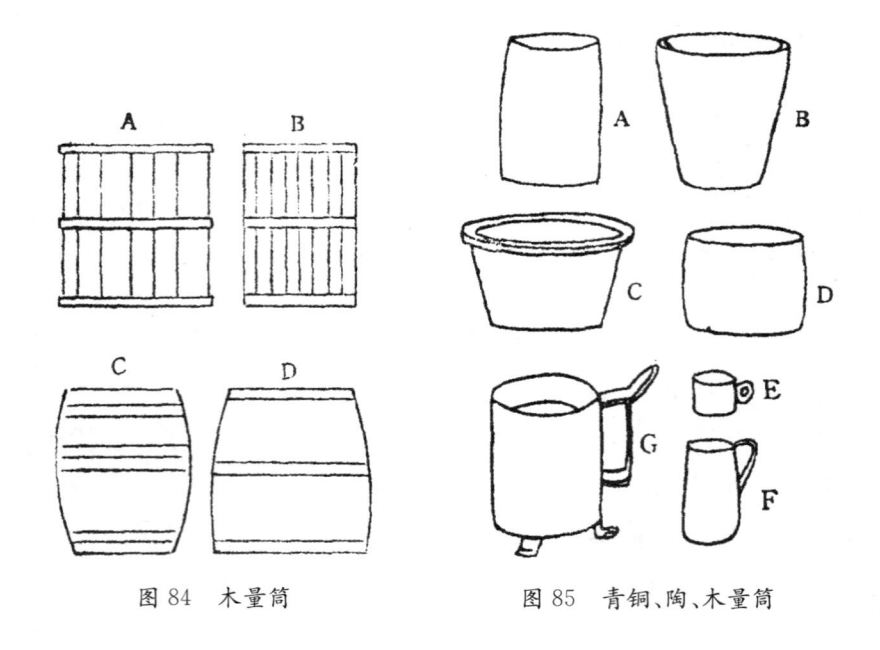

图84 木量筒

图85 青铜、陶、木量筒

重量单位

在古代中东,各地区和国家的重量单位,随贸易等交往而相互影响,甚至混为一体。古埃及在受外界影响前,使用四种不同的重量单位,其中主要的是德本和加德特，后者是前者的$\frac{1}{10}$。称重主要使用天平，重量单位通过砝码体现出来。但砝码在翻制过程中常有误差，致使二三个单位互相混淆，到后来形成了八种不同值的标准，其中，有的源于埃及本身，如加德特、巴加；有的是外来的，如巴勒斯坦的帕亚姆、巴比伦的达里克等。在埃及，不同的地区也往往使用不同的标准。复杂的衡量体系一直延续至今。

砝码一般标有重量，但误差很大，国定的标准加德特的值在138～152谷之间浮动。甚至一起发现的一组砝码也有很大误差。直到罗马统治时期后期，成套砝码才有较高的精确度。砝码的形状各异，最普通的呈方形和公羊头形（图86）。

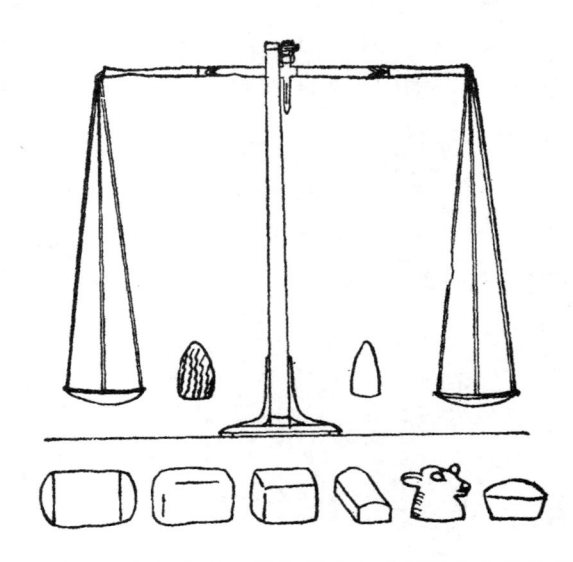

图 86　天平和砝码。圆锥形两个砝码属前王朝时期

天平的使用无疑从阿姆拉时代就开始了，已发现那时的砝码。最古老的天平，是用史前时期常用的红棕色石灰石制成的小横杆，上有一凸起的中界，近横杆两端各有一孔，用以悬挂天平盘（图87），两孔之间的两臂

分别为 1.595 和 1.600 英尺，误差不到 $\frac{1}{320}$。另一种较早的天平是在一根横杆的中心和两端各钻一孔，中孔挂在环状挂钩上，两端各系一根带钩的绳子，供挂篮子或盘子，一边放砝码，一边放实物。挂盘绳子穿过横杆两端小孔，在杆上面打结。第四至第六王朝的墓壁画中出现的称贵重金属的天平盘，都是以单绳悬挂的。第十二王朝后开始用双绳。此后，三股或四股绳的挂盘就常见了。

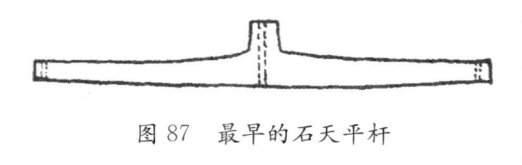

图 87　最早的石天平杆

线锤最早出现在公元前 2500 年左右。第十八王朝的大天平带浅凹的天平盘，横杆用细绳或活环悬挂在支架上的一个凸出物上。有一根长的指针垂直指向地面，悬着的一个线锤，起保持指针垂直和横杆水平的作用。挂盘的绳子连接横杆两端小孔。第十八王朝后的天平，特别是大天平，横杆的顶端是一个莲状的凸出物（用公羊头形的砝码称金环，约属于公元前 1380 年），盘绳从两端伸出，准确度较前为高。

罗马统治时代所用的后期天平，属于用吊索悬挂的罗马系统，有一根向上的指针。秤是在罗马时代才传入埃及的。

第五节　农田水利

农业是古埃及最重要的经济活动。埃及古代文献中，有许多关于农民田间生活的记载，但并不完全可信，因为记录这些材料的书吏，对体力劳动怀有严重偏见，一直持鄙视的态度。许多证据表明，古埃及农民的田间劳动是十分艰苦的。但幸运的是，除尼罗河泛滥不足的年份外，他们都容易取得好收成，不会受到不可预测的自然灾害的影响。埃及的气候，也有利于尼罗河谷地的农业活动。埃及是个阳光充足的国家，天空总是晴朗无云。上埃及降雨量极少，开罗周围年降雨量难得超过 5 厘米，即使在三角洲地区，也很少超过 20 厘米。降雨都在冬季。整个夏季，炎热而干燥。冬季的大部分时间，也显得干燥，有时，还相当热，特别是在上埃及。下埃及因濒临海边，气候较上埃及有较多变化。这种气候条件和尼罗河的定期泛滥简化了埃及农民的劳作，但没有使他们从耕地、播种和收割的基本程序中解脱出来。他们很早便发明和使用了各种农具，只是都很简单，像固定的农事活动程序沿袭几千年不变一样，农具也长期不见改进。

　　当泛滥的河水退去，土地浸透了水，留下了一薄层淤泥时，一年的农事便开始了。首先是修整田地，在土地干结以前完成农作物的播种。田地的修整，包括疏浚灌溉沟渠，重新丈量土地，重建地界标记。完成这项工作，时间紧迫，各州都得根据需要征募劳力，有组织地统一进行。富人可以找人替他们去履行这项义务。从中王国开始，富人还在自己墓中安排叫做萨布提①的人，那是专门用来为墓主人在来世承担修整田地劳役的替身。

　　修整田地之后，紧接着是播种。泛滥结束以后，从尼罗河引水灌溉田地，须通过沟渠。但一般来说，农作物往往毋须灌溉便可生长成熟。各种作物在春季收获，正常年份于 5 月完成。田地在再一次被河水淹没之前可休耕两个月。村庄、农田和富人别墅周围的园圃，通常位于洪水不能到达的高地上。这些园圃所种植的作物，需要经常浇灌。长年耕种的园圃

---

① T. G. H. 詹姆斯：《古代埃及介绍》，第 25 页。

与水渠接通,用沙杜夫①(图88)从水渠中提水。这种原始装置在今天的上埃及仍大量使用,它能满足小规模的灌溉需要。离尼罗河较远的边缘地带,也用它灌溉和进行夏种。但仰仗沙杜夫灌溉的田地,作物产量不能与泛滥地区相比。

图 88 沙杜夫

河水泛滥过后,农民种植谷物和亚麻。谷物有黑麦、大麦和小麦。上、下埃及都种植大麦。到托勒密时代,才普遍种植小麦。大麦用来制作

---

① 沙杜夫,即桔棒,是一种带有均衡物和水桶的提水活动杆。据考证,这种装置最早在公元前3000年左右即已使用。见中山秀太郎:《技术史入门》,姜振寰等译,哈尔滨:黑龙江科技出版社1985年版,第32页。

面包,也大量酿成啤酒——它是古埃及人的主要饮料。在已发现的古王国到中王国时期陵墓里的许多木模型和壁画中,可以看到磨谷、揉面、烘烤面包,以及把面包发酵物过滤后注入啤酒桶的过程。黑麦、大麦和亚麻的种植至少可以追溯到新石器时期。进入有文字记载的时期,亚麻成为古埃及极重要的一种作物。墓壁画中经常刻画收获亚麻的场面。亚麻织成的布,是古埃及人除羊毛织物外唯一使用的布,而毛织物在希腊时期以前还很罕见。

古埃及人耕地、播种及收获谷物和亚麻的方式,在各个时期的墓葬物中都有反映。第十二王朝阿蒙神的女祭司安海的亡灵书纸草卷中,有一幅插图,表现的是安海在古埃及人想象的天堂乐土上务农。在第三栏中,她套着两头牛耕地。犁头连结在一根驾牛的杆上即构成常用的犁。犁头有的包青铜。没有分杆,就由犁头后延作为把手,或直接把把手安装在架牛杆上。墓壁画中总是把犁田与播种放在一起。有时,播种者在犁前撒种,犁实际在起耙的作用。有时,犁后才将种子撒入犁沟,然后驱入羊群,把种子踏入土中。结实的土块,要用锄头敲碎。锄头也用来挖掘制砖用的土。

收割谷物,用装有燧石齿的木镰。人们只割长着谷穗的茎秆上部,装入驮篮和袋子,用毛驴运回谷仓。剩下的谷秆,要拔起集中。谷秆用途颇广,如做床垫、盖屋顶和制砖,有时还用来制作木乃伊。收亚麻,先把亚麻从地里拔起,剪掉根须和顶部,然后捆起来运走。

黑麦和大麦收割下来后,接着便是打场、扬场和谷物入仓。第二十王朝门纳墓中的收获图,系统地表现了这些活动。打场是赶着牛在打谷场上转,与此同时,人们把已脱粒的谷穗叉开。扬场是用木制的簸谷机把混杂着草秸的谷物抛到空中,让风吹走草秸。扬净的谷物要及时收入谷仓贮藏。谷仓有各种式样(图89)。墓中发现的谷仓模型,有的在仓室上写有谷物的名称。在贝尼哈桑一座墓中发现的一个谷仓模型里，还装有一些古代的谷物。

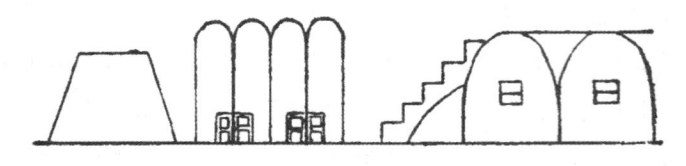

图89 谷仓

农民收获庄稼后，要交纳赋税。在理论上，古埃及的土地都属国王所有，但实际上，土地私有权无疑早在古王国时期就已存在。国王向神庙、贵族和私人赠送土地，形成了一个"合法"拥有土地的阶层。土地被买卖、出租，导致土地由农民私下耕种而由官方课税。税收机构的详情，迄今尚不清楚。税收有可能是各州政府统一征收的。大神庙对自己的地产，另有一套征税制度。在谷物开镰收割之前，估税员便来到田里用量绳丈量面积，他根据测算的结果估定税收量。在底比斯第十八王朝的一座墓中，有这样一幅课税图：课税员在俯身察看石灰石界碑以确定一块麦田的界限，核查这界限以前是否存在。课税员头部上方的铭文是他的誓语："天空中伟大的神作证，这块界碑是正确的，它站立着……"这个人的官衔是"谷仓测量的掌管者"[1]。

古埃及另外两种重要产品是油和葡萄酒。油常被提到，是交换谷物的本位商品，并广泛地用于烹调、照明、化妆、药膏和木乃伊制作等方面。古埃及文献中提到了许多不同种类的油，但能够确定的很少。在托勒密时期之前，种植橄榄树并不成功，橄榄油大都是进口的。大量的油取自一

---

[1] T. G. H. 詹姆斯：《古代埃及介绍》，第29页。

种叫做莫林加树的果实。埃及本地生长的油料作物，还有莴苣、蓖麻、亚麻（亚麻子油）、巴兰诺斯树、红萝卜、番红花和芝麻。

古埃及人用葡萄和椰枣酿酒。葡萄酒在古代是名贵的饮料。最好的葡萄酒产自三角洲、哈尔加和达赫拉绿洲，这些地方大规模种植葡萄。在新王国时期的墓壁画中，采摘葡萄和酿酒的情景屡见不鲜。葡萄收下后，古埃及人将其放在大桶里踏碎，将汁液贮藏在陶罐里，发酵后密封，在罐上标明产地和年代。

在新王国时期，葡萄栽种在大果园里，大部分蔬菜和水果也种植在园圃里。园圃一般紧靠农场或别墅，位于泛滥洪水难及的高地上，有贮水的池塘，四周植树以蔽荫。园中沟渠纵横交错。沟渠和口水池的水，用沙杜夫从连通尼罗河的主渠中汲取。到托勒密时期，改用水轮车。园圃的灌溉，或开小水沟将水直接引入地里，或用水罐从水池中提取。园圃种植的一般作物，有扁豆、莴苣、洋葱、韭菜、葫芦等蔬菜，以及椰枣、无花果、石榴等水果，还有花——在各种宗教和世俗节日中大量用作装饰。古埃及园艺的副产品是蜂蜜。作为一种甜味佐料，它很受人珍视。

饲养禽畜，可追溯到前王朝时期，到古王国时期发展很快。饲养的动物和禽类不仅供食用，还被用于各种宗教仪式。古埃及最主要的家畜是用作供品的公牛和绵羊。此外，出于满足日常生活的需要，饲养山羊、猪和驴也很普遍。在古王国时期，许多沙漠动物如羚羊、直角大羚羊曾被捕获驯养，但这些动物的圈养最终是否成功，尚无资料佐证。在上埃及的沙漠边缘地带，也有足够的牧草可以放养成群的小家畜，三角洲地区则主要放牧牛群。

家畜都打上烙印，以便于辨认。拥有家畜是农民的骄傲。许多墓中都绘有墓主视察畜群或因为课税须登记财产而核查自己家畜的画面。第十八王朝一个名叫做纳巴蒙的书吏兼谷物计量官的墓中有一幅巡查家畜的壁画，相邻的一幅画是在他面前供放着鹅等家禽。鹅从远古起就被古埃及人驯养，用作食物和有关仪式上的供品。家禽多为圈养。野禽一般通过有组织的狩猎活动，用捕鸟网从沼泽地里捕得，在农庄和神庙的禽舍中喂养。

沼泽地为禽兽出没之地，是人们的狩猎场所，故陵墓壁画中常加描绘。沼泽分布在三角洲、法尤姆湖周围和尼罗河谷地邻近沙漠的边缘，那里是低洼地区，潴留着泛滥后的洪水。狩猎队经常男女相伴，驾着轻舟去沼泽地区捕追鸟和鱼。捕鸟结合投棒，是古埃及人的一种运动。先用猫惊起鸟群，然后用投棒和网捕捉。那时的狩猎者使用的工具，还有鱼叉和弓箭等。

古埃及的农业，与尼罗河的活动规律紧密相连。尼罗河的泛滥规律影响着古埃及农民的生活节奏，它关系着农业的丰歉乃至社会的兴衰。尼罗河泛滥时的洪水满足了农业灌溉的需要，淤泥代替了肥料，使古埃及农民的劳动大为简化，他们凭着简单的工具和技术便可以获得好收成。另一方面，尼罗河定期泛滥的特性，又决定了古埃及农民以及整个古埃及社会对尼罗河十分严重的依赖性。古埃及人在如何控制、利用尼罗河洪水的水利建设方面，付出了巨大的心血和汗水。

尼罗河沿岸肥沃的黏土，如不进行人工疏导和灌溉，就会成为泥泞的洼地或干旱的沙漠。尼罗河流域的居民自远古时代起便借助简单的鹤嘴锄、土筐等工具，挖掘灌溉网，修建堤坝，开凿或封闭水路，并经常对这些设施进行维修。前王朝时期的图画曾对这种工作情景有所刻画。建造和维修灌溉系统的工作是周期性的，也极为艰巨。进入王朝时期后，由各地方政府统一组织进行水利建设。古埃及人表示地域性组织——州的象形文字符号，即源于纵横交错的灌溉沟渠。灌溉的监护人成为州的行政长官，被灌溉的土地是形成州的重要依据。上下埃及统一后，水利工作直接受中央政府管辖,是中央政府的重要职能之一。遍布全国的灌溉系统,显然早在中王国或者更早的时期就已形成。

尼罗河每年的泛滥都会冲毁地界、淤塞沟渠。因此,泛滥过后及时修整田地,是埃及农民播种前必须完成的一项紧迫而又艰巨的任务。这项工作如前所述,乃是作为义务由政府统一征募劳力进行的。

灌溉系统固然直接关系到古埃及农业的丰歉,但是尼罗河每年上涨的高度,更与埃及社会的繁荣息息相关。据古代记录尼罗河水位的资料,水位涨至7~8米之间,才是恰到好处不致造成旱涝之患,而高于或低于这水位都意味着灾难。因此,古埃及历代政府都设有专门官吏,经常观测和记录尼罗河的水情水位变化,并据此预测一年的粮食产量。那时,尼罗河沿岸各处都有专门的水位计。当然,为做到旱涝保收,还应该兴修更大的水利工程,以控制调节泛滥的洪水。相传,第一王朝的米那王就建立了孟菲斯城外的大堤坝和水库。以后,各朝政府都很重视水利建设,国王和官吏们也常以治水有方而自诩。第十二王朝的建立者阿美涅姆黑特一世修建了法尤姆湖水调节工程。法尤姆湖位于尼罗河西面的法尤姆绿洲最低处,史前是一个淡水湖,曾与尼罗河相连,后因尼罗河流域气候变化,湖河联系断绝。只有在尼罗河水位暴涨时,河水才能流入湖中。阿美涅姆黑特一世在那里造起一道大坝,修筑一些水闸和水堤,用一条大水渠把法尤姆洼地与尼罗河沟通。于是,每逢尼罗河泛滥季节,河水便顺着大渠流入水库;当尼罗河水不足时,又可将水库中的水放出。这是古埃及人力求摆脱完全受制于河水涨落状况的一次伟大尝试。这一工程到阿美涅姆黑特三世时又继续进行,完成后,担负了大片农田的灌溉,排泄了四周沼泽中的水,使该地区原来的大片沙漠和沼泽变成了良田,当地的农作物一年可收两熟。

因此,在古埃及,水利灌溉系统可以说是农业乃至整个社会的生命线，这一生命线的延续或中断，在很大程度上取决于政府是否强大。因为，如此庞大的灌溉系统和水利工程的兴修和维护，没有一个强有力的政权去组织和领导，是绝对不可能办到的。

第六节　工艺技术和其他

对考古发掘提供的大量实物资料，埃及学的专家们已作了许多专门的探索和研究。然而，要从纷繁复杂的现象中理出一条古埃及文明工艺技术发展的线索，仍然困难重重。人类自学会制造和使用工具以后，简单的技术便产生了。在古埃及，即使不算农业生产，用于衣食住行的各种工艺技术远在王朝时期开始之前就都已产生，并有相当的发展。在整个王朝时期，古埃及一直存在一个庞大的工匠和奴隶阶层；为满足统治阶级的需要，各种手工业得到进一步发展，日趋专业化。在古王国时期，国家受强有力的政府管辖。庞大的统治阶层的奢求，推动着工艺技术特别是建筑技术的发展。工艺技术的成就，可见诸金属、石、木、玻璃、象牙、骨等许多材料的制品。受地理环境和宗教信仰等因素的影响，古埃及人发展了木乃伊制作、纸草纸生产等特殊的技术。不过，他们最擅长的，还是在采石和建筑方面。

编篮、制革和纺织

编篮技艺先于纺织技艺形成。它与编席术和小块麻布的纺织一起，在拜达里文化时期出现。到前王朝时期，编篮技艺已很普及，当时的尸体即用席子包裹或用篮子埋葬。席和篮用椰枣树的纤维和叶子、草以及其他植物的茎秆编成。在第三王朝梯形金字塔的走廊墙壁上，可以见到石头和彩陶镶板拼成的席子图案。已发现的新王国时期的篮子，用不同颜色的草编成，式样极多。

绳子是用棕榈、亚麻、纸草等纤维搓成。建造金字塔时,在拖曳巨石和纪念碑时需用大量长而粗的绳子。现在所知的最粗绳子,用棕榈纤维搓制,直径约5英寸。已发现的亚麻绳子,属前王朝时期和第一王朝。第六王朝的一根绳子,则用亚麻掺草制成。第十一王朝的一段直径为0.75英寸的亚麻绳,可与现代最好的产品媲美。在第五和第十八王朝的陵墓中,都绘有制绳的画面。

从捕鱼和捕鸟的画面推想,古埃及人很早就掌握了结网术。现在见到的第十二王朝的网,网扣与现代的网完全一样。结网针在古埃及,特别是在新王国和罗马时期的出土文物中是很常见的。

经过粗略加工的兽皮早在前王朝梅里姆达文化时期,就已用来遮体御寒,制革技术当始于那时。皮革除用于制作鞋子、袋子、裤带、椅子、坐垫、网、帐篷等日常用品外,也用来把斧子和手斧绑住把手,以及用作双轮战车的轮箍。现在所知最大的古埃及皮制件是伊西姆赫伯的帐篷,它由正方形的优质皮革制成,间隔漆上红色和绿色,说明用颜色补花的工艺已为常见。皮革还用来制甲胄。图坦卡蒙的胸甲,即用皮革折叠成鳞片状制成。皮革也是一种书写材料,用以抄录法令之类的重要文件。

亚麻布纺织始于新石器时期(即拜达里文化时期)。在前王朝的不少墓葬中,已发现亚麻布,有些质地还相当精良,这说明当时人们已能熟练地使用织布机。纺织最早进入墓壁记述的时期,约为第十二王朝。缀锦最迟在图特摩斯四世时期已有发展,图坦卡蒙的王服和手套反映了这种工艺的成就。

现在所知的古埃及最早的织布机,是卧式的,结构是两根横梁固定在四根稍高于地面的支柱上。系在两根横梁上的经纱开始时,可能还没有综框控制,直到拜达里文化时期之后,才出现带有分线环的综框杆和梭棒。这样低矮的织布机，工作起来当然十分费劲。织工蹲在织布机前，只能尽两臂之宽去插入线轴和长剑。织较宽的布，就得要两个织工各跪在一边，来回推动线轴，行动一致地操作综框杆、梭棒和剑。中王国时期的模型和壁画表明，这种水平落地式织布机是当时的标准样式。

新王国时期的壁画上刻画了立式织布机。那是一个巨大的长方形框架，直立在地，一根经纱横杆放在顶部可调节的绳子上，一根可转动的布杆置于底部，经纱伸展于两者之间。放松时，带有分线环的综框杆位于两个木栓上；向前拉时，它滑向木栓的顶端。第二支梭由一个宽板条做成的梭棒操纵，停止操作时，它在综框上方平躺在经纱中；工作时，它就移到边上，以展开两个经面。剑和梳都用来压紧纬线。织布从底部开始，渐次上升。以后，工艺逐步改进，经杆能够降低，这样，就使工作面与坐在凳子上的织工处于同一高度。用立式织布机，能织较长的布；如果需要也可以织出更宽的布，但需要两个织工并肩而坐，同时操纵线轴、综框、梭棒、剑和梳栉（图90）。

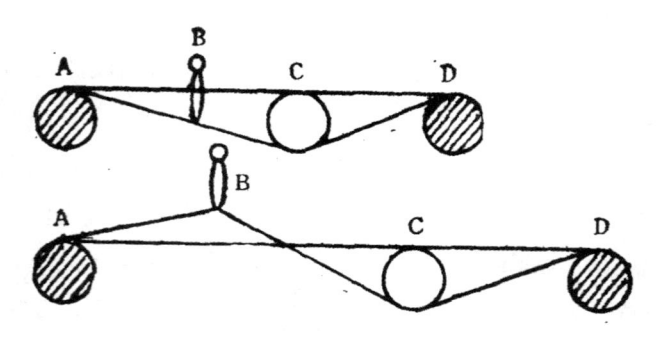

A、D　经纱杆
B　综框杆和分线环
C　梭棒
图90　综框和梭棒截面图

立式织布机可能是在新王国时期从中东传入埃及的，后被希腊、罗马采用。这证明它比老式织布机优越，特别是作为优质经纱织布机，具有明显的长处。它在中世纪时传到西欧，并作为编织绣锦和地毯的主要织机存在至今。

纺织业是古埃及的重要工业之一。它不仅满足了国内各阶层人民日常生活的需要，而且产品大量出口，质地优良的亚麻布在国外很受欢迎，为埃及赢得了大笔收入。

木工和造船

现已探明，古埃及木匠采用的本地木材，有司德树、无花果树、柽柳、柳树和帕西树。帕西树被视为圣树，在第十八王朝偶尔也用来制作葬具。进口的木材有西洋杉（香柏）、柏树、乌木、杜松、枞树、紫杉、橡树、黄杨木、山毛榉等。

木工技术的发展，紧接着使用金属工具之后。前王朝时期留下的木制品很少。现在能看到的第一王朝木工制品，有很高的水平，制作的箱子装饰精巧。到第三王朝，木匠们发明了由六层不同木材构成的合板。该王朝的棺椁，广泛采用剞半榫头、斜削榫头和隐式斜削榫头。第四王朝的木雕像，艺术水平很高。象牙和乌木镶嵌，用金、银或铜箔贴面的技术，出现也很早。到第十八王朝，镶嵌细木已达到堪称完美的程度。钉子多为木制，唯用于木器贴饰的是非常细小的金属钉子，甚至是金制的，这在梯形金字塔中的棺木残片上已得到证明。古埃及的铰链，与现代用的极少差别。此外，从亚洲传入的战车制造也相当发达。

木匠使用的工具，有凿子（一般的和用来打深、窄榫眼的细长凿）、斧子、钻子、棒状锤子、木槌、刮刀、锯、曲尺、锤规（悬墨）和腕尺。凿子的形状在整个王朝时期很少变化，斧和手斧的刀刃在不同时期则稍有差异。手斧起今天刨子的作用，刨子到罗马统治时期后才传入埃及。连接手斧斧头和木柄的，是编织的皮带，可能系湿驴皮制成。古埃及的锯仅见于模型，出土的实物几无所见。

造船业起步很早，远在前王朝时期就已出现了虽然粗略但相当大的船只图案。据记载，第四王朝国王斯尼弗鲁统治时期，曾建造了一艘长100腕尺（172英尺）的船。在第十二王朝，阿美涅姆黑特三世曾用船运载巨大的金字塔形石室。第十八王朝所造的船能载650吨以上的货物。陵墓中的壁画和模型，表明这一时期的船有多种类型。有的有船舱，有的设有装牲口的围栏。大多数船看来是为装运一般货物而造的。另有一些战舰。在列什特发现的现存于开罗博物馆的第十二王朝的两艘大船，一些表现造船过程的画面，特别是在贝尼哈桑发现的一幅中王国时期的"造船者图"（图91），都显示了古埃及木船的结构（图92）和建造方法，也证明希罗多德关于古埃及造船方法的记述乃实际观察所得。希罗多德说："他们切下两佩巨斯长的木板，把它们像砌砖那样地排列在一起；然后他们便用把这些两佩巨斯长的木板紧系在长而又密排的木柱之上的办法来造船

图91 《造船者图》

身。他们是不用肋材的。他们用纸草来填充里面接缝的地方。"[1]古埃及人用一排横板来防止船身在装载重物时向一侧倾斜,用缆绳连接两端,绕在船身三分之一和三分之二长度处的支柱上,以保持船身纵向的稳固,这些结实的缆绳用木棍绞紧(图93)。

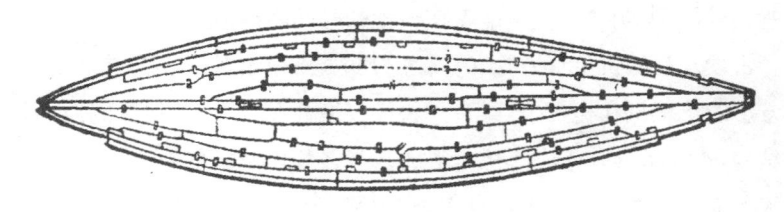

图92　木船船身结构

图93　绞缆绳

船只也可用纸草制造。纸草船的船首朝上翻卷。这形状也为木船特别是圣船所采用,甚至第十八王朝哈特谢普苏特女王装载两块方尖碑的巨大平底船都画成这种传统形状。不过,画家描绘的这些画面,并不完全可靠。比如,方尖碑画在船的甲板之上,而每块方尖碑重达300吨,古埃及的船只结构是否具有如此巨大的承受力,令人难以置信。因为这取决于古埃及人能否对船只的最大载重量进行精确的计算,对他们来说,这样

---

[1] 希罗多德:《历史》第2卷,第96节。

的计算决非易事。

载重船只用木头或树干建造。第六王朝时，贵族乌尼曾指导建造过一艘船，用以运载石料。他记载说，这艘船用阿拉伯胶树打造，长60腕尺，宽30腕尺，12天竣工。这种造船速度在当时是否毫无夸张成分是存疑的，它只能说明古埃及人能够在较短的时间内建造一艘木船。

古埃及船的帆呈长方形，升降索穿过桅杆上的洞孔，没有采用滑轮。长方形的帆框绑在桅杆上，或者一头连接桅杆，另一头连接船的后沿。这种结构，在拉动升降索时摩擦力很大。大多数埃及帆船有一个特点，即有若干条绳子挂在下帆桁上。这可能是由于当时没有滑轮，埃及水手不得不缘绳而上，站在下帆桁上去推动上帆桁和升帆。因此，升降索的作用在于系住下帆桁，而不是将它升起。传统的纸草船，舵由两把固定的桨构成，分别置于船尾两侧，通过接近顶部的一个小手杠来操纵。木船用一把向后远伸的单桨充作船舵(图94)，大船则有几把操纵舵。

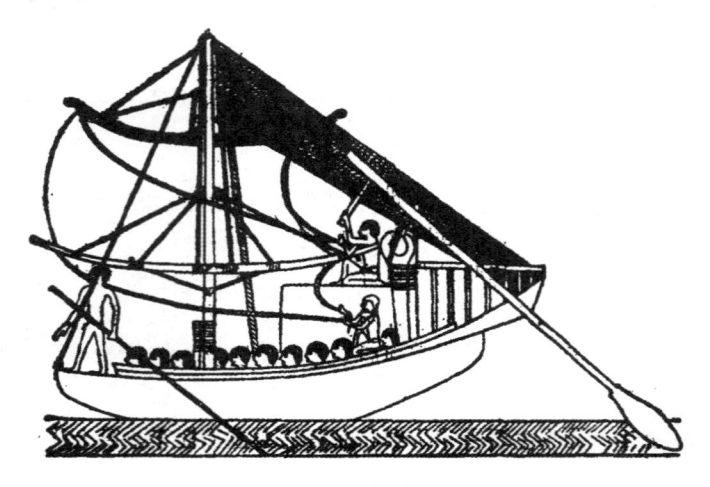

图94　帆船

古埃及最早的锚,也许就是绳子绑着一块大石头。在墓葬中发现的船只模型,带有沟槽状的或穿孔的锚石,其中有的呈 T 形;后来长期使用的一种石锚,则由一根弯曲的木杆或一个木框架与一块加重的石头构成。

交通运输工具

船:尼罗河由南往北地贯穿狭长的埃及地域,形成了古埃及最重要的一条水上运输线,船只是使用最广的交通运输工具。在船只发明以前,最早的交通工具乃是芦苇筏子,用两束芦苇捆在一起而成。这种筏子在乌纳斯和佩比的金字塔铭文中都曾提到过。据说,荷拉斯的四个儿子"为国王佩比而把两个筏子绑在一起";"天空中的两个筏子是为拉神准备的,使他能乘坐它们到达地平线。"显然,在早期,无论是太阳神拉还是国王,都不拥有比芦苇筏更好的交通工具。

船只模型早在史前阿姆拉文化时期的白线型陶器上,就已出现,到加尔采文化时期发展成了一种海船。从绘画上的船舱大小和它拥有的 60 支桨估计,船身的长度可能在 100 英尺以上。史前,古埃及曾从爱琴海地区输入黄金、木材、金刚砂、黑曜石等,这反映了当时造船业和航运的发展。从陶画中见到最早的船只,有两个船舱。后来的陵墓壁画和象牙刀把上的图画上,有一种船尾带篷的船和一种高船首的船,那种上卷的船首后成为船只的传统形状。

进入有史时期后,造船技术发展较快。古王国时期起,几乎每个贵族都有自己的船,在尼罗河上航行。有的船一侧就有 23 支桨和 5 支起舵作用的操纵桨。新王国时期留下的资料中,有船只运载巨大的方尖碑的记载,实际上很可能是用两艘船并列起来运送的。

船体的木板通过榫头和绳子连接起来,这样就便于拆卸、搬运和重新组装,对进行两栖作战的远征军尤为方便。古埃及人的船只大都是为在尼罗河上航行而建造的,但他们也能够建造海船。海上贸易始于前王朝时期,进入王朝时期后,埃及的贸易船只在地中海和红海的航线上往来频繁。

驴:驴是古埃及陆上运输的主要承担者。一批批的驴队,满载货物,缓缓行进在旷野和沙漠之路。在王朝时期以前,没有见到使用驴的记录。驴最早出现在从利比亚人处赢得的战利品中,可能是从亚述传入的。到古王国时期,驴开始被大量使用,成为贵族财产的组成部分。这时,以埃及自产的驴为主,从邻国掳获来的牲口中,驴所占的比例很小。第十二王朝的埃及国王远征西奈,使用 500 头驴运送食物和水。文献提到,驴曾用于从红海到考普特斯的货物运输,拉美西斯三世在阿塔卡采矿也用驴作脚力。在拉美西姆的门楼上,可见到放在驴背上的驮袋图案。直到现代,驴仍是埃及乡间轻便的运输工具。

骆驼:在古埃及的雕刻和绘画中,骆驼的形象可谓罕见。今能看到的,仅第一王朝时期一个陶制的骆驼头像,第十九王朝的陶画上绘有一峰骆驼背负着一只巨大的石瓶,尼罗河三角洲地区约在公元前 700 年才开始使用骆驼。看来,骆驼原来只在埃及的邻近地区使用,直到后期才引入埃及,作为一种辅助运输力量慢慢推广开来。

公牛:公牛主要用来拉犁和在葬礼上拖灵柩车。第十八王朝初的一幅画上,描绘了三对公牛在拖曳一辆装载巨石的车。第十九王朝时,公牛用来拉军用货车。但总的来说,公牛较少用于运输。

马:第十八王朝前不久,马才由喜克索人带入埃及。第十八王朝时,大量马匹作为战利品从亚述输入。最初,马用来拉双轮战车,用作乘骑的画面至今只见到过两次,且骑手都是外国人。由此看来,在罗马时期以前,古埃及人是不骑马的。古埃及人套马拉战车的方式,与赫梯等亚洲民族相似,即用两匹并行的马,它们的颈脖上架着包有皮革的轭,马身上绑有一条宽胸带(早期是两条)和一条腹带,缰绳穿过轭两端连接马嚼口。

到第十八王朝早期，绘画中还很少出现马，但阿赫那顿时期的画面，却反映出当时已大量使用马匹。在第十九王朝，埃及与叙利亚交战时，双方都使用马匹。第二十二王朝，埃及为叙利亚养马，数量众多的马匹用于出口。

车：埃及人早在古王国时期就知道了车轮的原理，第十二王朝时已使用木橇下的滚子，然而，第十八王朝以前的史料中，都没有披露出他们能够制造车轮或战车的迹象。双轮车最初可能是从西亚传入埃及的。这种由两匹马拉的双轮车有一根辕杆，与马轭相连。车身后面敞开，前部和侧面较低。第十九王朝出现一种牛拉双轮车，车身颇高，车轮带青铜轮轴，在六根轮辐的轮箍处有青铜接榫，因而也更牢固。古埃及人用于作战的双轮车，都是六根轮辐，私人车为四根或八根轮辐。车身均具有坚固、轻便、富有弹性等特点。车用木头制成，包金属条，用皮带绑扎；轮轴安在尾部，作战时易于快速拐弯。

抬椅：那是一种较古老的交通工具。在第一王朝初的图画中，可见到王室的幼童坐在带拱形篷顶的椅子里。这种椅子可能便是抬椅。第三王朝末的尼弗马特，曾坐在一张高椅上，由六人或十二人用手抬着抬竿。胡夫时期，哈特普赫斯辉煌的营帐设备中有一张抬椅，椅身的木件都密密地包有金箔。第五王朝的贵族也乘坐抬椅，他们有时蹲在椅内。椅子或绑在驴背上，或由六个人用肩抬；有时坐在高椅上由十三人用肩抬（图96）。第十二王朝使用一种四人抬的轻便抬椅，乘者双腿曲放在椅中（图96）。第十八王朝的御用抬椅，侧面绘有巨狮形象，抬竿与座位处于同一平面，由八人、十人或十二人抬。拉美西斯二世为突出王权神授，在一幅画中，国王高踞王座，椅子由荷拉斯和塞特两神抬着。在使用马车以前，古埃及的国王和贵族显然把抬椅当作适合他们乘坐的主要交通工具。

图 95　抬椅之一

图 96　抬椅之二

制陶和玻璃制造

　　最先见诸梅里姆达文化的陶器，表面粗糙，不是用陶轮制造的。拜达里文化时期的陶器，已有很大进步，较好的器皿表面光滑，呈红色，常饰有精美的波纹，而且比较细薄。前王朝后期的陶器，式样极多，大都为黑顶，带白色图案，表面涂有一种经过磨制的红铁化合物，故显光滑。轻陶器上常绘有船、房屋、人等图案。有的也有光滑或粗糙的红色表面，有的陶器上带有用以悬挂的小把手。此后一个阶段，陶器与燃料混堆在一起焙烧，也许还盖上牛粪以保持热力。第五王朝已能建造很好的窑，萨卡拉一座陵墓的壁画中即有反映。可见窑在前王朝之后已发展起来。对陶轮使用的最早时期，众说纷纭。有的专家认为在第一王朝时就有陶轮，另有一些人则认为陶轮是在较后时期才获得发展的。造成这种分歧的原因之一，是陶器上的轮形符号容易引起误解。制陶技术的一个显著进步是把陶器置放在桌子上制作，这样，在用手制作陶器时，就能使之旋转，在成形时可将其磨光，结果便在陶器上留下若干同心圆圈。位于贝尼哈桑第五王朝的陵墓画所描绘的陶轮，是手摇的，通过迅速旋转陶轮来使陶器成形。现代的陶轮则以脚驱动或另有人协助，使陶工的双手不受羁绊。

前王朝时期的陶器覆有一层装饰材料，是显而易见的。第十八王朝的陶器多在焙烧之前就进行描绘。古埃及人使用红赭石等作为颜料来装饰陶器表面，但更多的陶器是选用合适的陶土，俟陶器将干未干之时就进行磨光，以形成光亮的表面。埃及拥有的泥土种类极多。陶工们显然熟悉各种泥土的特点。出土的前王朝陶器表明，那时不同地区之间已有了泥土交换。陶工精心选择泥土，采用不同的捏造方法，尽力避免制出多孔的陶器。碰到多孔的陶器，他们采用上釉或在内表面涂上一层沥青或类似物质的办法，使之不透水。

制陶在进入王朝时期后一度衰落，陶器由精致、美观和多样化变得简单和实用，直到发明了手摇陶轮后才有所恢复和发展，在第十八王朝臻于鼎盛。

彩陶的制作始于前王朝时期，到第三王朝已有很高的水平。制作彩陶的主要原料，是纤细、纯净的角状颗粒石英石，不能掺入泥土或其他物质。石英石由人工碾成粉末。所用的粘结剂可能是天然碳酸钠。后人已试制成了仿古彩陶，几可乱真。制作彩陶器皿，需用陶模成形。这种陶模，各个时期都有，在出土文物中屡见不鲜。石英石与碳酸钠的凝块也可当作石头进行雕刻。现已发现古埃及人制作的彩陶花瓶、小雕像、护身符和镶嵌物等文物，有的表面还上有华丽的釉。

玻璃和釉的化学成分相同，即含碳酸钙的石英石砂、碳酸钠或植物灰，以及颜料的熔合物。釉，是把这种物质涂在石头或彩陶等物的表面；而玻璃，则是指完全由这种物质制成的器物。上釉的小珠在前王朝拜达里文化时期就有发现，到第五王朝，出现玻璃实物。在希腊时期以前，古埃及人还不会吹制玻璃器皿，他们制作玻璃瓶子的方法一般是把玻璃棒加热，拉长成丝，缠绕在沙土芯上，再加热，碾压或磨光；也有铸造的。制玻璃珠是把细玻璃丝绕在一根铜丝上，然后把铜丝抽出即成。镶嵌用的玻璃片、彩玻璃等，制作时把玻璃棒加热压成片，然后切成块。玻璃制品通常为彩色。用各种颜色的玻璃条碾压在热的器皿壁上，可制成带花纹的漂亮器皿。以后，人们还用彩色玻璃制成象形文字符号，镶入木头或石头中，拼成铭文。在第十八王朝图坦卡蒙时期，出现了透明玻璃，这时的玻璃器皿制作方法也有改进，即用一个布袋，内装沙塑模型，直接伸入熔化的玻璃中，然后拿出，玻璃冷却后便已成形。

古埃及的玻璃制造术从新王国时期起向外传播。约公元前700年以后，称作雪花石膏的多色玻璃瓶风靡整个地中海地区，腓尼基人经过潜心仿制，终于把制造这种瓶子发展成一种工业。公元前1世纪、希腊时期的工匠们在吸收法老时期玻璃制造术的基础上，创造了玻璃吹制术。当时的亚历山大城，乃是名闻遐迩的玻璃器皿制造中心，其产品甚至远销中国。

矿产和金属加工

人类最早发现和使用的，也许是黄金，因为黄金在自然界里能以纯净的状态存在；其次是铜。古埃及人使用得最多的，也是这两种金属。黄金产于努比亚沙漠地区，它的使用可追溯到前王朝时期。位于尼罗河与红海之间的中央山脉，发现与花岗石共生的石英石矿脉中有黄金。第十九王朝西提一世时期的一张金矿纸草纸地图，画有在两座山脉之间开采金矿的地点。古代的矿坑很大，且粗硬的玄武岩石球敲击而成的坑道深入岩层达数百码。黄金也有从亚洲等地输入的。

新王国时期的采金方法，是用铁器凿开含金沙的矿石，矿石放入小石臼里捣成小碎块，然后研磨成粉状，放在一块倾斜的木板上用水浇，矿石粉末与水一起淌走，金沙较重则留在木板上。

金用来制作各种装饰品。古埃及人懂得制作金箔的方法，他们用金箔装饰各种物件。只是当时的金箔要比我们今天用的厚上千倍。新王国时期，无论是王室还是贵族，都拥有大量的黄金。图坦卡蒙的金棺重达300磅。在第二十王朝，献给神庙的金银就有20吨之多。许多金矿含有很高比例的银，以至炼成的金明显较轻。这种在古埃及大量使用的金银合金，称为琥珀金，它在早期用以铸造首饰。

古王国时期以前，工具大都是青铜的；新王国时期的工具则以黄铜为主，这种过渡看来是在中王国时期特别是在第十二王朝逐渐实现的。埃及产铜的主要来源是西奈。在西奈、努比亚和布亨已发现古埃及人开采和加工铜矿的遗迹。他们炼铜的方法，是把碎矿石与木炭混在一起，堆在一个地方或放在一个浅坑里烧，用一根吹管充作简单的鼓风器。第十八王朝起，才用风箱鼓风。从陵墓壁画描绘的冶炼金属的情景，可以看出古埃及人将泥制的无盖坩埚置于炭火之上。对金属精炼的过程，至今不详，但根据记载，早在前王朝时期中叶，就已有金属的精炼和铸造了。古埃及的铜器,特别是工具,表面金属仍然是晶质的,从没有加热到使之韧化的温度。青铜是指铜与3～16%的锡的合金。与纯铜相比,优越之处在于它坚硬、熔点低、浇铸容易,而且可以冷加工。铜与锌的合金即黄铜,在埃及出现较迟。

铜和青铜用以制造工具、雕像、器皿和装饰品等。公元前2900年的古王国文献中提到过铜像。出土文物中,有属于公元前2300年的大铜像。中王国时期则出现了铜铸空心像。铜铸刀剑是用泥模铸造的。

铁在古埃及被称为"天矿",说明它主要得自陨石。第二十五王朝以前,是否已有制造工具和武器的炼铁业,因缺乏证据难以断言。关于铁在埃及的使用,也一直存有争议。最早的铁,是在杰尔扎一前王朝时期的墓地里发现的一些管状小珠,虽已完全锈蚀,但化学分析表明它们含有7.5%的镍,因此几乎可以肯定是来自陨石。另外发现的一些铁件,成分和年代都有疑点。在亡灵书中,铁被列为某些护身符的必需材料。埃及有赤铁矿,从前王朝起就用来制作珠子和护身符等物品。

关于古埃及锡的来源,不少人原来认为它来自埃及以外的一个未知地。但20世纪六七十年代以来一些新的考古发现,特别是第六王朝佩比二世的八段铭文,表明埃及在东部沙漠地区曾开采过锡矿,这使人们不得不重新考虑古埃及锡的来源问题。锡本是与砷、铅、金、锑和铁等金属矿共生的。古埃及人在开采埃及-努比亚的金矿、铜矿时,不可能不注意这种亮晃晃的金属。事实上,锡早就用作釉和颜料添加剂了。这方面的记载,连续不断。古埃及文献中没有把锡列作金、铜那样的交换商品,因此古埃及的锡,可能是自产的而不是外来的。

铅在前王朝时期就已使用,它易于从方铅矿中还原。铅矿石多用来作描画眼睛的颜料。锑在第二十二王朝被认为是一种制作珠子的罕见金属。

采石业和建筑技术

采石业：古埃及人特别喜欢用各种"永恒之石"作为建筑和雕刻的材料。尼罗河两岸盛产美丽的硬石，如石灰石、雪花石膏、沙石、淡红色花岗石、黑色花岗石、石英石等，都是极好的建筑和雕刻石料。古埃及人很早就建立了若干采石场。除瓦迪哈马马特外，大部分采石场都位于尼罗河沿岸，水路运输十分方便。瓦迪哈马马特处在沙漠之中，筑有道路，路上的大小鹅卵石都被仔细清除掉，低洼处被填平，沿途还凿有水井，供长途跋涉的人员和牲口饮水。采石人员的队伍，由官兵、搬运夫、采石工、书吏和医生组成，配有各种设备，能够在沙漠中停留相当长的时间。石料在采石场就地加工后，由牛或人拉的木橇送到尼罗河畔，再用船运往建筑工地。古埃及人为了采石不惜深入浩瀚的沙漠，有时远离尼罗河上百公里。

采石工们仅凭极简单的几件工具对开采出来的石料按需要地形状和大小进行加工，打磨光洁。木槌和铜凿用来开采质地较软的石灰石和沙石，镐、凿子和硬石锤则用来开采花岗石、片麻石、闪长石和玄武石。采石技术因石料而异。开采石灰石，是在尼罗河岸边一条宽阔的始新世峭壁上挖出一条走廊，用凿出石面上水平沟槽的办法使石块裂开。在上埃及的卡卜地区和努比亚开采砂石，则用露天方式，底面用步测，再用红赭土标出将要开凿的裂沟。开采质地坚硬的石料，得先在石块上凿槽，沿槽打洞，塞进木桩，然后灌水，使木头膨胀，借助胀力使岩石沿槽裂开。① 开采花岗石需要先用烧热和泼水的方法去掉顶层，然后用粗玄武岩石球沿着

---

① 这是传统的说法。后人做过模拟试验，发现这种方法既费时又不易见效。日本考古队曾试验过另一种方法，即用凿子在石面上凿出连接成点线的小孔，然后打进尖头楔子，当楔子上部只剩下10厘米左右时，便把它取出，再换上更长的木楔敲击，直至岩石产生裂缝。此法行之有效。阿斯旺采石场的遗迹也证明这种方法可能与当年的事实相符。见《实物考古揭开了金字塔建造之谜》，《文物天地》1981年第1期。

每隔1米左右的孔洞敲击裂沟。

石块采下后一般就地加工成形，修整打磨，至少要将朝下的一面凿平以便于搬运。石块上表明一定的记号，如石块去向、上下面大小、采石小组名称等。

建筑技术：古埃及留给人们印象最深刻的莫过于那些宏伟的建筑了。取得这些惊人的建筑成就，必须具备一定的劳动组织能力和建筑技术。但是，面对金字塔和神庙这些引人注目的宏伟建筑，今人难以想象古埃及人究竟掌握了怎样的高超技术才达到如此精细、完美的程度。

在留存下来的几百幅建筑图中，只有少数几张可以称得上是建筑图纸。纸草纸文献中，有按一定比例绘制的设计图和侧视图，虽然缺乏规律，却也还与近代的类似。第三王朝时，设计人员已能绘制由坐标限定的曲线。建筑模型被用作宗教仪式上的祭品，但没有迹象表明它们是建筑程序中不可或缺的环节之一。

古埃及人建筑房屋的第一步是选择、测量和平整建筑用地。墓壁画和小雕像刻画了在测量土地和设计建筑物时手持一卷绳子的测量者或主管人的形象。如地基位于荒地，人们只在浅沟中注入灰泥作墙基；但要是在耕地上建筑，则要在一层干沙上铺垫小石块。一般的石头建筑，由两堵装饰华丽的墙面组成，中间填入碎石。砖建筑物全部用砖，只有坡道例外，要填入沙或土。

巨大的石块被紧绑在木橇上，用人力或畜力拉上逐渐升高的坡道。滚杠和刺槐木制成的枕木垫在车下，以减少摩擦。当时还没有滑轮和绞轳，但人们已会使用绞盘、斜坡、杠杆和撑柱。特别是斜坡，无论在采石、搬运和施工时都广泛地加以利用。此外，建筑人员还使用一种摇轴来搬运石块。摇轴的两侧似弓形，由横条相连，通过不断地在木橇下插入楔子而使之升高。有时为了装饰目的，也使用摇轴来对石层进行调整。

石块砌入之前,要在侧面加工出供放入或提起的榫头。湿的灰泥不用作粘结剂,而是作为润滑剂用于石块的移动。那时,木、铅或铜制的鸠尾榫已被使用。

竖立整根的巨柱,是利用斜坡将它滑入一个事先挖好的洞里。雕琢整根的或几段叠成的圆柱,人们都得登上脚手架去完成。

金字塔无疑代表了古埃及建筑技术的最高成就,从金字塔的建筑程序中,可以了解古埃及建筑技术之大要。

建筑师在完成建筑物的设计后,须对所需材料和工作量进行精确的计算,并安排好工程各阶段的衔接和配合。首先是开采石料,用滚木、斜坡和木橇把巨石块从采石场搬到尼罗河上的平底驳船上,运往建筑工地。建筑师一般在沙漠里选择建造金字塔的地点,由测量师标好位置,使金字塔成精确的正方形,四面正对罗盘的基本方位。胡夫金字塔的南北中轴线与地球子午线惊人地接近,这说明当时的测量人员在确定方位时能运用天文学知识。胡夫金字塔的高度、底边长和斜面角度的确定,也极为精确。后人揣测,只有使用滚轮测距法,才能达到这种精确度。所谓滚轮测距法,是先确定 280 腕尺的高度,再用直径为一腕尺的圆轮自高度线向左右各滚动 70 次,以得出底边的长度,从而确定了 51°52′ 这一黄金角度。

完成以上工作后,建筑师指挥各组工匠将不规则的小山坡凿成阶梯式的平台。这些作为塔基的平台,必须修得绝对水平。为此,在平台四周须开凿范围较广的水渠系统,然后以渠内的水平面作标准,才能把这些塔基修得十分平整。[①] 具体做法是水渠两边由两个测量员握住两根同样长的木棒,木棒下端刚触及水面,两棒上端系有一绳,拉平,中间由一持测杆

[①] 莱昂内尔·卡森:《古代埃及》,纽约:Time Life 出版社 1979 年版,第 133 页。

的工匠根据绳索来决定石匠应凿石面的高低。这样凿出的石面,都与绳平行,使塔基的水平有一可靠的保证。

紧接在平整地基之后的是在四周建起逐渐升高的斜坡。斜坡环绕着金字塔,三面上行,一面下行。每个斜坡从一角开始,到建筑的最高平面上终止。工匠顺斜坡用木橇把沉重的石块拉上去,层层堆砌,斜坡遂逐步升高。最后,工匠从塔顶开始,将石块凿平,形成平滑向下倾斜的塔侧面,再一层层撤去斜坡。

胡夫金字塔被称为世界七大奇迹之一,不仅是因为外形庞大,还是因为它的内部结构,包括走廊、甬道、通风管道、巨廊和墓室都是建筑史上的奇迹。学者们认为,它的内部结构是预先设计好,并在堆砌过程中完成的。如确实如此,那么,古埃及人在掌握力学结构方面,可谓是出类拔萃。例如,巨廊中建有阶梯式支撑天花板,国王墓室设计成六层顶,最上一层为三角形,这些都是为了分担顶上巨石的重压。墓室顶层三角室顶上的两块巨大的花岗岩石板的置放和合拢,据说是采用了流沙法,即先把石板靠在沙堆上,然后使沙下泄,让石板慢慢合拢。在完成了内部的全部工作后,工匠们放下预先用绳索拴在走廊里的封路石栓,封住走廊的入口,然后他们才从甬道出来。

古埃及人使用的建筑工具和机械,非常简单,但他们除了付出艰苦的劳动外,还具有许多今已被人遗忘的智慧。他们正是凭借了自己的智慧和劳动才创造出了古代世界无与伦比的建筑成就。

纸草加工业

在古埃及的野生植物中,最重要的莫过于纸草。纸草加工业是古埃及最重要的手工业之一。纸草制品,特别是纸草纸,曾向地中海沿海地区大量出口。

纸草(图97),是一种芦苇科沼泽植物,生长在死水中。在古代尼罗

第六章 古埃及科技

河谷地和三角洲地区,纸草生长十分茂盛。在幼发拉底河沿岸和叙利亚也有纸草。现在这种植物,只有在青、白尼罗河沿岸和西西里岛才能见到。纸草的三角形茎秆可长到手腕那么粗,高可达 3 米。纸草的用途极为广泛。古埃及人利用它的纤维制作灯芯、垫子、篮子、衣服、鞋袜、绳子、篷帆、小船等物品。在早期的建筑中,人们将纸草茎捆起来作房柱,这可能是后来柱式建筑的雏型。当时,纸草最主要的用途是制作一种称为纸草纸的书写材料。

古埃及人发明纸草纸制作方法的时间,还不得而知,但至迟不会晚于第一王朝,因为在那时的一座坟墓中发现了一卷空白的纸草卷。根据古罗马学者蒲林尼的记载和对古纸草纸的考证,并通过现代的试验,已可以了解纸草纸制作的主要步骤(图 98)。先是把纸草的茎按约 46 厘米长切成段,剥去表层粗糙的韧皮,把茎的剩余部分也就是木髓劈成薄片,再分两层横直交错地铺在一块石板上,让同一层的薄片边缘相互稍有重叠,然后在上面蒙一块布,用木槌敲打一二小时,直到植物的浆液把两层薄片粘成一块为止。最后是压平、晒干、修剪边缘和用石头或贝壳磨光。这样制成的纸草纸柔软而耐用。质地优良的纸草纸是纯白色的。各种品级的纸,甚至包装纸都能用纸草制作。

图 97 纸草

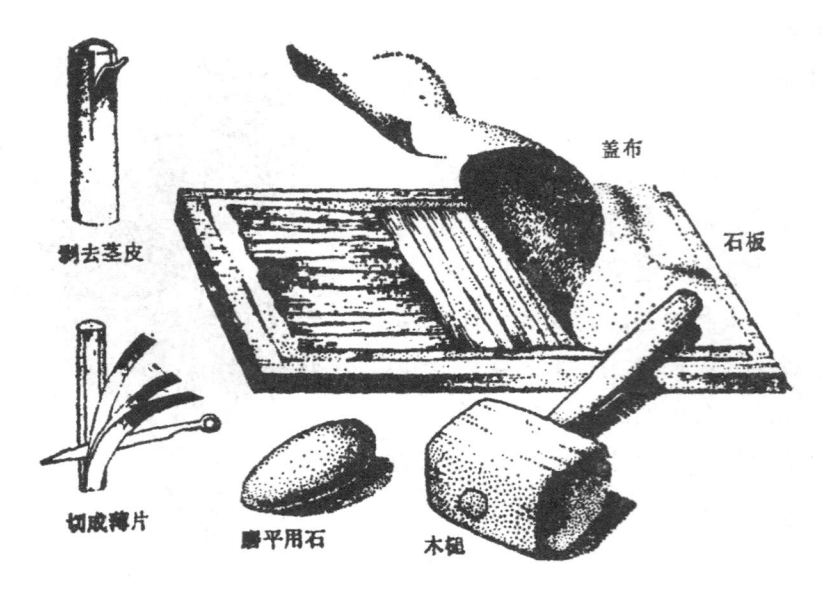

图 98　纸草制作方法

若干张纸草纸粘接起来便成纸草卷。每卷平均有 20 张，总长 3～6 米。纤维质与纸草卷的长边平行的一面卷在里面，书写时通常先写这一面。纸草卷最外面的一张，即第一张，有时另用一薄片来加强裸露的边缘。最宽的纸草卷为 47 厘米。至于长度，可以根据需要把几卷纸草卷粘接起来。迄今为止，所知道的最长的纸草卷，是第二十二王朝的"哈里斯一号纸草"，长达 40.5 米，内容是拉美西斯三世给埃及各神庙的礼物一览表。

纸草纸为古代埃及最实用的书写材料，纸草卷则是古埃及人的书，阅读时左手执卷，一边看一边展开。纸草纸的用途几乎与现代的纸张一样广泛，它被用来抄录各种文本，尤其是造账目。纸草纸制造在古埃及相当发达，在法老时期由神庙控制，到托勒密时期则由王室垄断。纸草卷是古埃及的主要出口商品之一。纸草纸在整个罗马帝国时期仍是居于首位的书写材料，到公元 3 世纪才逐渐被廉价的羊皮纸所取代。但在以后相当长的一个时期里，还用来书写某些官方文献。教皇用纸草纸写敕书，一直延续到 11 世纪。纸草为我们保存了一批古埃及的珍贵文献，相当大一部分的希腊和拉丁文献也是靠纸草卷才流传下来。

木乃伊制作

木乃伊是通过涂敷香料保存下来的尸体。

古埃及人相信人的生命在死后还会继续，认为完整的尸体是灵魂在来世栖息的必要场所。因此，他们把死后保存尸体和生前保持良好的健康看得同等重要。制作木乃伊是古埃及特有的传统，也是古埃及文明留给后世的一份特殊遗产。

前王朝时期的墓葬因邻近干热的沙漠，尸体不易腐烂，便于保存。后来置于潮湿地区墓中的尸体，即使苦心经营，将它们紧紧地包裹起来，还是会腐烂。这种情况促进了人工防腐技术的发展。现能见到的新王国时期以前的木乃伊，为数寥寥，那时的埃及人把尸体的脑子或内脏取出体外，显示了他们在尸体脱水方面所作的探索。用人工方法保存尸体的最早实据，约属于公元前 2800 年的第四王朝。

制作木乃伊的技术，在长期的实践过程中逐步积累和提高起来。古埃及人没有为后人留下有关木乃伊制作方法的记载。希罗多德和狄奥多勒斯曾在他们的著作中，谈到了他们听说的情况。他们的记述，现已为细致的研究和化学分析的结果所证实。

木乃伊制作，主要采用埃及某些地区特别是奈特龙洼地出产的氧化钠，使尸体完全干燥。制作师先通过鼻腔吸出脑髓，注入药物清洗脑部。然后在腹部切开一个口子，取出肺、胃、肠等器官，体内仅留下心和肾。再用椰子酒和捣碎的香料冲刷体腔，填入树脂、浸过树脂的亚麻布或锯屑等物，照原样缝好。尸体须全部埋入氧化钠中干燥。70 天后，制作师取出尸体进行清洗，涂上油膏和香料，用大量的亚麻布包裹严密，外面涂上树脂。包扎时，从手指和脚趾开始，及至四肢、全身，其间，要特别小心防止指甲脱落。腹部的切口处盖一只碟子，它象征荷拉斯"完好的眼睛"。这样包裹好的木乃伊，保持着脱水前的形状。有的木乃伊头上，套有特制的面罩，酷肖死者生前的面貌。木乃伊的包扎技术，在第二十一王朝达到顶点。那时，尸体的内脏在处理后会被重新放入体内。

从尸体取出的内脏，经干燥处理后；也用亚麻布包裹，装入特殊的大口瓶或箱子，贮藏在墓中。在木乃伊的上面和绷带内，一般都放护身符和蜣螂雕像（或叫圣甲虫像）起保护作用。放在胸部的一个蜣螂雕像上，刻有祈祷语，乞求心灵在阴间审判的天平上不要作不利于死者的证明。取出体外的肝、肺、胃、肠，则分别由荷拉斯的四个儿子保护。这些，都是与古埃及人的宗教信仰紧密相连的。

被奉为各种神灵的动物，如公牛、朱鹭、猴子、猫、鳄鱼等，也都制成木乃伊保存。

制作木乃伊的全过程，长达70天，且费用昂贵，除需要各种药品、香料、避邪物、护身符等外，仅包裹一个尸体有时就要用1000多米优质亚麻布。因此，只有国王、王亲国戚、贵族富豪才花销得起，穷人只能从简，甚至草草了事。希罗多德谈到过另外两种比较便宜的木乃伊制作方法，虽很难保证尸体的完好，但多少可以给穷人以心灵上的安慰，而且，也许正是由于这些便宜的制作方法，制作木乃伊的传统才得以传播和延续。直到基督教在埃及占据主导地位的公元4世纪以后，制作木乃伊的习俗才被废止。

古埃及专门有一批人以制作木乃伊为职业，他们掌握技术，代代相传。在古埃及，制作木乃伊，生产与此有关的必需品，无疑形成了相当重要、规模又颇大的行业系统。这一行业的存在，表明古埃及人已掌握了物理、化学、医学等方面的科学知识。他们用作干燥剂的氧化钠，经现代科学分析，乃是碳酸钠、碳酸氢钠、盐和硫化钠的混合物，可见这些物质的化学作用，当时已为人所知。

古埃及人制作木乃伊的习俗，给了他们了解人体构造的机会。这对古埃及的医学，特别是生理学和解剖学的发展，具有重要的影响。这种习俗，加上有利的气候条件，使数以百计的尸体保存了数千年，其中不少可以被准确地测定出年代。今天，专家们已经可以通过木乃伊窥见当时人们的身体状况和疾病流行的情形。古埃及的木乃伊制作，使剖开死者躯体的情景在社会上司空见惯，从而使托勒密时期的医生和解剖学家能够在埃及顺利地进行第一次系统的人体解剖。而当时，在希腊和世界其他地区，解剖尸体都是为宗教观念和公众舆论所绝对不能容忍的行为。